Serviço Social, Política Social e Trabalho:

desafios e perspectivas para o século XXI

EDITORA AFILIADA

*Conselho Editorial da
área de Serviço Social*
Ademir Alves da Silva
Dilséa Adeodata Bonetti
Maria Lúcia Carvalho da Silva
Maria Lúcia Silva Barroco

Dados Internacionais de Catalogação na Publicação (CIP)
(Câmara Brasileira do Livro, SP, Brasil)

Serviço social, política social e trabalho : desafios e perspectivas para o século XXI / Lúcia M. B. Freire, Silene de Moraes Freire, Alba Tereza Barroso de Castro (orgs.). – 3. ed. – São Paulo : Cortez ; Rio de Janeiro : UERJ, 2010.

ISBN 978-85-249-1260-3

1. Política social 2. Serviço social 3. Serviço social - Brasil 4. Serviço social como profissão I. Freire, Lúcia M. B.. II. Freire, Silene de Moraes. III. Castro, Alba Tereza Barroso de.

06-6598　　　　　　　　　　　　　　　　　　　CDD-361.3

Índices para catálogo sistemático:

1. Serviço social   361.3

Lúcia M. B. Freire • Silene de Moraes Freire •
Alba Tereza Barroso de Castro (Orgs.)

Vicente de Paula Faleiros • Valéria Lucília Forti • Potyara A. P. Pereira •
Elaine Rossetti Behring • Elaine Junger Pelaez • Gisele de Oliveira Alcântara
• Silvia Cristina Guimarães Ladeira • Gecilda Esteves •
Flávia de Almeida Lopes • Monica de Jesus Cesar
• Rose Serra • Maria Helena T. de Almeida • Sandra Regina do Carmo •
Elaine M. V. Francisco • Ana Paula Procópio da Silva

Serviço Social, Política Social e Trabalho:
desafios e perspectivas para o século XXI

3ª edição
2ª reimpressão

SERVIÇO SOCIAL, POLÍTICA SOCIAL E TRABALHO: desafios e perspectivas para o século XXI
Lúcia M. B. Freire, Silene de Moraes Freire, Alba Tereza Barroso de Castro (Orgs.)

Capa: Estúdio Graal
Preparação de originais: Ana Paula Takata
Revisão: Maria de Lourdes de Almeida
Secretária editorial: Priscila F. Augusto
Assessoria editorial: Elisabete Borgianni
Composição: Linea Editora Ltda.
Coordenação editorial: Danilo A. Q. Morales

Nenhuma parte desta obra pode ser reproduzida ou duplicada sem autorização expressa dos organizadores e dos editores.

© 2006 by Organizadores

Direitos para esta edição
CORTEZ EDITORA
Rua Monte Alegre, 1074 – Perdizes
05014-001 – São Paulo — SP
Tel.: (11) 3864-0111   Fax: (11) 3864-4290
E-mail: cortez@cortezeditora.com.br
www.cortezeditora.com.br

Impresso no Brasil - abril de 2015

Universidade do Estado do Rio de Janeiro

Reitor
Nival Nunes de Almeida

Vice-Reitor
Ronaldo Lauria

Centro de Ciências Sociais
Rosangela Zagaglia

Faculdade de Serviço Social
Elaine Rossetti Behring
Alba Tereza Barroso de Castro

Departamento de Fundamentos Teórico-Práticos de Serviço Social
Elaine Marlova Venzon Francisco

Departamento de Política Social
Rosemary de Souza Gonçalves

Coordenação do Curso de Pós-Graduação de Serviço Social
Ana Maria de Vasconcelos
Maria Inês Souza Bravo

Coordenação do Curso de Graduação de Serviço Social
Ana Inês Simões C. de Melo

Coordenação de Estágio
Monica de Jesus Cesar

Coordenação de Extensão
Laís Helena Pinto Veloso

Comissão Editorial
Alba Tereza Barroso de Castro
Lúcia Maria de Barros Freire
Maria Inês Souza Bravo
Marilda Villela Iamamoto
Silene de Moraes Freire

Agradecimentos

As organizadoras e autoras desta coletânea explicitam seus agradecimentos especiais às instituições e sujeitos chave, graças aos quais vem a público, mais uma vez, a produção de parte dos docentes e discentes da Faculdade de Serviço Social da Universidade do Estado do Rio de Janeiro (UERJ), acompanhados de alguns dos professores participantes de seu Programa de Pós-Graduação em Serviço Social:

O Programa de Pós-Graduação da Faculdade de Serviço Social da UERJ, que democraticamente vem promovendo, com o seu Colegiado, a socialização do conhecimento produzido no seu processo de desenvolvimento.

A Fundação Coordenação de Aperfeiçoamento de Pessoal de Nível Superior (CAPES), que a viabilizou financeiramente, por meio dos recursos do seu Programa de Apoio à Pós-Graduação (PROAP).

Os professores e alunos que integram os Programas de Estudos e Pesquisas da Faculdade de Serviço Social (FSS) desta Universidade, presentes nesta coletânea — Programas de Política Social e Democracia (PSD) e do Trabalho e Reprodução Social (PETRES) — juntamente com o Programa de Estudos de América Latina e Caribe (PROEALC), do Centro de Ciências Sociais da UERJ, coordenado por professores da FSS-UERJ, ao longo da sua história. Esse conjunto expressa a realidade da integração entre a graduação e a pós-graduação, a pesquisa e a extensão desta Unidade de Ensino.

A todos os que participaram da troca de idéias e de experiências nos campos empíricos nos quais algumas pesquisas foram desenvolvidas, em especial os trabalhadores e dirigentes sindicais referidos em alguns dos capítulos desta coletânea.

Sumário

Prefácio 9

Apresentação 15

PARTE I: *Serviço Social hoje*

O Serviço Social no mundo contemporâneo
Vicente de Paula Faleiros 23

Ética e Serviço Social: formalismo, intenção ou ação?
Valéria L. Forti 45

PARTE II: *Sociedade Civil, Esfera Pública e Políticas Sociais*

As armadilhas da recente notoriedade da sociedade civil
no Brasil
Silene de Moraes Freire 75

Cidadania e (in)justiça social: embates teóricos e possibilidades
políticas atuais
Potyara A. P. Pereira 98

Esfera pública como espaço de cidadania
Alba Tereza B. de Castro 117

O Plano Plurianual do governo Lula: um Brasil de todos?
Elaine Rossetti Behring 139

A política de geração de trabalho e renda no marco assistencial
de Angra dos Reis no período de 1997-2000
Flávia de Almeida Lopes 158

PARTE III: *Trabalho e Questões de Nosso Tempo*

   A intervenção social das empresas no Brasil
      Monica de Jesus Cesar 183

   Enfrentamento do desemprego/subemprego — alternativas
   de trabalho/renda na atual conjuntura brasileira
      Rose Serra 202

   Um certo olhar sobre o desemprego na cidade do Rio de Janeiro
      Maria Helena T. de Almeida 218

   Propriedade intelectual ou apropriação privada do trabalho
   coletivo?
      Sandra Regina do Carmo 237

   A organização dos trabalhadores e a política na fábrica
      Elaine Marlova Venzon Francisco 256

   Organização política dos trabalhadores além da fábrica
      Lúcia Maria de Barros Freire e *Ana Paula Procópio da Silva* 277

Sobre as autoras 301

Prefácio

As temáticas deste livro circunscrevem-se à área de concentração do Programa de Pós-Graduação em Serviço Social, da Universidade do Estado do Rio de Janeiro (UERJ), iniciado no segundo semestre de 1999, com o curso de Mestrado, e ampliado em 2005 com o curso de Doutorado.

O Programa tem aberto a possibilidade de formação de quadros intelectuais e profissionais no cenário universitário brasileiro, com ampliação para outros países, tendo caráter interdepartamental e interdisciplinar. Seu objetivo geral é o de qualificar recursos humanos tanto para a vida acadêmica como para exercer atividades em órgãos governamentais ou da sociedade civil. Busca formar docentes, pesquisadores e profissionais de Serviço Social e áreas afins para atuar no campo das políticas sociais públicas e em organizações privadas, para lidar com as questões que contemporaneamente envolvem o mundo do trabalho e a questão social.

Uma de suas preocupações é o fortalecimento e consolidação dos Programas de Estudos e Pesquisas da Faculdade de Serviço Social da UERJ, bem como a democratização dos resultados das investigações realizadas pelos docentes e discentes. Para isso, tem proporcionado apoio para viabilizar coletâneas por meio do Programa de Apoio à Pós-Graduação (PROAP) da Fundação Coordenação de Aperfeiçoamento de Pessoal de Nível Superior (CAPES). Nesse processo, foram publicadas, no período de 2001 a 2004, cinco coletâneas. Destas, quatro vinculam-se aos Programas de Estudos e Pesquisas — Política Social e Democracia, Trabalho e Reprodução Social (PETRES), Gênero, Geração e Etnia (PEGGE), Infância e Adolescência no Rio de Janeiro (PIARJ) — e a quinta tem como foco a temática Saúde e Serviço Social que permeia os diversos programas, por ser a área de maior inserção profissional dos assistentes sociais.

A atual coletânea abrange a área de concentração de estudos do PPGSS-UERJ que é *Trabalho e Política Social*. A escolha dessa área foi pautada na vinculação histórica do Serviço Social com estas temáticas e pela importância das mesmas no atual período histórico.

As transformações societárias que afetam o conjunto da vida social têm tido repercussões tanto no trabalho quanto na política social. Os impactos para a configuração da questão social são indiscutíveis, tanto para as suas múltiplas expressões quanto para o seu enfrentamento pelas classes sociais e pelo Estado.

A questão social é concebida no Serviço Social como base da fundação histórica da profissão e deve ser apreendida como o conjunto das expressões das desigualdades da sociedade capitalista resultante do conflito capital-trabalho. Os assistentes sociais trabalham com as mais variadas expressões da questão social, ou seja, como os indivíduos sociais as experimentam e as enfrentam na família, no trabalho, na saúde, na assistência social e nos demais campos sócio-institucionais que configuram o campo das políticas sociais públicas e privadas.

O trabalho é compreendido como fundamento da sociabilidade e como processo de autocriação humana. A lógica do valor, desvendada por Marx no século XIX, permanece como núcleo essencial do capitalismo, na sua bárbara versão contemporânea. Há, entretanto, a ampliação da subsunção do trabalho com os componentes de alienação, fetichismo e reificação, destruindo o componente humanista do trabalho como processo de socialização e de emancipação.

As alterações decorrentes da reação burguesa à crise do capital dos anos setenta do século passado, operaram uma hipertrofia na dinâmica do capital, manifestando-se na reestruturação produtiva, na mundialização do capital (Chesnais, 1996)[1] e em profundas mudanças na esfera do Estado, exigidas pela "política de ajuste", concebida pelo Consenso de Washington.

---

1. Chesnais, F. *A mundialização do Capital*. São Paulo: Xamã, 1996.

Esses processos implicaram em regressivas mudanças no mundo do trabalho, com a precarização dos vínculos trabalhistas, a intensificação da exploração, a expansão do desemprego estrutural, a fragmentação e a fragilização política do movimento operário, a perda pelos trabalhadores de direitos conquistados, entre outras alterações (Antunes, 1999)[2].

O grande capital rompe com o "pacto" que suportava o "Welfare State" com a retirada das coberturas sociais públicas e cortes nos direitos sociais. Configura-se um Estado mínimo para os trabalhadores e máximo para o capital (Netto, 1993)[3]. Este novo Estado, que tem origem com a contra-reforma neoliberal, volta-se para a criação das condições gerais de produção, o que tem conseqüências graves para a política social — que foi um elemento-chave daquele pacto. Estas conseqüências repercutiram tanto nos países que tiveram a experiência do Estado de Bem Estar, quanto na periferia do mundo do capital, a exemplo do Brasil.

A política social, concebida como forma de enfrentamento da questão social que se produz na relação capital-trabalho, tem seu desenho mais ou menos redistributivo, dependendo da correlação de forças das classes e segmentos de classe. O contexto atual, pela sua nova condição — defensiva e insegura — do trabalho, implica também uma nova condição da política social (Behring, 2002)[4]. Nesta direção, a política social passa a ter como princípios norteadores: a desconcentração em oposição à descentralização, com redução dos gastos públicos e delegação de ações para as organizações não governamentais, para a família e para o terceiro setor; a focalização em oposição à universalização, com direcionamento de programas a públicos específicos, seletivamente escolhidos; a privatização com o deslocamento dos bens e serviços públicos para o setor privado, em articulação direta com o processo de acumulação. Identifica-se, como característica central nesse processo, o desfinanciamento das políticas sociais, sob alegação de crise fiscal. Por outro lado, há o aumento da demanda em função da nova condição precarizada do trabalho.

---

2. Antunes, R. *Os sentidos do trabalho – Ensaio sobre a afirmação e negação do trabalho*. São Paulo: Boitempo, 1999.

3. Netto, J. P. *Crise do socialismo e ofensiva neoliberal*. São Paulo: Cortez, 1993.

4. Behring, E. R. *Política social no capitalismo tardio*. 2ª ed. São Paulo: Cortez, 2002.

Este é o cenário em que se encontra hoje o Brasil. O agravamento da questão social assumiu contornos dramáticos pela sua extensão, profundidade e complexidade. Há um contingente enorme de pessoas e famílias em situação de pobreza e indigência por todas as regiões do País e um abismo, cada vez maior, entre pobres e ricos. As formas que a pobreza assumiu, na contemporaneidade, não possuem precedentes históricos. Elas acentuam o traço da desigualdade social que caracterizou o nosso país ao longo dos séculos.

A análise da relação entre trabalho e política social nesses tempos difíceis de avanço do capital sobre o trabalho é fundamental para que sejam aprofundadas as explicações sobre as transformações recentes de nosso país, bem como elaboradas estratégias que possam contribuir para o seu enfrentamento.

O Serviço Social é desafiado por esse contexto tão adverso, por seu lugar específico na divisão sócio-técnica do trabalho. A profissão, por ter na questão social o seu objeto e as políticas sociais como lócus ocupacional mais importante, ainda que não exclusivo, como mostram as diversas pesquisas sobre mercado de trabalho no Brasil, precisa adensar esse debate para que, a partir de análises concretas com base na realidade, possa contribuir para o enfrentamento teórico-prático de forma crítica e com competência teórica, política e tecno-operativa. A consolidação do projeto ético-político da profissão, construído pelas entidades profissionais e autores pautados na perspectiva crítica nos últimos trinta anos, que vai na direção contra-hegemônica da lógica dominante, depende desse aprofundamento.

A coletânea que ora vem a público tem como objeto as questões até aqui delineadas e como objetivo socializar as reflexões provenientes das investigações dos docentes e discentes do Programa de Pós-Graduação em Serviço Social da Faculdade de Serviço Social da UERJ, dando continuidade ao processo de publicações iniciado pelo programa em 2001, conforme já referido.

Para facilitar a exposição, o livro está dividido em três partes que enfatizam os seguintes temas: *Serviço Social, Política Social e Trabalho*. Os textos referentes à profissão fazem uma análise histórica e apontam reflexões para o enfrentamento das questões contemporâneas que se colocam para o assistente social, incluindo a discussão do trabalho como categoria fundante, a ética e o exercício profissional orientados pelo projeto ético-político hegemônico do Serviço Social. Os artigos relacionados à Política Social vão levantar questões com relação aos seguintes conteúdos: conceito de sociedade civil, justiça social e cidadania, esfera pública, relação Estado-Sociedade Civil, orçamento público e política de geração de trabalho e renda. O eixo do Trabalho vai abordar novos ângulos da elaboração das políticas pelo empresariado, da questão do emprego e desemprego na atualidade, da apropriação privada do trabalho intelectual e da ação política dos trabalhadores e sua organização dentro e fora do local de trabalho.

O conjunto dos autores dessa coletânea aborda as questões de forma instigante e contribuem para qualificar o debate e a intervenção profissional do Serviço Social, tendo como referências as análises relativas ao Trabalho e à Política Social no atual momento histórico do País, como também o fortalecimento do projeto ético-político hegemônico na categoria profissional dos assistentes sociais. Este projeto expressa o compromisso com determinados valores tais como a defesa da justiça social, da democracia, dos direitos sociais, da construção de uma sociedade sem exploração de classe, gênero e etnia, que conformam o projeto burguês.

As reflexões dos autores evidenciam as dificuldades para a efetivação destas proposições face à predominância do ideário neoliberal, da reestruturação produtiva e toda a complexidade advinda desse processo de transformação. Destacam que a concretização do projeto ético-político profissional vai depender das condições objetivas, dos condicionantes colocados às alternativas de ação dos sujeitos e de um projeto coletivo de emancipação humana e política, não sendo um dilema apenas do assistente social mas de toda a sociedade brasileira. Ressaltam entretanto que a conjuntura não condiciona, unidirecionalmente, as perspectivas profissionais. Existe um campo para a ação dos sujeitos, para a elaboração de alternativas criadoras, resultantes das contradições presentes na dinâmica da vida social.

Os assistentes sociais, com base nas reflexões acima referidas, podem dar uma contribuição para a construção desse projeto societário, com a adoção, no cotidiano, de algumas diretrizes, que são: compromisso com a qualidade dos serviços públicos prestados à população; posicionamento em favor da universalidade do acesso aos bens e serviços relativos aos programas e políticas sociais públicas; defesa da gestão democrática e articulação com as entidades da categoria dos assistentes sociais, com o movimento de outras categorias e com a luta mais geral dos trabalhadores. O desafio é fortalecer a luta pela garantia e ampliação dos direitos sociais e a democratização da política social.

A partir dos elementos e questões levantadas, a leitura desse livro é mais do que relevante, sendo uma necessidade para todos que procuram criticamente enfrentar os desafios e traçar perspectivas e possibilidades para o século XXI. É uma estratégia de resistência comprometida com a elaboração de alternativas de enfrentamento da questão social e, conseqüentemente, com os processos emancipatórios das classes e camadas subalternas.

Maria Inês Souza Bravo

Apresentação

Em cada época marcante de sua história, a sociedade brasileira tem sido levada a pensar-se novamente. O momento histórico que vivenciamos expressa transformações societárias que afetam diretamente o conjunto da vida social e incidem fortemente sobre as profissões, suas áreas de atuação, seus suportes de conhecimento e de implementação, suas funcionalidades.

Em consonância com o reconhecimento do significado desse momento, o Serviço Social vem, nas últimas décadas, construindo um significativo trabalho para aprofundar e desenvolver o corpo teórico-metodológico da profissão, trazendo para o debate e reflexão elementos teóricos e políticas cruciais para a compreensão das mudanças em curso. Tais iniciativas podem ser constatadas em diversas esferas do seu campo de atuação, dentre elas na ampliação de suas atividades de ensino e pesquisa, no âmbito das Universidades.

A presente coletânea que ora apresentamos ao público é fruto desse movimento. Nela se faz presente a preocupação com o pensar, com o analisar e explicar as transformações recentes de nosso país. O objetivo central é socializar parte das reflexões dos docentes e discentes, desenvolvidas no Programa de Pós-Graduação da Faculdade de Serviço Social da UERJ, que se completou com o Curso de Doutorado, implantado em 2005. Trata-se de um movimento que dá continuidade a um processo inaugurado no ano de 2001, por ocasião do lançamento, por essa mesma editora, da primeira coletânea do Programa em apreço.

Os textos que compõem esse livro analisam temáticas diretamente relacionadas às questões do Serviço Social, da Política Social e do Trabalho, área de concentração desse programa.

Embora as perspectivas de análise apresentadas pelos autores presentes nessa publicação apresentem um leque variado de questões, subjacente às distintas reflexões, está a preocupação em desvendar as inúmeras manifestações da questão social e dos mecanismos para seu enfrentamento na contemporaneidade, eixo central do Serviço Social.

A relevância dessa publicação não se resume à reconhecida qualificação de seus autores. Acima de tudo ela se sustenta na contribuição que oferece a todos aqueles que se dispõem a pensar essas temáticas opondo-se aos rumos impostos pelo neoliberalismo.

Para melhor compreensão dos temas aqui abordados, a coletânea foi dividida em três partes.

Os textos que compõem a primeira parte expõem questões referentes ao *Serviço Social hoje*. Nessa parte, é apresentado o texto de **Vicente de Paula Faleiros** que aborda o Serviço Social no mundo contemporâneo. Fruto de conferência proferida em Aula Magna da Faculdade de Serviço Social da UERJ, em setembro de 2001, o ensaio, com base numa análise histórica da profissão, busca construir reflexões sobre as mudanças da profissão na última década, no Brasil e em países que apresentam significativas propostas de reconstrução da profissão no contexto de reestruturação das relações de produção.

No mesmo eixo do Serviço Social, o texto de **Valéria L. Forti** adensa as argumentações acerca da profissão, apresentando o trabalho como categoria fundante do mundo humano e refletindo sobre a ética profissional, construída historicamente com o movimento societário, e o atual projeto ético-político do Serviço Social, com vistas a seu efetivo exercício.

A segunda parte compreende os temas *sociedade civil, esfera pública e políticas sociais*, sendo composta por cinco textos.

No primeiro, as questões que permeiam o debate contemporâneo sobre a sociedade civil são apresentadas por **Silene de Moraes Freire** com o objetivo de evidenciar as armadilhas da recente notoriedade do conceito. A autora procura demonstrar como a atual e ambígua reconceituação da sociedade civil, com base em novos desenhos organizativos que anulam os espaços de conflito, através de uma contenção social, acaba servindo de base de legitimação de governos neoliberais. Ela sublinha que é para reforçar a ação direta dessa dita sociedade civil que se mobiliza um antiestatismo, mistificador das relações sociais. Silene Freire alerta que o horizonte em torno do qual se organiza esse debate é um horizonte que não prevê ou não desenha nenhuma utopia, nenhum projeto de mudança social.

O texto de **Potyara Amazoneida P. Pereira** aborda o conceito de justiça social associado à noção de cidadania, apresentando o seu duplo caráter: justiça jurídica e justiça distributiva. A primeira está amparada na lei e funciona como mecanismo de controle social, enquanto a segunda possui uma dimensão substantiva que requer a definição de critérios distributivos. Com base nestas reflexões a autora analisa os embates teóricos e as possibilidades políticas atuais presentes nesse campo de estudo.

Tendo também como referência a cidadania, **Alba Tereza B. de Castro** dá ênfase às várias dimensões da noção de esfera pública, que, na contemporaneidade, apresenta-se como mecanismo democrático de ampliação da participação social. A partir da problematização desses conceitos são apresentadas as noções de "público moderno" e esfera pública periférica.

Reflexões acerca da democratização e controle social do orçamento público são alvo dos estudos de **Elaine Rossetti Behring**, em conjunto com os pesquisadores do Grupo de Estudos e Pesquisas do Orçamento Público e da Seguridade Social (GOPSS) por ela coordenado, **Elaine Junger Pelaez, Gisele de Oliveira Alcântara, Silvia Cristina Guimarães Ladeira** e **Gecilda Esteves**. No texto, as autoras problematizam a concepção e o processo de elaboração do Plano Plurianual (PPA) 2004-2007 do governo Lula, analisando-o através de suas diretrizes estratégicas e da noção de Seguridade Social.

Encerra o segundo bloco temático **Flávia de Almeida Lopes**, que apresenta as principais questões de sua dissertação de mestrado, realizada no referido Programa da Faculdade de Serviço Social da UERJ, em que analisa a Política de Geração de Trabalho e Renda no marco assistencial de Angra dos Reis, município do RJ. Trata-se de frutífera contribuição para a compreensão dessa política social, sobretudo as que foram e vêm sendo implementadas em administrações democráticas populares nas esferas municipais.

A terceira e última parte desta publicação apresenta seis textos com concentração temática sobre *trabalho e questões de nosso tempo*. Elas se destacam pelas novas faces analisadas, desde a ocupação dos espaços abertos pelo Estado brasileiro à iniciativa privada pelos empresários, até os movimentos de classe, em novas configurações e dimensões.

O primeiro texto sobre esta temática, de **Monica de Jesus Cesar**, aborda a institucionalização das empresas no Brasil, destacando a ocupação do espaço das políticas públicas pelo empresariado no país. A autora demonstra o caráter cada vez mais totalizante do capital, controlando todas as instâncias da vida social, revelando sua agudeza crítica ao descrever as idéias que informam tal política externa empresarial, sob a denominação de programas de "responsabilidade social", "ética empresarial" e assemelhados.

A questão do emprego e do desemprego na atualidade tem nos textos de Rose Serra e Maria Helena Almeida o eixo de suas preocupações.

O ensaio de **Rose Serra** discute as alternativas de trabalho/renda utilizadas por segmentos da população, como formas de enfrentamento da conjuntura de desemprego e emprego precarizado, vivenciadas de maneira mais abrangente desde meados da década de 1980, assim como alguns dos seus determinantes, em especial as características do mercado de trabalho brasileiro a partir desse período. A autora faz uma análise da situação do desemprego crescente no Brasil e de um amplo leque de alternativas que se desenham por fora do mercado formal de trabalho, tendo como arcabouço básico de referência econômico-político a crise capitalista dos anos 1970 e suas implicações..

Maria Helena T. de Almeida, com base em dados de pesquisa em curso, analisa os excluídos do trabalho formal, privilegiando o seu universo simbólico e as expressões objetivas da desigualdade, a partir da efetiva negação do direito ao trabalho. Trata-se de perspectiva de análise original, ainda pouco estudada no contexto da precarização das condições de vida da população brasileira na atualidade. A autora também aponta novas conformações da família, que se envolve na luta pela sobrevivência, assumindo novos papéis e significados

Sandra Regina do Carmo é autora de um original estudo sobre a apropriação privada do trabalho intelectual de concepção criativa, com base na discussão da exploração desse trabalho, efetuando uma análise histórica sobre a legislação das patentes no Brasil. Este objeto foi desenvolvido em sua dissertação de mestrado defendida na Faculdade de Serviço Social da UERJ, tendo continuidade no seu atual projeto de tese de doutoramento na UFRJ.

Elaine Marlova V. Francisco abre a série de dois ensaios sobre a ação política dos trabalhadores. Seu texto analisa a experiência no chão de fábrica desenvolvida pela comissão de fábrica da VW Caminhões e Ônibus, localizada no Sul Fluminense, demonstrando a importância de um cuidadoso trabalho empírico no desvendamento da realidade. As reflexões teóricas da autora, fundamentada na sociologia do trabalho, demonstram a permanência do conflito de interesses entre capital e trabalho, que acumula tensões, consentimento e resistências.

A seguir, **Lúcia Maria de Barros Freire** com **Ana Paula Procópio da Silva**, membro da sua equipe de pesquisa, fecham o terceiro bloco de artigos. Ele apresenta reflexões sobre a organização política dos trabalhadores além da fábrica, com base em estudos sobre essa tendência de crescente mundialização do trabalho organizado, na análise da trajetória da Central Única dos Trabalhadores e de sua política, que extrapola o espaço fabril, sobretudo a partir da consolidação do projeto neoliberal no Brasil. Adverte também sobre os riscos de um distanciamento das bases, em paralelo ao atual governo Lula da Silva e do Partido dos Trabalhadores, de origem comum com a Central, que exige a efetividade do controle social no cotidiano, sob pena de perder o sentido da conquista dos espaços além da fábrica.

Rio de Janeiro, 2006.

Dra. Lúcia Maria de Barros Freire
Dra. Silene de Moraes Freire
Dra. Alba Tereza Barroso de Castro
(Organizadoras da Coletânea)

Parte I
Serviço Social Hoje

O Serviço Social no Mundo Contemporâneo*

Vicente de Paula Faleiros

Quando alguém me pergunta qual é o objeto do Serviço Social, trago à baila a relativa resposta: "depende" da inserção do objeto no contexto e momento históricos e também da relação institucional econômica e política do Serviço Social como da perspectiva teórica de referência. Assim, é preciso referir-nos às múltiplas dimensões da profissão para nos darmos conta da sua realidade em movimento pensado.

Com esses parâmetros, trago algumas reflexões sobre as mudanças da profissão, na última década. Na revista Temporalis n°2[1], abordei o processo da história do Serviço Social, a partir dos anos 1930, assinalando várias conjunturas, vários momentos em que houve concepções diferentes do Serviço Social no contexto do desenvolvimento capitalista brasileiro: visão moral e de disciplinamento da força de trabalho nos anos 1930, ênfase na integração Estado/sociedade com ação na família no pós-guerra, orientação para o desenvolvimento nos anos 1960, predominância do processo de integração/internamento face à questão da chamada margi-

---

* Texto resultante da conferência proferida na Aula Magna na Faculdade de Serviço Social da UERJ em 20/09/2001.

1. Aonde nos levam as diretrizes curriculares? In *Temporalis* 1(2):163-182, Brasília, ABEPSS,jul/dez 2000.

nalização da ditadura, centralidade nas políticas e movimentos sociais nos anos 1980 e perspectiva de se trabalhar a "questão social ou suas refrações" no final dos anos 1990.

Nas três ultimas décadas, a partir dos anos 1960, em especial, tem-se experimentado um *"bombardeamento"* das concepções do Serviço Social. E não só no Brasil. Posso referir-me melhor ao que sucedeu na França e em Québec pelo tipo de estudo que fiz nesses países, mas podemos observar, também nos Estados Unidos, uma grande mudança na profissão que vem dos anos 1970.

À crise capitalista da década de 1970, está também conjugada uma crise do Serviço Social. No Brasil, nos anos 1960, viveu-se uma reação ao imperialismo norte-americano, nas lutas pelas reformas de base, inclusive pela reforma universitária. Tivemos também a influência da Revolução Cubana, do maio de 1968 e da guerra do Vietnã. Também a implementação das ditaduras, a acentuação da guerra fria e a recessão econômica possibilitaram um aprofundamento do movimento chamado de reconceituação no âmbito acadêmico do Serviço Social, assim como em conjunturas democráticas como a do Chile de 1970 a 1973, contando-se com a articulação do CELATS (Centro LatinoAmericano de Trabajo Social) na América Latina.

A perspectiva de luta de classes para análise da emergência do Serviço Social foi elaborada pelo Movimento de Reconceituação do Serviço Social latino-americano (inclusive pela Escola de Trabalho Social da Universidade Católica de Valparaiso, de que fui dirigente [2]) e por outros pesquisadores e militantes de todo o mundo[3]. No CELATS implementou-se um pro-

---

2. Ver FALEIROS, Vicente de Paula. *Metodologia e ideologia do trabalho social*, São Paulo, Cortez, 1981 para se comparar esta edição com a de 1972, e CARVALHO, Alba Maria Pinho de. *A questão da transformação e o trabalho social. Uma análise Gramsciana*. São Paulo, Cortez, 1983.

3. Ver, por exemplo, o livro *Le travail social*, de Janine Verdes Leroux, Editions Minuit de 1978 e o de Daphne Statham *Radicals in social work, Routledge & Kegan Paul*, Londres, também de 1978. No Québec em 1974 havia uma publicação de um grupo de assistentes sociais denominada *Le travail social, instrument d'une classe*. No Brasil estão publicados os livros de Jannine Verdes-Leroux, *Trabalhador social – prática, hábitos, ethos e formas de intervenção*, São Paulo, Cortez, 1986; Jeffry Galper, *Política social e trabalho social*, São Paulo, Cortez, 1986 e de Paul Corrigan e Peter Leonard, ver CORRIGAN, Paul e LEONARD, Peter. *Prática do Serviço Social no capitalismo*. Rio de Janeiro, Zahar, 1979-CT e CORRIGAN, p. et alii. *Serviço de Bem-estar socialista*. Rio de Janeiro, Zahar, 1983.

jeto de investigação sob a ótica marxista do qual fizeram parte Leila Lima, Boris Lima, Marilda Iamamoto, Raul de Carvalho, Alejandro Maguiña[4], entre outros.

No Brasil a experiência de uma formação crítica foi, não só teorizada, mas experimentada em 1972-75 na PUC de Belo Horizonte[5]. Em 1979 a concepção marxista emerge na reforma curricular aprovada pela Associação Brasileira de Ensino de Serviço Social (ABESS). O movimento docente, através da fundação da Associação Nacional dos Docentes de Ensino Superior (ANDES), hoje Sindicato Nacional, promove profunda reflexão sobre a Universidade. Os próprios trabalhadores se reorganizavam, o que se manifestou na emergência do novo sindicalismo em 1978, no qual também se inscreveram os sindicatos de assistentes sociais[6], fortalecendo-se o processo de transição democrática no Brasil com a fundação do Partido dos Trabalhadores (PT), em 1980, e da Central Única dos Trabalhadores (CUT), em 1982. Ao mesmo tempo, com a implementação dos mestrados em Serviço Social a partir de 1972[7] e da Revista *Serviço Social & Sociedade* em 1979, amplia-se a discussão do marxismo no Serviço Social.

No Chile, onde estivemos exilados, foi que pudemos desenvolver esse repensar do Serviço Social. Mas também exilado no Canadá, de 1974 a 1979, descobri que esse questionamento da profissão estava existindo em várias partes do mundo por meio do chamado *radical social work*. O Serviço Social radical tinha grupos fortes na Califórnia, nos Estados Unidos, em Québec, na França, na Inglaterra. Estava-se questionando o modelo do Serviço Social funcionalista, psicologizante, fundado nas relações interpessoais para solução de problemas específicos, isolados e fragmentados. A crítica a esse modelo era generalizada, por parte de intelectuais e grupos marxistas. Não era uma crítica que vinha da maioria do pessoal

---

4. Ver o livro de Maguiña sobre o serviço social no Peru, publicado pelo CELATS em 1980 e, sem vinculação com o CELTAS, mas na mesma perspectiva, o livro de MARÍNEZ, Maria Eugenia et al. *Historia Del Trabajo Social en Colombia* - 1900-1975, Bogotá, Tecnilibros, 1981.

5. Ver SANTOS, Leila Lima. *Textos de serviço social*, São Paulo, Cortez, 1981.

6. Ver ABRAMIDES, M. Beatriz c. e CABRAL, M. do Socorro Reis. *O novo sindicalismo e o serviço social*. São Paulo, Cortez, 1979.

7. Como um dos trabalhos críticos do período ver LOPES, Josefa Batista, *Objeto e especificidade do serviço social*, São Paulo, Cortez, 1979.

da prática, que, no entanto, estava insatisfeita com o modo de se produzir o Serviço Social nas instituições, sem eficiência, burocratizado, fragmentado.

O cerne da crítica estava na relação entre Serviço Social e os projetos hegemônicos da classe dominante e os projetos contra-hegemônicos de transformação social dos dominados. Esse foi o grande questionamento dos anos 1970: mostrar a relação do Serviço Social com as lutas de classes, com a ordem burguesa e também com a transformação social, como podem observar no livro *Trabajo social ideologia y método*, publicado pelo ECRO, em Buenos Aires, em 1972. Notem que não falo de teoria, mas de ideologia, numa denúncia da ideologia dominante da adaptação e da integração social, que era a forma como, na particularidade do Serviço Social, manifestava-se a ideologia dominante.

Esse questionamento da profissão foi assumindo contornos bastantes específicos na América Latina, inclusive no Brasil. Na restrita liberdade que era tolerada na academia, durante a ditadura, houve a discussão da perspectiva e do papel do Serviço Social na sociedade e no Estado e sobre o que ele deveria fazer para mudar a si mesmo e as relações sociais em que se implicava. Esse questionamento, também da organização profissional, culminou no Congresso de Assistentes Sociais de 1979, em São Paulo, do qual tive a oportunidade de participar, recém chegado do exílio com anistia, e ao qual fiz uma referência específica no livro *Metodologia e ideologia do trabalho social* (1981), mostrando que no Congresso de 1979 houve uma virada na forma como se via e também predominava a prática do Serviço Social. Havia muitos profissionais de terreno e, ao se expulsar o Ministro do Trabalho do recinto e indicar o sindicalista Lula como convidado de honra questionava-se a relação do Serviço Social com a ordem dominante e se articulava uma aliança com a luta dos trabalhadores. Essa "virada" foi articulada pela Comissão Executiva Nacional dos Assistentes Sociais (CENEAS), já na fase de pré-congresso. Foi um momento marcante das lutas da categoria profissional que teve continuidade nos Congressos Brasileiros de Assistentes Sociais (CBAS) seguintes. Assim, no Brasil, a relação do Serviço Social com as lutas sociais pela democratização e pela transformação social, inscreveu-se tanto na discussão acadêmica como na organização profissional, no momento da inflexão da ditadura, na chamada abertura lenta e gradual e no momento em que os trabalhadores também se mobilizavam abertamente por meio das greves do ABC. Essa é uma das rupturas mais significativas com a ordem e as concepções dominantes.

Enquanto isso, no entanto, a prática do Serviço Social inscrevia-se nas organizações *predominantemente* (não exclusivamente) como prática burocrática, formal, institucionalizada, marcada por relações estritamente burocráticas e tecnocráticas, dentro do processo que podemos chamar de taylorista / clientelista de atuação. Taylorista porque se exigia a obediência às ordens estabelecidas de cima e clientelista na relação com os de baixo, atendendo a demandas de forma muitas vezes assistencialista, no "caso a caso".

Durante a ditadura, acentuou-se o processo tecnocrático no exercício da profissão, simbolizado emblematicamente pela "lógica" do planejamento. Toda a metodologia do Serviço Social no final dos anos 1960 e início dos anos 1970 esteve marcada pelo chamado processo de planejamento, dividido em diagnóstico, programação, execução, avaliação e retroalimentação. Essa "lógica" ou processo impregna e se torna a marca dominante da prática institucionalizada num movimento de cima/abaixo e de baixo para cima na organização do trabalho, expresso nos inúmeros relatórios, dados estatísticos, avaliações de metas, de eficiência, de resultados.

A ruptura com essa relação dominante, numa articulação contra-hegemônica[8], processou-se na interação política e profissional entre o Serviço Social, seus movimentos e organizações com os movimentos sociais e interesses dos usuários nas próprias instituições e fora delas, articulando forças de mudança e aliando-se aos movimentos pela democracia, direitos humanos, urbanos e rurais, e de segmentos particulares como os das mulheres, negros, portadores de HIV e outros. Ao mesmo tempo, colocam-se novas exigências hegemônicas que, na ultima década, provocaram mudanças no Serviço Social.

Estão pressupostos nesse texto as mudanças fundamentais do capitalismo e dos processos de trabalho[9], passando-se à acumulação flexível,

---

8. Ver o capítulo 8 de *Saber profissional e poder institucional*, São Paulo, Cortez, 1985.

9. Ver, por exemplo, meu artigo Globalização e Desafios para o Serviço Social. In *Serviço Social & Sociedade*, XX (61):152-186 – São Paulo, Cortez, nov/1999.

globalizada e concentradora, com nova base tecnológica e informática e de organização do trabalho precário, terceirizado e competitivo, para uma produção articulada à competividade máxima, em função da produtividade e do lucro. O capitalismo não só mudou pela reestruturação ou pela reengenharia da produção *just in time*, terceirizada, desterritorializada, includente da comunicação e do consumidor, mas mudou de base. O capitalismo do século XIX fundava-se na tecnologia do motor e da produção em série, levada ao extremo pelo taylorismo e pelo fordismo. Marx chamava atenção em *O Capital* para a importância da descoberta do motor, que revolucionou o tear, possibilitando a aglutinação dos trabalhadores numa nova relação de produção, a relação salarial. Hoje, essa estrutura produtiva fordista mudou pela introdução da informática, do robô, da informação e de novas tecnologias, e a relação salarial está se transformando em relação terceirizada, por subcontratos de trabalho precário. Essas mudanças devem ser vistas na heterogeneidade estrutural, pois há compassos e descompassos entre setores, empresas e regiões, configurando-se a presença de uma heterogeneidade que se assemelha no cotidiano sob a hegemonia do grande capital, mas com resistências e distâncias.

A substituição da relação salarial por outros tipos de contrato e principalmente a substituição da técnica da habilidade pela informatização têm se manifestado numa trágica redução da classe operária assalariada, no aumento da precarização e no aumento do desemprego.[10] Podemos constatar um aumento significativo da riqueza e, ao mesmo tempo, um aumento significativo do desemprego, com desenvolvimento da produtividade, redução dos postos de trabalho da classe trabalhadora industrial e aumento de trabalhadores terceirizados e precarizados. É um dos mais altos índices de desemprego persistente na sociedade industrial, a partir do século XIX, exceto na crise dos anos 1930.

Combinada com a mudança na produção, assistimos a uma financeirização do capitalismo com múltiplas formas de especulação (moeda, ações, papéis, investimentos, fraudes, brechas legislativas) que provoca a dança permanente (diurna e noturna) das finanças mundializadas. Nunca como nesta última década o capital financeiro adquiriu tanta importância

---

10. Ver DIEESE. *A situação do trabalho no Brasil*. São Paulo, DIEESE, 2001. Ver POCHMANN, Marcio. *O trabalho sob fogo cruzado*. São Paulo, Contexto, 2000.

e volume, num processo extremamente rápido de alocação internacional do capital segundo a rentabilidade real, provocada ou presumida e sem uma vinculação direta com o sistema produtivo, resultando, por exemplo, em inchamento das bolsas, desvalorização das moedas ou desestabilização de todo um país. Os movimentos de capitais e investimentos diretos passaram de uma média de 39 bilhões de dólares em 1976/1980 para 184 bilhões de dólares em 1991 e para 611 bilhões em 1998; o movimento de investimento em carteira em valores mobiliários passou de uma média em 1976/80 de 26 bilhões de dólares para 340 bilhões em 1991, e chegou a 923 bilhões em 1998[11]. Atualmente é provável que um trilhão e meio de dólares circulem diariamente nos corredores da especulação mundial, pois esse dinheiro é fundamentalmente especulativo, para ganhos financeiros com a valorização/desvalorização das simples aplicações em fundos, bolsas ou ativos financeiros.

Essas mudanças no capitalismo impactaram a proteção social e os fundamentos do chamado Estado de Bem-Estar Social: o assalariamento e a proteção social ligada ao salário. Com o esfacelamento do regime salarial, que Robert Castel analisa no livro *Metamorfoses da questão social*, está também se desmontando, da forma como era estruturado, um sistema de alocações, seguros, benefícios de cidadania, com novos tipos de responsabilização social pelo mercado e de focalização nos mais pobres. Com a dominação do capital financeiro passa a ser efetivado o que denomino de *"financeirização"* das políticas sociais (Faleiros, 1999). Há uma ação do Estado que se combina: flexibilização, mercado, focalização e financeirização.

Por meio de medidas provisórias, antes dos limites agora implementados, o governo federal vem consumar a transferência da política habitacional para o mercado financeiro. Se as classes médias quiserem comprar uma casa, a única alternativa, agora, é o mercado financeiro. O mesmo se passa com o crédito educativo. A bolsa de estudante acabou e o que ficou foi a financeirização das bolsas de estudo. A previdência social complementar está passando para os Planos Geradores de Benefício Livre (PGBL), os planos de geração de aplicações da previdência para aposentadoria, por intermédio dos bancos, do capital financeiro. A saúde, em grande parte,

---

11. Ver PLIHON, Dominique. Les enjeux de la globalisation financiere. In CORDELLIER, Serge (org.) *La mondialisati au-dela des mythes*. Paris, La Découverte, 2000.

está nas mãos das seguradoras de saúde. Seguradora é capital financeiro, cuidado privatizado da saúde.

Com a política de mercadorização, flexibilização, financeirização e focalização estamos perdendo a sustentação efetiva do pacto da cidadania articulado pelo Estado de Bem-Estar Social e seus fundos respectivos, com contribuição de todos os segmentos sociais para cobertura de riscos e vulnerabilidades como direitos do cidadão e dever do Estado. Hoje o suposto e imposto pacto do capitalismo é a implementação do *"se vire"*. Isso, no entanto, não é pacto social, pois favorece um dos lados, não há direitos, há deveres, não há proteção, há responsabilização. Um pacto implica a responsabilização e a proteção ao mesmo tempo, negociadas de acordo com a equidade, com a retribuição da riqueza de acordo com sua distribuição.

A articulação das mudanças econômicas com as propostas neoliberais está provocando o que chamo de *"refundação capitalista"* do Estado para promover o mercado. No entanto o discurso dominante é de que estão acabando com a burocracia, a ineficiência, os altos custos, como aparece no Plano Diretor da Reforma do Estado, aprovado pelo Governo Cardoso em 1995 a partir da proposta do ex-ministro Bresser Pereira.

A defesa de um Estado Social não significa a manutenção de um Estado burocrático e com uma cidadania passiva, frente ao desmonte da *"refundação capitalista"*. Sobre esta questão, gostaria de chamar a atenção para o artigo de Elaine Behring em que contrapõe uma reforma democrática do Estado à reforma neoliberal[12].

O que me parece fundamental, e que tenho sempre levado em conta[13], é uma análise histórico-estrutural do Estado, de acordo com a correlação de forças em presença tanto no Estado como na sociedade, em que se faz um enfrentamento de projetos ético-jurídico-políticos no processo democrático. No enfrentamento sobre o papel do Estado, em que o neoliberalismo está jogando importantes fichas, as forças de oposição parecem imobilizadas ou submissas ao projeto hegemônico, mas mesmo na resistência, há ganhos ou freadas significativas. Mesmo o governo de Reagan,

---

12. BEHRING, Elaine. Reforma do estado e seguridade social no Brasil. In *Ser Social*(7):43-80, Brasília, UnB, SER, 2000.

13. Ver por exemplo *Saber profissional e poder institucional e Política social do estado capitalista*, ambos da Cortez Editora.

nos Estados Unidos, de Tatcher na Inglaterra, de Fernando Henrique Cardoso (FHC) no Brasil não conseguiram arrebentar, como desejavam, com as políticas públicas de saúde, educação, previdência e assistência social, graças à oposição de parte do poder legislativo e à mobilização da sociedade e, em especial, de um vasto setor de trabalhadores organizados. No Brasil, os sindicatos filiados à Força Sindical, governista à época de FHC, defendiam a flexibilização das leis trabalhistas que transfere para a esfera dos acordos patrões/empregados direitos garantidos em lei.

Com o quadro legal aprovado no governo Cardoso (1995-2002) praticamente se desestruturou o que denomino de "Estado getulista" ou "Estado varguista", fundado na centralização federal, no desenvolvimento e na soberania nacional. O Estado não mais se ocupa do desenvolvimento e do bem-estar social, mas do comércio, da competitividade da arrecadação e dos superávits, substituindo a política econômica por uma política monetária e financeira. Exemplos do Estado getulista foram a criação dos institutos sociais como os da previdência e os econômicos, como o do café, e o investimento em infra-estrutura como as siderúrgicas, as represas para energia elétrica e os poços de petróleo. Já no governo Cardoso, acabaram-se os monopólios estatais e a privatização (não o desenvolvimento) foi o eixo das reformas econômicas, perdendo o Estado grande capacidade de intervenção na produção. A privatização foi feita com capitais estrangeiros financiados pelo próprio Estado brasileiro, com forte impacto na destruição da indústria nacional.

Por outro lado, as agências reguladoras, implementadas para controle das empresas privatizadas, não estão preparadas para uma defesa do cidadão, a não ser como consumidor individual, transformando-se a cidadania social num consumo de bens. O "im-pacto", não pacto neoliberal, além de financeirizar, mercadorizar, flexibilizar e focalizar, "consumifica" o cidadão, transmuta a luta por direitos para uma luta por produtos de qualidade e vendas sem fraudes. As lutas do consumidor têm, evidentemente, um caráter de cidadania, uma dimensão pedagógica, mas não abrangem todo o espectro da cidadania civil, política, social, ambiental, ética, de equidade.

O Serviço Social, evidentemente, não é indiferente a esse contexto, já que, como todas as profissões é necessariamente contextualizado, inserido em relações complexas nos processos de trabalho e lutas pelo poder ou pelo empoderamento dos usuários. O termo empoderamento vem tendo a tradução de *"empowerment"* e me parece mais forte que fortalecimento, que eu vinha usando, inclusive desde 1985, em *Saber profissional e poder institucional*.

A questão que nos colocamos é a da relação entre essas mudanças e a correlação de forças entre os grupos hegemônicos e contra-hegemônicos. No seu livro *A Crise de Materialidade no Serviço Social*[14] Rose Serra traz os resultados de uma pesquisa entre os profissionais e os empregadores da área, no Estado do Rio de Janeiro, e faz uma conexão entre essas mudanças gerais do capitalismo e as mudanças na profissão, mostrando, justamente que se produz essa conexão no mercado de trabalho profissional, levantando a hipótese mesmo da "falta de sustentação para um Serviço Social estatal como mediador de prestação de serviços sociais" em função dos avanços da informática (ibid., p.184), devendo se concentrar na formulação, gestão e controle desses serviços. A atuação profissional enfrenta os desafios de se adequar à informática para melhor servir à cidadania, numa perspectiva contra-hegemônica de manutenção dos direitos universais e equânimes como dever do estado, contrariamente à flexibilização, à modernização, à focalização e à financeirização.

Como assinalamos a respeito do Congresso dos Assistentes Sociais de 1979, havia um forte movimento contra-hegemônico dos trabalhadores, incluindo profissionais do Serviço Social, que questionavam as "lógicas" e processos gerais de capitalismo e as "lógicas" e processos particulares das formas de organização do trabalho social em torno do planejamento, seja do ponto de vista crítico mais geral, seja do ponto de vista estratégico-operacional da intervenção, buscando alternativas e alterações na cotidianidade, aliás vinculando-a à dinâmica capitalista mais geral.

Nessas últimas décadas, na perspectiva crítica em que se manifesta a contra-hegemonia, houve significativas mudanças nas concepções e estratégias da profissão. Uma delas é crítica ao funcionalismo e à psicologização das relações sociais. Pelo menos explicitamente estas referências já não fundamentam as ações da maioria dos profissionais e nem o ensino acadêmico. A referência marxista ao conflito, à luta de classes, à correlação de forças exigem também mudanças do instrumental técnico, nas for-

---

14. São Paulo, Cortez, 2000.

mas de abordagem, nas relações profissional/organização e profissional/ usuário. Estas novas referências, por sua vez entram em conflito com as propostas e políticas neoliberais, acima referenciadas.

O funcionalismo ainda predomina em boa parte do Serviço Social nos Estados Unidos, principalmente, em parte da área clínica, onde ele toma a forma de resolução dos problemas disfuncionais, do chamado mau funcionamento individual ou social referente às "disfunções" das pessoas para se adaptar à sociedade. Há, no entanto, mesmo nessa área, uma perspectiva que contempla a crítica, o conflito[15] e o processo de apoio[16] (*helping*) numa prática conflituosa de empoderamento.

No Brasil, a perspectiva da funcionalidade/disfuncionalidade não tem predominado conceitual, estratégica e taticamente, por luta e discussão dentro da própria profissão, ao se priorizar uma visão que considera os problemas sócio-individualmente ou indivíduo-socialmente, a partir das raízes mais profundas da desigualdade social, da exclusão social, da exploração e da dominação. Desde os anos 1970 vimos articulando o processo de trabalho social com o processo de emancipação social, expresso nas várias facetas do movimento de reconceituação e do *radical social work*.

Uma das teses que defendemos no movimento de reconceituação é a de que não se pode desvincular o Serviço Social do contexto histórico, ou seja, este não provém de uma eventual evolução da ajuda, nem de relações interpessoais, como explicitamos no projeto de reformulação da Escola de Serviço Social de Valparaiso[17] e em nosso livro de 1972. Essa foi uma das grandes contribuições da reconceituação, no sentido de partir da realidade para se pensar a intervenção profissional e não se isolar numa visão de dentro da profissão e nem partir de uma visão abstrata e genérica da estrutura, buscando-se relacionar sujeito e estrutura no processo histórico de desenvolvimento do capitalismo e de resistência ao capitalismo.

---

15. Ver, por exemplo, LEE, Judith A.B. *The empowerment approuch to social work practice.* New York, Columbia University Press, 1994.

16. A palavra apoio, a meu ver, traduz melhor, no âmbito do serviço social, o termo *helping* pois significa amparo, defesa, sustentar, estar junto, lutar com.

17. Ver PALMA, Eloísa Pizarro de et alii. *Que es trabajo social.* Lima, Ediciones CELATS, 1981. Esse livro reproduz a fundamentação e o projeto curricular da Escuela de Trabajo Social da Universidade Católica de Valparaiso, publicado originalmente em 1972.

Há que se pensar a realidade de que a própria classe operária, criatura do capitalismo, tem sido a "cobra criada" da resistência, advinda da contradição, assinalada por Marx, entre meios de produção e relações de produção. A produção capitalista é relacional, o capital é relacional, implica a relação de exploração que se exprime na acumulação, na mais valia.

As organizações profissionais do Serviço Social brasileiro podem se orgulhar em lutar por um Serviço Social inserido na realidade do Brasil, preocupado com a desigualdade, a falta de cidadania, a violência, as relações iníquas entre os segmentos sociais, além de articulado com os movimentos sociais de transformação, o que se tornou explícito já em 1979, como já assinalamos anteriormente e se aprofundou nos anos 1980 e nos anos 1990, com forte expressão de propostas e articulações nos congressos da categoria, sempre contando com a presença, dentre outros, da CUT e do MST.

A vinculação da profissão a movimentos de mulheres, dos sem terra e pequenos proprietários rurais, dos negros, dos meninos e meninas de rua, da luta anti-manicomial, da luta contra exploração e abuso sexual, dos gays e lésbicas não é homogênea em todas as partes, mas vem se concretizando de formas diferençadas. Na área acadêmica, vem se destacando a preocupação com a análise crítica do Estado e das políticas sociais, como o demonstram os relatos de pesquisa apresentados nas reuniões da Associação Brasileira de Ensino e Pesquisa em Serviço Social (ABEPSS).

Nessa análise há perspectivas, tanto a que vê o Estado como instrumento, como a que o vê como correlação de forças, como espaço de luta, como espaço de conflito, o que possibilitaria, dentro do Estado, estabelecer, uma ação profissional mais dinâmica e comprometida com os trabalhadores e demais oprimidos, excluídos e explorados. Essa crítica passa a levar em conta, a partir dos anos 1990, a democratização do Estado e da sociedade, pois era mais claro aglutinar pessoas contra a ditadura. A democracia abre oportunidades para a divergência e construção de convergências. De 1968 a 1975, período mais duro da ditadura, as resistências fora do aparato governamental nem sempre se articulavam com as resistências dentro dele, produzindo-se certa esquizofrenia nesse campo. De 1975 até 1979, a resistência se endurece na abertura política e se amplia e fortalece com a anistia e as lutas pelas eleições diretas e a Constituição democrática de 1988. O pensamento gramsciano se aprofundou no Serviço Social brasileiro contrapondo-se a uma teoria da submissão do Estado ao capital; a democratização e as mudanças na organização do Estado, com a participação e descentralização, também contribuíram para a articulação do pensamento gramsciano com a realidade. Essa visão contribuiu também para levar adiante a defesa dos usuários e a implementação de seus direitos nos espaços políticos e públicos da relação Estado/sociedade.

Com as exigências mundiais de neoliberalismo e as políticas neoliberais de Collor/Cardoso a partir de 1990, é possível ainda pensar num espaço de garantia de direitos, se existe uma restrição do Estado, uma flexibilização das garantias, uma mercadorização, focalização e financeirização das políticas? Estaríamos num outro momento histórico? De retrocesso total, de impasse (sem saída) com a sobredeterminação da política pela acumulação flexível?

Entendemos que a profissão é um movimento de articulação de saberes, de luta por espaços e ao mesmo tempo é regulamentação e corporação. Esse ponto de vista incorpora tanto a visão regulamentadora de uma atividade, a partir da regulamentação do trabalho de um grupo de pessoas que atua numa área determinada, expressa em lei, relativo à presença de um saber ou conhecimento específico reconhecido e de um objeto disciplinar no contexto de divisão social do trabalho, historicamente em movimento nas relações políticas e econômicas. Não há profissão legítima sem reconhecimento legal. No entanto, o grupo reconhecido legalmente também se organiza e mobiliza como um movimento dinâmico e dialético de pessoas que repensam a si mesmas e a sua intervenção no campo da ação legalizada, profissional. Nesse campo, seu conhecimento também vai mudando e acrescentando novas dimensões. Só existirá profissão reconhecida se existir conhecimento articulado e sistematizado dessa área e um poder capaz de fazê-lo valer socialmente, por meio de legitimidade compartilhada ou conquistada, que se torna uma identidade culturalmente referenciada, por exemplo, a de assistente social, a de enfermeiro, de advogado.

Maria Augusta Negreiros, Alcina Martins e Alfredo Henriquez em *A trajetória da Profissão de Assistente Social em Portugal*, do qual tive a honra de fazer o prefácio[18], mostram que, em Portugal, o desenvolvimento da

---

18. Ver publicação feita em co-edição com a Veras Editora

profissão está articulado às conjunturas sociais e políticas. Depois da revolução dos cravos, em 1974, a profissão tomou uma outra dimensão. No contexto democrático, as organizações profissionais se tornaram mais fortes, a formação acadêmica mais aberta, o engajamento com os movimentos sociais articulado e os debates mais conflituosos.

No Brasil, a profissão também foi se redimensionando de acordo com as conjunturas, distinguindo-se o contexto autoritário do democrático. As profissões também podem se tornar movimentos sociais.

Distintamente dessa visão histórico-estrutural há uma corrente marxista que considera a profissão de forma abstrata e genérica, mais particularmente como um instrumento do capital, independentemente das conjunturas, do movimento de hegemonia e de contra-hegemonia. Para ilustrar esse ponto de vista, vou me referir a um artigo de Yolanda Guerra[19], ao tratar da "razão instrumental" e da "instrumentalidade do serviço social" (distintas da "instrumentalidade como mediação", por ela proposto, às páginas 29-31, que permite "a passagem das análises macroscópicas às singularidades"):

> "O processo produtivo capitalista detém a propriedade de converter as instituições e práticas sociais em instrumentos de reprodução do capital" (idem: 13) e "como decorrência das formas lógicas de reprodução da ordem burguesa e como modalidade sócio-histórica de tratamento da questão social, o Estado passa a necessitar de um conjunto de práticas, ramos de especialização e instituições que lhe sirvam de instrumento para o alcance dos fins econômicos e políticos que representa" (idem: 17), acrescentando: "instituiu-se um espaço na divisão sociotécnica do trabalho para um profissional que implementasse as políticas sociais, contribuindo para a produção e reprodução material e ideológica da força de trabalho (melhor dizendo, da sua subjetividade como força de trabalho)" (idem: 18) E ainda: o Serviço Social "nasce como parte de uma estratégia de classes" (idem: 20) e a "funcionalidade do Serviço Social está vinculada à funcionalidade da política social na preservação e controle da força de trabalho" (idem: 22).

---

19. Instrumentalidade do processo de trabalho e serviço social. In *Serviço Social & Sociedade* XX(62): 5-34, São Paulo, Cortez, março de 2000.

Nessa perspectiva ficam suprimidas da análise as conjunturas, as disputas e mesmo a articulação profissional da resistência, destacando-se como determinante do desenvolvimento da profissão, de forma exclusiva, o que é exigência do capital. A lógica do texto é dedutiva, sem destacar que os atores podem se organizar e resistir. A autora, mesmo salientando a distinção entre acervo técnico instrumental e instrumentalidade, ao pensar a instrumentalidade do Serviço Social como mediação, não ressalta seu caráter relacional, e, portanto, de confronto, mesmo sob a forma de resistências, enquanto a instrumentalidade aparece, em dois níveis de construção histórica, como a total absorção da profissão pelo capital. Nesses níveis de entendimento e de ação profissional, fica descartada uma visão relacional entre os desafios cotidianos e particulares da profissão e os determinantes mais gerais do capitalismo e uma visão contraditória do próprio capitalismo como relação de exploração e dominação historicamente construída. Tratar-se-ia de uma das concepções que não considera a profissão como movimento.

O pensar dialético das profissões como movimento, organização, saber, regulamentação exige uma análise concreta da realidade concreta, na qual existe uma pluralidade de dimensões da ação profissional, que implica tanto a relação com as forças do capital, como a relação de poder particularizada nas organizações, a relação com os usuários, a relação com a lei e a relação com os movimentos sociais e segmentos diferenciados das sociedades na prestação de serviços. Essa multidimensionalidade de relações se manifesta por meio de conflitos e passa pela efetivação de uma correlação de forças em nível mais geral das instituições e no nível mais operacional. A práxis dos enfrentamentos se faz: a) em um nível mais geral de conflito / negociação política nas organizações frente à necessidade de se construir a relação entre o conhecimento do território e a concepção de programas; b) no processo estratégico e tático de articulação de recursos e problemas no cotidiano das instituições; c) no fortalecimento da inclusão social no contato direto com os usuários.

Chopart[20], ao organizar uma série de pesquisas sobre a prática do Serviço Social na França distingue cinco níveis, expressos a seguir:

---

20. Chopart, Jean-Noël (org.) . *Lês Mutations du Travail Social* Paris, DUNOD, 2000

Quadro referencial da intervenção profissional no processo hegemônico/contra-hegemônico

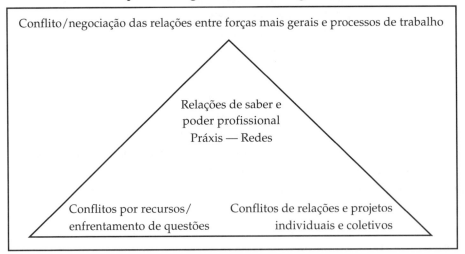

Nesses níveis, situam-se: as intervenções de primeira linha no processo de acolhida e ajuda no contato direto, implicando também a reeducação e a inserção, que, por sua vez, envolvem projetos e recursos mais amplos frente a problemas mais abrangentes. No quarto nível, encontra-se a mediação institucional, que pressupõe gestão e política organizacional e uma análise do território. No nível mais elevado Chopart coloca a negociação política que envolve coordenação, gestão do desenvolvimento e concepção de projeto.

A concepção instrumentalista contrapõe-se à do CEFESS — CRESS, Conselho Federal de Serviço Social e Conselhos Regionais, expressa na revista *Serviço Social & Sociedade*[21], que considera mais importante para a profissão o projeto político. Esse projeto político, objeto da construção profissional, é definido como:

"Um movimento histórico — político da categoria que se constitui na construção de um compromisso democrático e de defesa da cidadania a partir

---

21. Ver CFESS – Serviço Social a caminho do século XXI: o protagonismo ético - político do conjunto CFESS – CRESS. In *Serviço Social & Sociedade*. XVII(50): 172-190 – São Paulo, abril de 1996.

da vinculação com os movimentos sociais e na defesa das políticas publicas para a população, mostrando que a dimensão política da profissão ganha relevância" (idem)

Fica clara a expressão da profissão como um movimento que valoriza seu protagonismo político, contrariamente a uma visão reducionista e economicista da funcionalidade da profissão ao capital, que se caracteriza como neofuncionalista.

No livro *Metodologia e ideologia do trabalho social*, de 1981, saliento, com ênfase, a dimensão política da profissão, o que vem a ser também enfatizado pelo conjunto do CEFESS — CRESS em 1996, mostrando que essa dimensão é fundamental na organização e na mobilização profissional dos assistentes sociais. A dimensão política está presente nos diferentes momentos da intervenção profissional, seja nos conflitos gerais, seja nas questões de recursos como de ação intersubjetiva e coletiva, expressas no quadro anterior. Por dimensão política entendemos as relações e mediações de poder em geral e na particularidade e complexidade do agir profissional.

É preciso distinguir, no entanto, a dimensão política da intervenção profissional da dimensão sindicalista da(o) trabalhador(a) social, do(a) assistente social. Uma visão sindicalizante considera o profissional apenas como trabalhador que vende sua força de trabalho e não um trabalhador profissional que detém um saber especifico e um poder definido em lei e no processo de legitimação da profissão. Esquece também que podemos exercer a profissão de forma autônoma ou em diferentes relações com os usuários, por exemplo, através da consultoria e da parceria.

Como assistentes sociais, somos trabalhadores e somos profissionais. À medida que voltamos nosso olhar para o ângulo do trabalhador e de suas condições de trabalho, como salário, processos organizacionais, instrumentos burocráticos, perdemos de vista a complexidade da inserção do saber, das relações de poder, das articulações interprofissionais e da relação entre hegemonia e contra-hegemonia. A condição de assalariado é conflituosa com a condição de profissional, mas também combinada e articulada.

Se o trabalhador se define pela relação salarial ou de outro contrato, a relação profissional define-se pelo saber, pelo conhecimento legitimado e legalizado, por uma proposta sócio-técnica, por um sistema articulado de pesquisa, diagnóstico e intervenção. Passa-se pela universidade não para aprender a comportar-se como sindicalizado, mas para se construir um objeto profissional na correlação de forças, implicando também as lutas sindicais. Na análise das mudanças contemporâneas, deve-se buscar uma articulação entre o processo hegemônico mais geral e suas manifestações no cotidiano e a contra-hegemonia que também se manifesta em vários níveis e momentos, como vimos no quadro da página 39.

Hoje o "movimento profissional" está diante de desafios oriundos de mudanças no capitalismo, de mudanças institucionais, como de mudanças societárias e na família.

No livro citado, organizado por Chopart, considera-se que a principal mudança na profissão de trabalhador social, detectada através de uma ampla pesquisa na França, com estudo de 560 tipos de trabalho social, é de que há uma transformação na demanda pelo Serviço Social da **qualificação** e para a **competência**. Essa mudança da qualificação para a competência significa que não é o diploma que faz você ser contratado hoje, mas a competência que você tem para lidar com as novas questões que estão surgindo. Por exemplo, para uma ONG que vai trabalhar com crianças ou adolescentes, não interessa se a pessoa seja antropóloga, seja assistente social, seja economista, seja socióloga, interessa a competência da pessoa para lidar com a articulação de novas iniciativas.

Fazendo uma referência ao Québec, Favreau assinala que a percepção da mudança do Serviço Social no Québec está vinculada a um processo que implica novas práticas de inserção na economia social e no desenvolvimento local como forma de renovação. Esta renovação busca trabalhar tanto a reivindicação, por um lado, como a produção de riquezas, por outro, visando a inserção social de forma diversificada, seja pelo trabalho, seja por formas de ação por conta própria (inclusive coletiva)[22]. No entanto, deve-se levar em conta, principalmente, as garantias de direitos e formas articuladas às iniciativas locais numa perspectiva de redes, num processo de territorialização, parcerias, multiatividade e diversidade, com descentralização e em confronto com o próprio neoliberalismo.

---

22. FAVREUAU, Louis. Lê travail Social au Québec, (1960-2000): 40 ans de transformations d'une profession. *Nouvelles Pratiques Sociales*, Volume 13, n° 1, Junho 2000.

Em Portugal, podemos constatar novos desafios para o Serviço Social na implementação do rendimento mínimo de inserção frente aos novos desafios do desemprego, buscando tratar a territorialidade, a visibilidade da relação social, implicando e dinamizando a participação dos sujeitos no seu próprio desenvolvimento e criticando as instituições, conforme artigo de Maria de Lourdes Quaresma[23]. Os profissionais estão alertas para riscos de se criar novas tutelas, patinar na inserção.

Mais que nunca, parece necessária a crítica na análise das experiências e das teorias e na busca das articulações de políticas e de construção de propostas para não se responsabilizar ainda mais a população pelas condições em que vive.

Rose Serra, no livro *A crise da materialidade no Serviço Social*, mostra que a profissão vem se ampliando em nível municipal. São os municípios que estão contratando mais os serviços sociais no processo de descentralização política, implementado pela Constituição de 1988. Essa tendência à descentralização e à regionalização é universal. Se, por um lado, diminuem as responsabilidades do governo central, por outro, há uma nova dimensão para a atuação local, através dos poderes locais e com maior articulação com a população.

No âmbito local, há um espaço para a atuação profissional no próprio aparelho do Estado. O Estado não pode ser demonizado ou satanizado tanto pela esquerda quanto pela direita. A primeira o vê como instrumento da burguesia e a direita o vê como oposição ao mercado, ineficaz e burocrático. O espaço público do Estado, como já reafirmei várias vezes na discussão da correlação de forças, é um espaço em que se dá o enfrentamento entre hegemonia e contra-hegemonia e onde mudam as condições de trabalho de acordo com a correlação de forças políticas e sociais nos diferentes níveis de governo.

Em várias partes do mundo, o espaço local está sendo rearticulado como campo de luta e campo de intervenção, como vem acontecendo, por exemplo, na França, no Chile, em Portugal, em Québec. Embora isto não signifique uma política social de direitos com efetiva garantia, o espaço local também está combinando programas mais limitados com um pro-

---

23. Em Intervenção Social 15/16 de dezembro de 1996

cesso de formulação de políticas que não vem só de cima para baixo, mas também com um movimento de baixo para cima. Isso favorece uma ação do Serviço Social, inclusive, com mais flexibilidade. Se existe um processo de flexibilização neoliberal, também existe uma flexibilização contra-hegemônica. Nossa profissão sempre tem a marca do flexível, pois os assistentes sociais não trabalham com protocolos rígidos como os médicos, que devem seguir, rigorosamente, os dispositivos de diagnóstico e tratamento.

O Serviço Social não tem um protocolo rígido. Antigamente, denominava-se isso de "cada caso é um caso", o que é uma expressão horrível porque isola o sujeito e fragmenta o problema. Hoje, o desafio é combinar a flexibilidade da ação com uma análise complexa das situações. Assim, não tem sentido falarmos de flexibilidade sem a análise da complexidade, mais ainda, do mais fundamental, isto é, da totalidade. Ver a totalidade é dar-se conta da relação entre o imediato e as mediações mais profundas das questões, o que nem sempre está presente no conceito de complexidade. Temos que abandonar, cada vez mais, os pensamentos simplificadores, analisando as situações concretas como correlações de forças, articulando-se a análise das contradições com a análise dos conflitos, dos interesses em jogo e das estratégias em movimento.

Por isso mesmo, é que, a partir do local, precisamos repensar as políticas mais gerais e sua articulação em nível local. Por exemplo, as políticas de focalização do Governo Federal nas bolsa-escola, bolsa-renda e bolsa-sentinela[24] têm articulação com o neoliberalismo, com a questão das desigualdades, com o clientelismo das prefeituras, mas também com direitos, com proteção social.

As políticas locais dos municípios vão se estruturar frente a essas políticas federais, mas podem fazê-lo como resistência e de forma crítica. Não é mais sob a forma do Estado getulista que se implementam políticas sociais. Até as primeiras damas perdem poder. Qual o papel do (a) assistente social nesse contexto? Vai cadastrar as pessoas para essas bolsas, analisar os dossiês, fazer a gestão da política e também se relacionar com a população, podendo articular as três dimensões que apresentamos no quadro da página 39. Há, ao mesmo tempo, a possibilidade de se posicionar nos conflitos mais gerais e nos conflitos particulares no processo de

---

24. Ver uma análise das bolsas em www.faleiros.com.br

trabalho profissional, ao mesmo tempo em que se gerem prontuários e se integre com as pessoas individual ou coletivamente.

Esses desafios da profissão implicam também repensar as novas relações profissionais nessa correlação de forças, porque há uma pluralidade de dimensões da intervenção profissional como a de articular ou de regular recursos e problemas, mas também esclarecer mediações nas relações entre as instituições e a sociedade e entre profissional e sujeitos da ação.

É na ótica da cidadania que se pode articular a defesa e a implementação de direitos sociais, com a movimentação social e política de uma **rede**[25] que coloca em ação organizações da sociedade, conselhos, promotorias, atendimentos diversos.

O impacto redistributivo das políticas sociais precisa ser analisado no contexto da correlação de forças onde se inscreve a ação do (a) assistente social. O corte de certos recursos tem diminuído a amplitude da ação social, mas várias políticas, como a de combate à pobreza, vêm trazendo novas possibilidades de recursos. O processo contra-hegemônico precisa estar atento ás conjunturas de forma permanente.

Isso implica o aprofundamento da visão relacional do Serviço Social, aqui defendida, desenvolvendo-se o processo de trabalho do "empoderamento", do fortalecimento, do empowerment[26]. É nessa perspectiva que vejo a ampliação da contra-hegemonia frente aos novos desafios, considerando tanto os conflitos intra-institucionais como extra-institucionais.

O Serviço Social incomoda muita gente, porque é força em movimento e não um elefante*. Os chefes das empresas, principalmente, sentem-se incomodados com esse profissional que questiona, que propõe, que luta pelos direitos do cidadão. Isso exige habilidade, competência, capacitação teórica e crítica na formulação de estratégias. Não se pode pensar estrategicamente sem uma fundamentação teórica. Isso envolve até mesmo a defesa da profissão, que vem sendo excluída em algumas das chamadas reestruturações produtivas.

---

25. Ver o conceito de rede em meu livro *Estratégias em serviço social*. São Paulo, Cortez. 2001.

26. Ver sobre o tema o livro citado na nota anterior.

* Referência à brincadeira cantada "um elefante incomoda muita gente"

Na esfera do Estado a ação pode ter mais flexibilidade para a organização da população, como, por exemplo, vem acontecendo com relação às mães de meninos de rua, com as quais se pode trabalhar coletivamente na perspectiva da cidadania, da identidade, da autonomia . É possível a articulação tanto com grupos de auto-ajuda como com movimentos sociais, questionando-se o social ilusório, fetichista e clientelista, e contrapondo-o à defesa dos direitos e à implementação da cidadania. Para Bourdieu, nos passos de Gramsci, "illusio"[27] é jogo de interesses, enfrentamento e não apenas ocultações e mentiras.

Não podemos desprezar a intervenção do Serviço Social no nível micro, nas suas relações imediatas, no apoio às famílias, no apoio às mulheres, aos chefes de famílias pobres, às adolescentes grávidas, aos jovens explorados sexualmente, no trabalho direto com esses segmentos, a curto e médio prazos, porque a mudança é complexa e deve ser articulada num processo micro-macro, pois o mais fundamental — como a totalidade em relação — não está separado do particular e das manifestações imediatas e das mediações estruturais. Esse processo relacional é conflituoso, inscreve-se numa correlação de forças, de disputas, de poder, de recursos, do imaginário.

Isso não é possível sem articulação com a tradição crítica e a crítica das tradições, o que venho fazendo ao longo de minha vida profissional. Não podemos perder a capacidade de crítica, a capacidade de buscar os fundamentos, a essência da crítica. Esse é o nosso desafio mais importante e mais difícil. Se quisermos viver a contemporaneidade com consciência de si, dos outros, do contexto, e com propostas, é preciso um reencontro profundo e constante com a crítica.

---

27. Ver o livro *Réponses*. Paris, Seuil, 1992.

Ética e Serviço Social: formalismo, intenção ou ação?

Valéria L. Forti

Diferente dos demais animais que meramente consomem o que o meio natural lhes provê, o ser humano produz seus meios de vida. Com sua ação, portanto, ele ultrapassa o determinismo natural, estabelecendo uma ação criadora face à natureza, conquistando a sua humanidade — o homem é um ser "ontocriativo", ou seja, um ser que cria o seu próprio ser (Kosik, apud Oliveira, 1998: 29). A mediação que é o eixo dessa ultrapassagem do mero condicionamento natural para a criação, apesar da conservação do conteúdo natural na existência humana, é o trabalho.

O trabalho é atividade vital à existência humana, atividade que a constitui e a caracteriza, fonte de satisfação das necessidades do ser humano e a sua possibilidade histórica. Como explicitam Marx e Engels, "o primeiro ato histórico pelo qual podemos distinguir os homens dos demais animais não é o de pensarem, mas o de começarem a produzir os seus meios de vida" (1984: 14).

Por meio do trabalho — atividade racional dirigida a um fim, pois pressupõe a faculdade humana de projeção, de atribuição consciente de finalidade às ações —, o homem transforma a matéria natural com vistas à satisfação de suas necessidades e, nesse processo, também produz a si mesmo, identificando-se no que produziu, conquistando a sua humanidade, produzindo as relações sociais e engendrando a História. Nessa perspectiva, a História é captada, tendo em vista:

> [...] o desenvolvimento do processo real da produção, partindo logo da produção material da vida imediata, e na concepção da forma de intercâmbio intimamente ligada a este modo de produção e por ele produzida, ou seja, a sociedade civil nos seus diversos estágios, como base de toda a História [...], explicando a partir dela todos os diferentes produtos teóricos e formas de consciência — a religião, a filosofia, a moral, etc. (Marx; Engels, 1984: 48).

Ainda nessa direção, Kosik (1976), ao captar o homem como autor da história e simultaneamente seu produto, explicita:

> (...) a razão se cria na história apenas porque a história não é racionalmente predeterminada, ela se torna racional [...]. A história só é possível quando o homem não começa sempre do novo e do princípio, mas se liga ao trabalho e aos resultados obtidos pelas gerações precedentes (ibid.: 216, 218).

Ao mesmo tempo, com a ação do homem na matéria criando uma nova realidade humanizada, temos a práxis, cuja forma privilegiada é o trabalho (Barroco, 2001: 26). Por meio do trabalho, engendram-se as relações sociais, os modos de vida social, as idéias, as concepções de mundo, os valores, uma vez que assim como produzem os objetos, os instrumentos de trabalho, os modos de vida, os homens produzem também "novas capacidades e qualidades humanas, desenvolvendo aquelas inscritas na natureza orgânica do homem, humanizando-as e criando novas necessidades" (Iamamoto, 2001: 39).

Nesse quadro, emergem a consciência e o conhecimento, pois é no desenvolvimento do processo laborativo que são gestadas as necessidades espirituais do homem; é nesse percurso que a realidade vai sendo por ele desvendada, tocando a sua dimensão subjetiva. Daí, inferimos que, na atividade laborativa, o ser humano ultrapassa-se como ser puramente natural, adquire consciência, produz conhecimento, constrói-se socialmente e, tornando-se membro de uma coletividade, dá origem à regulamentação da sua convivência social, ou seja, cria a moral.

Assim como as escolhas, a orientação de valor é inerente às atividades humanas; sua criação é objetiva, também gerada pelo trabalho [...].

A valoração de um objeto supõe sua existência material concreta: seu valor corresponde a uma práxis que o transformou em algo novo que responde às necessidades, e, como tal, é bom, útil, belo, etc. Por isso, o valor não é uma decorrência apenas da subjetividade humana; ele é produto da práxis. Assim se coloca o caráter objetivo dos valores [...] (Barroco, 2001: 29).

Cabe assinalar que a moral, definida como o conjunto de normas, valores, padrões que regem a conduta e as relações dos homens em sociedade, origina-se no momento em que o homem passa a ser membro de uma coletividade.[1] Ou seja, a relação associativa assentada no trabalho para viabilizar a existência humana objetivou mecanismos de regulação da convivência social, sendo a moral, portanto, um meio de regulamentação das relações dos homens entre si e destes com a comunidade, presente ao longo da história, com formas várias nos diferentes modos de sociedade.

Desse modo, divergindo de concepções que a situam como um mero conjunto de princípios formais, intemporais e abstratos, entendemos a moral como produção do homem concreto, ser real e histórico, representando uma forma de regulação das relações dos indivíduos em uma dada comunidade. Assim sendo, algo mutável ao longo do tempo que indica variedades relativas aos diferentes modos de vida em sociedade. Por isso, a moral, cumprindo uma função social, pode ser posta como mecanismo privilegiado a serviço dos interesses daqueles que detêm o poder. Além desse significado inerente à convivência social, ela pode incorporar um caráter de universalidade abstrata, representando esses interesses particulares como se fossem interesses gerais (ou até o geral — absoluto), como uma representação de toda a coletividade (universal).

> As idéias da classe dominante são, em todas as épocas, as idéias dominantes, ou seja, a classe que é o poder **material** dominante da sociedade. A classe que tem à sua disposição os meios para a produção material dispõe assim,

---

[1]. Segundo Heller, a História é a substância da sociedade e nela estão contidas esferas heterogêneas, como, por exemplo, a produção, as relações de propriedade, a estrutura política, a vida cotidiana, a moral, a ciência e a arte (1989: 3).

ao mesmo tempo, dos meios para a produção espiritual [...] (Marx; Engels, 1984: 56).

Por conseguinte, sob esse ângulo de análise, ao estudarmos a moral, temos que entendê-la em relação à produção dos modos e meios de vida social, em relação à organização econômico-social, isto é, as condições concretas produzidas pelos homens que fazem deles o que são, pois a determinados modos de produção e apropriação de bens correspondem formas de consciência e modos de vida e, portanto, morais históricas concretas.

Segundo Vázquez, ao situar a moral fora da História, nós a situamos fora do próprio homem real e esse a-historicismo moral indica determinadas direções sobre a origem ou fonte da moral, no campo da reflexão ética, de modo geral. Em síntese, elas são as seguintes: 1) *Deus*. As normas morais derivariam de um poder sobre-humano e, logicamente, as raízes da moral não estariam no próprio homem. 2) *A natureza*. A conduta moral do ser humano não seria senão um aspecto da conduta natural, biológica. Portanto, as virtudes, as qualidades morais originar-se-iam nos instintos. 3) *O Homem (ou homem em geral)*, numa concepção de homem dotado de essência eterna e imutável, independentemente das mudanças históricas e sociais (1975: 26).

As indagações, os questionamentos e as reflexões no campo moral suscitam e constituem a ética. Podemos dizer que a ética é resultado da passagem da posição restrita às experiências vividas na esfera moral para uma postura reflexiva diante das mesmas, ou melhor, uma relação entre a moral efetiva, vivida, e as noções e elaborações teórico-filosóficas daí originárias. Portanto, uma possibilidade de superação do particular em direção ao universal, da vivência cotidiana, em grande parte imersa no senso comum, pelo dever ser — um posicionamento reflexivo/crítico, uma elaboração teórica, uma teoria moral ou, ainda, uma disciplina teórico-filosófica que tem a moral como o seu objeto de estudo. Podemos considerá-la também, com base em Oliveira, como "uma revisão radical da vida humana pessoal e coletiva", embora algumas pessoas associem a ética a um "código de castração", talvez pela imposição de certa ética religiosamente transmitida que marcou a nossa sociedade no passado (1998: 29). Como qualquer produção humana/social, esse campo do conhecimento assenta-se em e dá origem a idéias e concepções que indicam determinadas direções sociais, históricas, condicionadas em suas alternativas pela estrutura econômica e seus reflexos na vida social.

Segundo Vázquez, "a ética é teoria, investigação ou explicação de um tipo de experiência humana ou forma de comportamento dos homens, o da moral, considerado, porém, na sua totalidade, diversidade e variedade" (1975: 11). Nesse veio de análise, além de diversidade e variedade no evolver histórico, essa concepção vê, em uma mesma sociedade, a possibilidade de coexistência de diferentes morais, tal como se verifica, por exemplo, nas sociedades divididas em classes antagônicas.

Além disso, ressalte-se que a ética — disciplina que tem a moral como objeto de estudo[2] — não *cria* a moral, mas volta-se para esse fenômeno sócio-histórico, refletindo sobre ele, investigando os seus nexos determinantes e condicionantes, podendo formular conceitos, interferir, exercer influência nesse campo, partindo dos seus questionamentos e das suas considerações teórico-filosóficas. Destacamos, ainda, que, nesse processo, está presente a discussão acerca das diferentes formas e concepções de mundo/sociedade/homem e os respectivos valores/normas/padrões de conduta na vida em sociedade.

Quanto à ética no âmbito profissional, se, por um lado, podemos afirmar a inexistência de diferença essencial em sua configuração, por outro, temos que considerar as particularidades engendradas no seu próprio processo de existência. Melhor dizendo, a ética profissional é uma forma particular de materialização, ou seja, de expressão da vida moral em sociedade. Entendemos que os estudos nesse campo devem voltar-se para a reflexão/investigação acerca dos nexos entre as profissões e as diferentes esferas da vida em sociedade, levando em conta, inclusive, os diversos projetos societários. É necessário apreender o movimento histórico das sociedades em que se situam, se praticam tais profissões, e os aspectos que determinaram a sua origem, as concepções que fundamentam e sustentam inicialmente o exercício profissional, o percurso histórico de tais profissões, os seus fundamentos teórico-práticos e ideopolíticos, a sua fun-

---

2. Entendemos disciplina como conhecimento acumulado (mas em movimento e em articulação com as demais produções sociais), diferente da idéia de especialização, ou melhor, de um tipo de conhecimento autônomo e independente.

cionalidade, os seus modos/meios de resposta às necessidades sociais, a seleção/legitimação de seus objetivos e finalidades. Essas questões engendram as referências para o exercício profissional.

Dessa maneira, levando em conta a relação da profissão (elementos teórico-práticos e ideopolíticos) com os projetos societários que correspondem a diferentes concepções de mundo, de homem, de sociedade, de Estado e de interesses de classe — isto é, projetos diversos, contrastantes e até antagônicos em dada sociedade —, os sujeitos envolvidos com tal temática buscam fundamentos (teórico-filosóficos) para compreensão, formulam explicações, questionamentos, projetos profissionais com determinadas direções sociais e, em conseqüência, podem influir na moral profissional com referências e recomendações ao exercício dos profissionais. Comumente há a formulação de códigos que regulamentam o exercício profissional — o que, logicamente, está implicado com os processos propulsores da história profissional.

Quanto ao Serviço Social, profissão vinculada ao trato das múltiplas expressões da "questão social", podemos afirmar, conforme explicita Netto (2001), que não cabe considerarmos, como fazem alguns estudiosos, que a profissionalização nessa área seja mera conseqüência da qualificação, pela ampliação de conhecimentos teóricos, de ações que, mediante a filantropia e o assistencialismo, dirigiam-se à "questão social". Diferentemente, a emersão profissional do Serviço Social corresponde a determinadas estratégias do capital em um período específico — a era dos monopólios —, haja vista a própria configuração do capitalismo e a da "questão social" à época.

Os rumos da profissionalização do Serviço Social originaram-se no marco das alterações que afetaram profundamente a Europa e os Estados Unidos nas últimas décadas do século XIX. Na passagem do capitalismo concorrencial para o seu estágio monopolista, podemos observar significativos impactos na estrutura societária, em decorrência do recrudescimento das contradições imanentes a tal sistema — "o capitalismo monopolista recoloca em patamar mais alto o sistema totalizante de contradições que confere à ordem burguesa os seus traços basilares de exploração, alienação e transitoriedade histórica" (Netto, 2001: 19). Assim, o capitalismo acirrou determinados aspectos que lhe são inerentes, em especial, a exploração, a alienação e a perspectiva de livre concorrência. Em conseqüência, para assegurar a ordem econômica monopolista, necessitou de mecanismos extra-econômicos, incorporando, o Estado, um papel destacado, compatível com os interesses postos pela "nova ordem": "o Estado foi capturado pela lógica do capital monopolista — ele é o seu Estado; tendencialmente, o que se verifica é a integração orgânica entre os aparatos privados dos monopólios e as instituições estatais" (ibid.: 26).

Por conseguinte, diferentemente da ação que podemos qualificar como episódica e pontual do período concorrencial, o Estado, na fase monopolista, viabiliza a imbricação orgânica do político e do econômico, por meio de estratégias consoantes com os interesses da ordem monopolista. Isto é, ele se amplia e efetiva ações sistemáticas, contínuas, que chegam até a tocar de modo direto na produção, em função da perspectiva dos superlucros.

> É a política social do Estado burguês no capitalismo monopolista (e, como se infere desta argumentação, só é possível pensar-se em política social pública na sociedade burguesa com a emergência do capitalismo monopolista), configurando a sua intervenção contínua, sistemática, estratégica sobre as seqüelas da "questão social" (Netto, 2001: 30).

Diante do exposto, temos a evidência da imprescindibilidade da(s) política(s) social(s) como elemento funcional, estratégico à ordem monopolista. Pois, diante dos interesses da burguesia e da conseqüente necessidade de legitimação do Estado burguês e face às "novas" configurações dos conflitos de classe suscitados pela "nova" ordem do capital e pela conseqüente conformação política dos movimentos operários, a(s) política(s) social(s) torna(m)-se resposta necessária e adequada ao intuito de administrar a ordem social; ou melhor, um mecanismo tomado como eficiente para aplacar os conflitos que possam pôr em xeque a ordem societária estabelecida — os antagonismos advindos da relação capital/trabalho, objetivados nas múltiplas e tipificadas expressões da "questão social". Portanto, forma de preservar e controlar a força de trabalho, em alinhamento com os interesses do capital. Podemos dizer, ainda, entretanto sem perder de vista a sua determinação pela luta de classes, assentando-nos no pensamento de Netto (2001), ser a política social um mecanismo hábil frente à perspectiva de refuncionalizar certos interesses da classe trabalhadora em favor da ordem monopólica, efetivando, inclusive, a imagem do Estado "social", mediador dos interesses conflitantes.

A esse respeito, Marcuse (1982) denominou *administração total* à forma estratégica assumida pelo "Estado social burguês" face aos conflitos oriundos da relação capital/trabalho.[3] Ou seja, a administração dessa sociedade, procurando mascarar-se por meio da possibilidade/efetividade da abundância e do conforto, estende seu controle às diferentes esferas da vida, seja pública ou privada, buscando absorver e neutralizar as possibilidades de oposição autêntica, extinguindo qualquer possibilidade de obstáculo à efetivação de seus objetivos: a produtividade e os superlucros. Os governos nas sociedades industriais desenvolvidas, e mesmo naquelas tidas como em vias de desenvolvimento, mantêm-se por meio da mobilização, da organização e da exploração da produtividade técnica e científica, produtividade essa que mobiliza a sociedade em seu todo. Portanto, para esse pensador,

> [...] em virtude do modo pelo qual organizou a sua base tecnológica, a sociedade industrial contemporânea tende a tornar-se totalitária. Pois "totalitária" não é apenas uma coordenação política terrorista da sociedade, mas também uma coordenação técnico-econômica não terrorista que opera através da manipulação das necessidades e dos interesses adquiridos. Impede, assim, o surgimento de uma oposição eficaz ao todo. Não apenas uma forma específica de governo ou direção partidária constitui totalitarismo, mas também um sistema específico de produção e distribuição que bem pode ser compatível com o "pluralismo" de partidos, jornais, "poderes contrabalançados" etc. (ibid.: 24-25).

Desse modo, as seqüelas da "questão social" são incorporadas formalmente às intervenções de cunho político, paralelamente às legítimas manifestações e pressões de âmbito coletivo.

As referidas ampliação e complexidade assentam-se na própria conformação da "nova" ordem, implicando, inclusive, as diversificações postas no interior da estrutura de classes. Entretanto, apesar da dimensão que toma o público nas ações do Estado na ordem monopolista, a lógica do

---

3. No estudo da sociedade industrial, Marcuse dedicou-se especialmente à sociedade representante da hegemonia capitalista: a norte-americana.

privado não é extinta, incluindo o que se refere ao trato das expressões da "questão social", pois "[...] o substrato individualista da tradição liberal é ressituado como elemento subsidiário no trato das seqüelas da vida social burguesa" (Netto, 2001: 35). Assim, deparamo-nos, paralelamente, com o público (as políticas sociais) em face da "questão social", buscando viabilizar respostas para as seqüelas originárias da relação capital/trabalho, e o ideário liberal responsabilizando o indivíduo afetado pelo não-equacionamento e a conseqüente permanência de tais seqüelas.

Ao se profissionalizar na ordem societária do capitalismo monopolista, o Serviço Social insere-se na configuração da "questão social" à época e nas particularidades da divisão social do trabalho desencadeadas nesse período. Os seus profissionais, agentes requisitados pelos interesses burgueses, têm as suas ações dirigidas à classe subalternalizada, cabendo-lhes a implementação e a execução das políticas sociais alinhadas com a lógica de expansão do capital; ações, portanto, incompatíveis com perspectivas dissonantes, seja do conservadorismo, seja do reformismo.

> Emergindo como profissão a partir do *background* acumulado na organização da filantropia própria à sociedade burguesa, o Serviço Social desborda o acervo das suas protoformas ao se desenvolver como um produto típico da divisão social (e técnica) do trabalho da ordem monopólica. [...] desenvolveu-se legitimando-se precisamente como interveniente prático-empírico e organizador simbólico no âmbito das políticas sociais (Netto, 2001: 79).

O panorama da emersão do Serviço Social aqui traçado sinteticamente implicou situá-lo em face dos avanços organizativos da classe trabalhadora, uma vez que a "questão social", "sendo desigualdade, é também rebeldia, por envolver sujeitos que vivenciam as desigualdades e a elas resistem e se opõem" (Iamamoto, 1998: 28). A seguir, particularizaremos, também de modo sintético, a gênese e o percurso histórico do Serviço Social no Brasil e a inerente configuração da ética nessa profissão, salientando que as conjunturas "não condicionam unilateralmente as perspectivas profissionais; todavia impõem a elas limites e possibilidades" (ibid.: 21).

O cenário mundial das primeiras décadas do século XX comportou as lutas travadas entre as forças da organização política e sindical dos trabalhadores e as forças constitutivas do capitalismo monopolista e do fascismo, além da pressão exercida pela pauperização de significativo contingente populacional. Dessa forma, esforços foram direcionados ao "social", na tentativa de aplacar os conflitos e garantir o "equilíbrio" da ordem estabelecida.

Os Estados Unidos, que se tornavam o centro de referência do capitalismo, e a Europa envidaram esforços no sentido de viabilizar ações profissionalizadas no campo social, tomando diferentes rumos na execução dessa tarefa. A esse respeito, destaca-se o pensamento de Netto:

> É no imediato pós-guerra civil que se engendram as condições culturais elementares que, na virada do século, permearão as protoformas do Serviço Social [...]. A crítica sociocultural, na Europa, era obrigada a pôr em questão aspectos da socialidade burguesa; na América, o tipo de desenvolvimento capitalista não conduzia a crítica a checá-lo. No período que estamos enfocando, a síntese dessas diferenças pode ser resumida da seguinte maneira: nas fontes ideológicas das protoformas e da afirmação inicial do Serviço Social europeu, dado o anticapitalismo romântico, há vigoroso componente de apologia indireta do capitalismo; nas fontes americanas, nem desta forma a ordem capitalista era objeto de questionamento. [...] o desenvolvimento profissional do Serviço Social deu-se, simultaneamente, com a imbricação dessas duas linhas evolutivas e com suas modificações particulares (2001: 114-115, 120).

Todavia, podemos dizer, em linhas gerais, que a Europa teve as suas formulações vinculadas ao pensamento sociológico conservador em conexão com a doutrina social da Igreja Católica, o que significa dizer que essa foi a sua tônica "humanista" na profissionalização do Serviço Social, a qual repercutiu, inclusive, no Brasil. Assim, em nosso país, a profissão que surgiu na década de 1930 foi referenciada, basicamente, pelo pensamento desse Serviço Social europeu.

Com a ascensão de Getúlio Vargas ao poder, no contexto da Revolução de 1930, alterou-se o quadro político sob a direção das oligarquias. O Estado, então, tomou a dianteira no comando da política econômica e social, alinhado à perspectiva de ampliação e consolidação das bases industriais no País. Nesse processo, o Serviço Social despontou como uma das estratégias concretas de disciplinamento, controle e reprodução da força de trabalho efetivada pelo empenho que uniu esforços do Estado e da Igreja, em consonância com a expansão do capitalismo no País.

A realidade brasileira caracterizava-se, nesse contexto, pelo avanço do processo de organização da classe trabalhadora e pelos conflitos advindos da relação capital/trabalho, aspectos esses captados pelos detentores do poder econômico como fortes ameaças à ordem social, ou melhor, à lógica da acumulação e expansão capitalista. Assim, a efetivação de mecanismos que contivessem e controlassem as lutas sociais e fossem hábeis na difusão do ideário próprio (útil) do modo de vida capitalista no seio da classe trabalhadora tornou-se imprescindível.

Tais mecanismos foram tomados como eficazes para o enfrentamento da "questão social", disciplinamento e ideologização da força de trabalho, isto é, formas de ação mais conseqüentes que a mera repressão policial e/ou a mera ação caritativa típicas da República Velha. A essas "novas" formas, podemos nos referir, recorrendo a uma expressão de Lukács (1979a: 45), como um "terceiro caminho", que, mesmo que indireto, não deixa de significar uma apologia do capitalismo.

Nesse cenário, o Serviço Social brasileiro emerge. Ele inicia o seu percurso histórico com características construídas a partir do seu alinhamento com perspectivas idealizadas das condições objetivas da vida social, materializando o que requisitado à profissão: o obscurecimento da sua dimensão política aliado à perspectiva de apelo moral no trato das seqüelas da "questão social".

Com uma concepção de homem/sociedade/Estado alimentada basicamente pela doutrina social da Igreja Católica — o neotomismo —, os profissionais da área tinham suas ações restritas a formas viáveis à confirmação da ordem constituída, resguardando a estrutura societária. Portanto, mantinham uma posição silenciosa à crítica, compatível no máximo com perspectivas afetas a um anticapitalismo romântico, desautorizando questionamentos que negassem os alicerces da realidade social, da vida social concreta no mundo capitalista. E, dessa maneira, o Serviço Social estabeleceu inicialmente as referências e as normas para o exercício profissional. Para Iamamoto e Carvalho,

> [...] a origem no seio do bloco católico e na ação benévola e caridosa de senhoras e moças da sociedade; o embricamento da teoria e metodologia do

Serviço Social com a doutrina social da Igreja Católica e com o apostolado social parece constituir-se — especialmente nesta fase inicial, mas deixando marcas profundas que ainda se fazem sentir — em elementos centrais, responsáveis não apenas por uma série de esquemas de percepção, como também por formas de comportamento e desempenho profissional (1985: 225).

Esse rumo ideocultural pode ser percebido no primeiro Código de Ética Profissional do Serviço Social, aprovado em 29/9/1947, quando analisamos os deveres a serem observados pelos assistentes sociais: cumprir os compromissos assumidos, respeitando a lei de Deus, os direitos naturais do homem, inspirando-se sempre, em todos os seus atos profissionais, no bem comum e nos dispositivos da lei, tendo em mente o juramento prestado diante do testamento de Deus; respeitar no beneficiário do Serviço Social a dignidade da pessoa humana, inspirando-se na caridade cristã (ABAS, 1948: 41).

O Serviço Social, em um posicionamento moralizador face às expressões da "questão social", captando o homem de maneira abstrata e genérica, configurou-se como uma das estratégias concretas de disciplinamento e controle da força de trabalho, no processo de expansão monopolista do capital.

No bojo dos aspectos já assinalados, cabe-nos ainda mencionar que a expansão industrial no Brasil implicou alterações na racionalidade posta ao enfrentamento da "questão social", pois, além das mazelas decorrentes diretamente do declínio do modo de produção prioritário anteriormente, a constituição da economia urbana-industrial, passando a outro consumo da força de trabalho, exigiu meios para a qualificação e a integração dos trabalhadores aos processos de trabalho. Com isso, entidades assistenciais emergiram no cenário nacional, desencadeando o processo de legitimação e institucionalização do Serviço Social. Conforme Iamamoto e Carvalho,

> O processo de surgimento e desenvolvimento das grandes entidades assistenciais [...] é também o processo de legitimação e institucionalização do Serviço Social [...]. O Assistente Social aparecerá como categoria de assalariados [...] cuja principal instância mandatária será [...] o Estado [...]. [...] o processo de institucionalização do Serviço Social será também o processo

de profissionalização dos Assistentes Sociais formados nas escolas especializadas (1985: 315).

No decurso do processo histórico-social, a partir das condições que configuram a realidade brasileira e mundial, a busca de cientificidade torna-se um imperativo para a profissão, a qual foi sendo gradativamente influenciada por determinadas vertentes teóricas em voga na época, especialmente os pressupostos do funcionalismo adotado pelo Serviço Social norte-americano. Entretanto, nesse movimento, não há uma superação do ideário neotomista, operando-se, nos períodos em que as concepções desenvolvimentistas têm hegemonia no Brasil e no continente latino-americano, uma conjugação dessa vertente funcionalista com tal ideário. O processo de conjugação colocado em andamento continua mantendo a não-percepção, pelos profissionais, do antagonismo entre as classes sociais, apagando do conteúdo dos conhecimentos em debate, os conflitos, as contradições e, portanto, os elementos fundantes da "questão social".

O Código de Ética de 1965 aponta diferenças do primeiro, ao sinalizar as influências da referida conjugação: ao assistente social cumpre contribuir para o bem comum, esforçando-se para que o maior número de criaturas humanas dele se beneficie, capacitando indivíduos, grupos e comunidades para sua melhor integração social; o assistente social estimulará a participação individual, grupal e comunitária no processo de desenvolvimento, propugnado pela correção dos desníveis sociais (1965: 7).

De 1940 até 1955, a economia brasileira teve um considerável crescimento. Todavia,

> [...] a deterioração das relações de troca, o esgotamento das reservas em moeda forte e o endividamento externo crescente a partir de 1955, e a luta pela definição das opções tendo em vista criar condições favoráveis à expansão econômica, nos marcos do "capitalismo dependente", são elementos das condições concretas em que se engendra a ideologia desenvolvimentista [...] (Iamamoto e Carvalho, 1985: 346).

Com base em Cerqueira Filho, entendemos que a referida ideologia desenvolvimentista, dominante no governo Kubitschek, embora propalasse a viabilidade de desenvolvimento econômico com justiça social, apontando para a direção de uma ampla alteração econômico-social que resultaria em desenvolvimento, implicou uma renegociação da dependência (1982:150). Nesse período, sem maiores embargos, a presença marcante do capital estrangeiro no País foi tomada como essencial à possibilidade de desenvolvimento e também à solução dos problemas tradicionais na sociedade brasileira.

Não obstante tal ideologia vincular-se a questões que afetavam o horizonte profissional dos assistentes sociais, uma significativa parcela destes mantiveram-se distantes desta temática por um largo período, com exceção daqueles que se relacionaram com experiências em programas de Desenvolvimento de Comunidade — atividades que deram maior fôlego à influência norte-americana no Serviço Social brasileiro, com o apoio para a capacitação técnica e o patrocínio de organismos internacionais, a exemplo da OEA e da Unesco.

Entretanto, na profissão, em consonância com o contexto da década de 1960, emergiu um movimento crítico, denominado Movimento de Reconceituação Latino-Americano do Serviço Social. Esse movimento, apesar de ressalvarmos sua heterogeneidade, trouxe à tona inúmeros questionamentos acerca da sociedade e das injunções postas ao trabalho do assistente social, alavancando um posicionamento crítico face ao Serviço Social tradicional — ao conservadorismo historicamente plasmado na profissão — e, conseqüentemente, à lógica capitalista.

Em decorrência do declínio de um período de crescimento da economia capitalista mundial, assegurado desde a Segunda Guerra Mundial, a tensão nas estruturas sociais do mundo capitalista ganha caráter diferente. A Revolução Cubana (1959), com seu ideário de libertação, reverberou em todos os quadrantes do planeta, e a Guerra do Vietnã mobilizou a juventude norte-americana. O cenário mundial passa a contar com amplos movimentos de luta sindical entrecruzando-se com lutas pela reordenação de recursos governamentais para as políticas sociais, movimentos com demandas sociais e culturais diversificados (mulheres, negros, jovens), em defesa do meio ambiente, da terra, por direitos sociais (educação, lazer, saúde etc.). Foi um período em que a racionalidade do Estado burguês tornou-se alvo de questionamentos.

Tais questionamentos atingiram, em patamares e dimensões diferentes e específicos, além dos países latino-americanos, todos aqueles em que a profissão contava com um nível avançado de inserção na estrutura sociocupacional. Entre nós, podemos considerar que os desdobramentos, no percurso histórico do Serviço Social brasileiro, iniciam-se relacionados com as questões do cenário latino-americano da década de 1960, pois giravam em torno da funcionalidade do Serviço Social, tendo em vista a superação do subdesenvolvimento (Netto, 1991).

> A baliza de 1968, de Berkeley a Paris [...] das passeatas do Rio de Janeiro às manifestações em Berlim-Oeste, assinala uma crise de fundo da civilização de base urbano-industrial que se refrata em todas as esferas da ação e da reflexão [...], gestou-se um quadro favorável para a mobilização das classes subalternas em defesa dos seus interesses imediatos. Registraram-se então amplos movimentos para direcionar as cargas da desaceleração do crescimento econômico, mediante as lutas de segmentos trabalhadores e as táticas de reordenação dos recursos das políticas sociais (ibid.: 142).

Ainda com Netto, cabe acrescentar que o referido movimento teve a influência de determinados aspectos exteriores à profissão, dos quais sublinhamos: a revisão crítica operada nas ciências sociais, as quais historicamente forneceram elementos para a validação teórico-metodológica do Serviço Social; as alterações processadas em instituições com evidente vínculo com a profissão, isto é, a Igreja Católica e, em plano de menor significado no País, então, algumas confissões protestantes, as quais adensaram alternativas de interpretação teológicas que justificavam posturas concretamente anticapitalistas; o movimento estudantil, que dinamizou a erosão do tradicionalismo profissional — "a 'rebelião estudantil' foi aí tanto mais eficiente quanto mais capaz se mostrou de atrair para as suas posições estratos docentes" (ibid.: 145).

Diante de tudo isso, cabe observar que a ambiência de contestação das várias práticas profissionais historicamente ligadas à ordem burguesa incidiu, também, no Serviço Social tradicional.[4] Os pressupostos de *integração* das políticas do *Welfare State* passam a ser negados pelos resultados que produzem, a *neutralidade* é questionada e recusada. Na Améri-

---

4. É importante lembrar que o processo não se restringiu à nossa profissão e nem mesmo às políticas do *Welfare State* – ele se deu em todas as atividades institucionalizadas que operavam na reprodução das relações sociais.

ca Latina, a operacionalização dos programas de Desenvolvimento de Comunidade foi questionada, iniciando o processo de "erosão da legitimidade do Serviço Social tradicional" (Netto, 1991). Pode-se dizer que foi um movimento importante para a absorção, por uma parcela de profissionais, de novos aportes teóricos. A análise crítica da sociedade do capital possibilitou que uma parcela dos profissionais inseridos nesse processo problematizasse o papel do assistente social na sociedade capitalista e as demandas a ele dirigidas. Isso, em conseqüência, viabilizou alterações nas concepções adotadas de Homem/Sociedade e Estado, fundamentando um diferente referencial teórico e ético para a profissão, que só veio a ser objetivado em um código de ética profissional em 1986.

Apesar da significância do referido movimento face às forças presentes no âmago da profissão, no Brasil, a prevalência da posição conservadora permaneceu por um largo espaço de tempo, o que relacionamos aos limites impostos pela realidade brasileira na época e às possibilidades restritas de conhecimento intelectual dos profissionais em voga no período. Alinhado à expansão do capitalismo internacional e à intervenção imperialista, em 1964, o golpe militar instaurou a ditadura no Brasil. Com a queda de João Goulart, a história brasileira tomou rumos muito árduos, com a obstrução dos canais de participação popular e a supressão de direitos. A ditadura militar golpeou brutalmente os movimentos políticos, sindicais e socioculturais, implicando o desmantelamento de um patrimônio conquistado durante anos de lutas sociais no País, sendo o Estado

> [...] posto a serviço de uma política de favorecimento do capital imperialista, política essa que se assentou na superexploração da força de trabalho assalariada, na indústria e na agricultura. Esse foi um dos segredos da persistência e reafirmação do lema "segurança e desenvolvimento". A indústria do anticomunismo, que floresceu sob esse lema, tinha como contrapartida econômica e política principal a superexploração do proletariado (Ianni, apud Serra, 2000: 54).

Esse processo afetou o percurso histórico do Serviço Social, minando as bases que poderiam propiciar a materialização da perspectiva crítica e progressista que vinha sendo construída na profissão. Refluíram as iniciativas de rompimento com o conservadorismo no Serviço Social e emergiram alterações no interior da profissão, que se delimitaram no rearranjo da sua forma tradicional — uma modernização que assegurou o conservadorismo —, em consonância com as diretrizes da política estatal pós-1964. Desse modo, o Serviço Social brasileiro manteve e resgatou núcleos teórico-ideológicos, atribuindo-lhes nova roupagem. Diante do clima repressivo e autoritário, os assistentes sociais refugiaram-se em discussões que priorizavam a metodologia profissional, buscando a modernização do aparato instrumental nos marcos da modernização conservadora da ditadura burguesa e, sendo funcional a ela, construíram o que Netto (1991) denomina Perspectiva Modernizadora do Serviço Social.

Não podemos deixar de citar, contudo, que forças críticas e resistentes ao autoritarismo estiveram presentes no referido período, inclusive no seio da nossa profissão. Um exemplo emblemático no âmbito acadêmico é a importante experiência desenvolvida na Universidade Católica de Minas Gerais no início da década de 1970 — o Método B. H. Não obstante, pelas condições políticas em nível nacional, esta ou qualquer outra experiência próxima, mesmo que residual, não conseguiram ultrapassagem conseqüente para além da esfera acadêmica, inviabilizando que as reflexões sobre as questões sociopolíticas da profissão se espraiassem pela categoria naquele período. Para Netto, a experiência de Minas Gerais significou

> [...] a construção de uma alternativa global ao tradicionalismo. Este é o traço mais visível da explicitação do projeto da ruptura que se plasmou na atividade da Escola de Serviço Social da Universidade Católica de Minas Gerais [...]. O método que ali se elaborou foi além da crítica ideológica, da denúncia epistemológica e da recusa das práticas próprias do tradicionalismo, envolvendo todos estes passos, ele coroou a sua ultrapassagem no desenho de um inteiro *projeto profissional* [...] (1991: 248-249).

As diretrizes conservadoras com nova roupagem, nessa perspectiva, podem ser verificadas no Código Profissional de 1975: — exigências do bem comum legitimam, com efeito, a ação do Estado, conferindo-lhe o direito de dispor sobre as atividades profissionais — formas de vinculação do homem à ordem social, expressões concretas de participação efetiva na vida da sociedade; o valor central que serve de fundamento ao Serviço Social é a pessoa humana. Reveste-se de essencial importância uma concepção **personalista** que permita ver a pessoa humana como centro, objeto e fim da vida social; subsidiariedade (dentre os princípios) — que é elemento regulador das relações entre os indivíduos, as instituições ou as comunidades, nos diversos planos de integração social; — nas relações com instituições: respeitar a política administrativa da instituição empregadora (CFAS, 1975: 6-8, 13). Podemos dizer que tal forma de conceber a profissão, que se expressa também nesse código de ética de 1975, consolida a hegemonia dos modernizadores.

Nesse processo, Netto (1991) identifica um transformismo que absorve os tradicionais, adequando-os aos novos tempos, extraindo possibilidades de crítica, tanto à sociedade na qual a profissão se insere quanto às suas próprias bases ideopolíticas. Nessa constatação, merece destaque o pensamento de Iamamoto:

> O positivismo tende, pela sua natureza, a consolidar a ordem pública, pelo desenvolvimento de *uma sábia resignação*, ante as conseqüências das desigualdades sociais, apreendidas como fenômenos inevitáveis. O Serviço Social defende-se dessa resignação, encobrindo-a por meio de uma visão do homem, norteadora das ações dos profissionais, pautada pelos princípios filosóficos neotomistas, na defesa de uma natureza humana abstrata: *a pessoa humana*, dotada de *dignidade, sociabilidade e perfectibilidade*, postulados essenciais do Serviço Social (tais como sustentados no 'Documento de Araxá', de 1967). Preserva-se, no campo dos valores, a liberdade dos sujeitos individuais, deslocados da história (Iamamoto, 1998: 222).

Na análise do Documento de Teresópolis,[5] torna-se claro o privilégio a uma concepção operacional da profissão, uma vez que este, diferentemente do Documento de Araxá, que o antecedeu, não se detém na discussão de valores, de teorias, de finalidades ou da legitimidade profissional, mas priorizou as formas instrumentais capazes de garantir eficácia à ação profissional, buscando a sua validação nos complexos institucional-organizacionais. Naquele, constata-se uma busca de qualificação do assistente social, por meio de um perfil sociotécnico adequado à modernização conservadora da ditadura militar, consolidando-se o estrutural-fun-

---

5. O Documento de Teresópolis é resultante do Encontro de Teresópolis, em 1970, sendo posterior ao Documento de Araxá, que, tal como ele, é um marco no processo de renovação do Serviço Social na perspectiva modernizadora.

cionalismo como concepção teórica. Nesse sentido, a perspectiva modernizadora se afirma como concepção profissional geral e como pauta de intervenção, adequando o Serviço Social à ambiência própria da modernização conservadora conduzida pelo Estado ditatorial.

No cenário de crise do modelo econômico acelerado, batizado de "milagre econômico", o poderio ditatorial processa o seu declínio, e a sociedade brasileira retoma os rumos da democracia política. Assim, os anos finais da década de 1970 e os anos de 1980 foram palco da reinserção dos movimentos sindicais, políticos e populares no País, lutando pela redemocratização e pela defesa de outros interesses concretos da vida cotidiana. Esse processo contou, inclusive, com significativa participação da Igreja Católica, que, no espírito da teologia da libertação, constituiu as Comunidades Eclesiais de Base. A campanha das "Diretas Já" e a luta em prol de uma Assembléia Nacional Constituinte livre, democrática e soberana foram insólitos episódios de mobilização e pressão populares na sociedade brasileira.

Nessa retomada da democracia política no País, os assistentes sociais, também sujeitos históricos nesse processo, experimentaram significativos avanços, tanto no plano intelectual quanto em nível organizativo, sendo a hegemonia da perspectiva modernizadora colocada em questão. Isso reacendeu o veio de inspiração crítica e progressista do Movimento de Reconceituação. Tendo em conta os debates e embates no seio do Serviço Social, tivemos, a partir de 1986, a elaboração de um Código de Ética Profissional, que pode ser visto como um marco na busca do rompimento com o conservadorismo. Nesse código, é visível a derrocada do privilégio das referências éticas desconectadas da história, seja pela perspectiva alinhada aos valores da fé religiosa, seja pelos pressupostos da "neutralidade". Superou-se, portanto, as reflexões éticas obscurecidas pelas construções idealizadas da realidade, que situam a ética fora do campo dos condicionantes históricos e das implicações dos interesses de classe. Ao mesmo tempo, há um reconhecimento, por parte dos segmentos profissionais que defendem tais posturas, da dimensão político-ideológica que marca a profissão desde o seu início e caracteriza a sua história.

Isto pode ser observado já na Introdução do Código de Ética de 1986: "inserida nesse movimento, a categoria de assistentes sociais passa a exigir também uma nova ética que reflita uma vontade coletiva, superando a perspectiva a-histórica e acrítica [...]. A nova ética é resultante da inserção da categoria nas lutas da classe trabalhadora [...]" (CFAS, 1986: 7). Destaca-se, também, uma postura em defesa de direitos antes não observada, na disposição sobre os deveres dos assistentes sociais: "denunciar, no exercício da profissão [...], qualquer forma de agressão à integridade física, social e mental, bem como abuso de autoridade individual e institucional" (ibid.: 11).

A importância desse código é evidente, pois pode ser considerado como um "divisor de águas" na história da ética profissional do Serviço Social no Brasil, uma expressão que marca a direção para o rompimento com o conservadorismo na profissão, porém, partícipe das questões intrínsecas aos desdobramentos históricos do movimento da década de 1960, representando a sua vertente de inspiração mais crítica. A esse respeito, contudo, cabe considerar o pensamento de Iamamoto acerca do marxismo da reconceituação:

> Embora contraposto ao conservadorismo profissional, mantém com ele [...] uma linha de continuidade. É esse elo que faz com que a reconceituação não ultrapasse o estágio de uma *busca de ruptura* com o passado profissional [...]. As junções de um marxismo positivado e de uma ação política idealizada são as novas capas de um velho e sempre mesmo problema que perpassa a trajetória do Serviço Social [...], *redundando em uma atualização às avessas, dos dilemas postos pela herança conservadora do Serviço Social* (1998: 223-225).

No atual Código de Ética, de 1993, o Serviço Social garantiu e buscou ampliar as conquistas profissionais impressas no código anterior. Ou seja, a revisão do código profissional de 1986, que deu origem ao de 1993, apresenta o refinamento das referências para o exercício profissional, mantendo o sentido do precedente. Assim, este último código representa a direção dos compromissos assumidos pelo Serviço Social nas últimas décadas do seu percurso histórico: o projeto ético-político hegemônico. Pode-se nele observar claramente uma perspectiva crítica à ordem econômica-social estabelecida e a defesa dos direitos dos trabalhadores. Em termos sucintos, alguns dos seus princípios fundamentais são: defesa dos direitos humanos e recusa do arbítrio e do autoritarismo; ampliação e consolidação da cidadania; defesa do aprofundamento da democracia; compromisso com a qualidade dos serviços públicos; posicionamento em favor da eqüidade e da justiça social; empenho na eliminação de todas as formas de preconceito; articulação com as entidades do Serviço Social, com os movimentos de outras categorias e com a luta geral dos trabalhadores (CFESS, 1993).

É possível afirmar, então, que o Código de 1993 firmou importantes valores e diretrizes para o exercício profissional, que se colocam de forma divergente daqueles que, atualmente, vêm sendo propagados e efetivados em alinhamento com a ordem econômica internacional. Com isso, queremos dizer que, na atualidade, a perspectiva hegemonicamente expressa no Código de Ética Profissional do Serviço Social, diferentemente do que é marcante na maior parte da sua história, coloca-se em contraposição com os interesses e valores prevalecentes na ordem do capital.

Para enfrentar a crise capitalista, que se inicia nos anos 1960-1970, o capitalismo internacional processa um movimento de reestruturação produtiva e lança mão do ideário neoliberal, que, entre outros aspectos, toma os trabalhadores responsáveis centrais pela queda da produtividade e pela elevação dos custos, ou seja, pelos obstáculos à competição e pelo declínio nas taxas de lucro, em função dos mecanismos reguladores e das políticas sociais do Estado, conquistados pelas suas lutas ao longo das décadas anteriores.

> Para fazer frente a esta crise, o capitalismo articula e põe em cena uma dupla solução: o neoliberalismo e a reestruturação produtiva. Estas duas estratégias constituem a mesma processualidade. [...] Os capitalistas liberam-se de todo e qualquer compromisso com a satisfação das necessidades reais da população [...]. Para tal, levaram a extremos a idéia de liberdade do mercado (Dias, 1998: 49).

Esse processo tem implicações contundentes no que se refere aos direitos dos trabalhadores e aos mecanismos de regulamentação da relação capital/trabalho, os quais, em nosso país, já mereciam ser observados em função da sua evidente fragilidade. Não obstante, vivenciamos, também no Brasil, essa lógica que, em favor do capital, cada vez mais avilta o trabalho e defende o mercado como instituição capaz de resolver os problemas socioeconômicos das sociedades atuais.

Desse modo, a sociedade brasileira caracterizada pelo processo industrial tardio e periférico, sem a experiência do Estado de Bem-Estar pleno, ou seja, sem a vivência de "pleno emprego" e de benefícios sociais ampliados, apesar dos avanços das forças sociais, a exemplo do sindicalismo em final da década de 1970 e nos anos 1980, foi atravessada, nas últimas décadas, pela "eclosão da terceira revolução industrial". De acordo com Mattoso (1995): "A crise brasileira dos anos 1980 e que se prolonga até hoje é uma crise de esgotamento de um padrão de desenvolvimento excludente, associada à eclosão da terceira revolução industrial em meio à ofensiva conservadora nos países avançados" (ibid.: 142). A esse respeito, também se destaca o pensamento de Netto (1996):

> A particularidade brasileira, contudo, impõe à face desse projeto feições singulares. Não há, aqui, um *Welfare State* a destruir; a efetividade dos direitos sociais é residual [...]. Aqui, um projeto burguês de hegemonia não pode, com a rude franqueza da Sra. Thatcher, incorporar abertamente a programática compatível com a "desregulação" e a "flexibilização" — ele deve travestir-se, mascarar-se com uma retórica não de individualismo, mas de "solidariedade", não de rentabilidade, mas de "competência", não de redução de cobertura, mas de "justiça" [...] seu escamoteado neoliberalismo também deve ser matizado — [...] um "neoliberalismo *light*" (ibid.: 104).

Iamamoto explicita que a perspectiva neoliberal, com hegemonia ideológica mundial, inclusive nos governos contra os quais insurgiu-se em sua origem — os social democratas —, em vez de impulsionar a produção em favor da ampliação das taxas de crescimento econômico, favoreceu o crescimento especulativo da economia, recrudescendo as desigualdades sociais e o desemprego. Apostou no mercado como a grande esfera reguladora das relações econômicas, focalizando o Estado como o responsável pelas desgraças que afetam a sociedade capitalista. Isto resultou em um Estado cada vez mais submetido aos interesses econômicos e políticos dominantes, com a prevalência da financeirização da economia (1998: 35).

Sem nos determos nas particularidades desse processo em curso, podemos considerar que, modelado pela processualidade da reestruturação produtiva e da ofensiva neoliberal, ele promove a "flexibilização" do trabalho em favor da valorização do capital, da economia de mercado, abrindo o País à concorrência inter(trans)nacional. Com isso, verificamos os intensos ataques ao Estado e aos mecanismos reguladores da relação capital/trabalho, a implantação de novas formas de organização e gestão da força de trabalho e de novas tecnologias: um novo padrão de reprodução ampliada do capital. Mediante os cortes nas políticas sociais (sem que antes tenha havido a constituição de um *Welfare State*), a terceirização, as técnicas de intensificação do trabalho e o desemprego evidenciam uma lógica com graves repercussões nas condições de trabalho e vida dos brasileiros, com o engrossamento das fileiras dos "desnecessários", sujeitos às *(des)obrigações* sociais do Estado. Essas marcas tornaram vulnerável, inclusive, o incipiente sistema de seguridade social.

Não obstante qualquer vislumbre da possibilidade de mudanças no cenário nacional pela alteração no quadro do poder político, as questões abordadas encontram-se presentes na sociedade brasileira, o que afeta sobremaneira o assistente social. Além de experimentar, como os demais trabalhadores assalariados, as adversidades das injunções da referida lógica, sobressai o fato de, historicamente, o profissional do Serviço Social ser um trabalhador vinculado às expressões da "questão social" e às políticas sociais, voltado para as classes e camadas subalternas, tendo construído um projeto ético-político hegemônico dissonante das diretrizes vigentes. Cabe mencionar também que este profissional tem no Estado, sob as pressões para o seu atrofiamento — Estado Mínimo para os trabalhadores e Máximo para o capital —, o seu maior empregador e, nas empresas privadas, um expressivo campo de trabalho, sob a "atual" lógica do mercado com a prevalência da perspectiva "do lucro a qualquer preço".

Devemos observar também que, nessa lógica, cabe ao mercado a condição de sujeito, que tem a possibilidade de mover-se segundo as suas próprias regras e não segundo as necessidades humanas. O que, como indica Oliveira (1995), coloca-nos diante da perspectiva de isenção radical da moralidade na vida humana, uma vez que a questão dos fins da ação do homem pode passar a ser, em última instância, decidida pelo mercado. Nesse bojo, é importante observar ainda que o individualismo exacerbado caracteriza o pensamento neoliberal, o que pressupõe a legitimidade democrática fundada no "indivíduo, sujeito livre e desprovido de qualquer instrumento institucional" (Brandão, 1991: 95). Essa concepção descontextualiza socialmente os sujeitos, apontando como fundamento da existência humana a competição, a concorrência no mercado e pelo mercado.

Diante disso, retomamos a observação de que, nas décadas de 1980 e 1990, constituiu-se no Serviço Social a hegemonia da perspectiva de rompimento com o tradicional conservadorismo na profissão. Logicamente, esse conservadorismo não foi erradicado, mas solidificaram-se bases progressistas que democratizaram a profissão, desestruturando as estreitezas do doutrinarismo cristão e das vertentes teóricas impermeáveis à crítica substancial da ordem capitalista.

Em face dessas contraposições, embora afirmemos a significância dos princípios/referências contidos no atual Código de Ética Profissional do Assistente Social, sabemos que estes só podem ser objetivados no plano das situações concretas, no cotidiano do exercício profissional. Pois, se assim não considerarmos, estaremos nos limites do formalismo, cuja lógica do "dever ser" obscurece a importância dos elementos materiais, transformando a ética em mero conteúdo prescritivo descolado da realidade concreta (do ser), ou de um plano ideal que sustenta uma ética da intencionalidade, no qual a intenção do ato constitui critério decisivo.

Assim sendo, destacando os aspectos já problematizados, que situam a dissonância das diretrizes do projeto ético-político hegemônico do Serviço Social com o que é preconizado e efetivado pelo atual ordenamento econômico e as conseqüentes condições impostas ao mercado de trabalho e a vida social de modo geral, entendemos ser mister, no trabalho do Assistente Social, investigar e discutir a *materialização* dos preceitos contidos no Código Profissional. Como buscamos evidenciar, a realidade nos impinge substanciais desafios, cujas dificuldades postas a um projeto ético-político progressista como o do Serviço Social nos parecem bastante concretas, haja vista as implicações da atual reestruturação produtiva e a predominância do ideário neoliberal. Apesar disso, nossa apreciação considera também as forças sociopolíticas que engendraram e fundamentam o atual projeto hegemônico do Serviço Social.

Assim, cabe mencionar que a referida questão remete-nos a profundas inquietações profissionais e a desafios ético-políticos, evidenciando, por conseguinte, a relevância do compromisso com o contínuo estudo das situações concretas no âmbito do Serviço Social, no que se inclui a sistemática atenção às diretrizes do projeto ético-político hegemônico, às demandas dirigidas à profissão, à decifração dos rumos históricos da profissão e à reflexão de fundo acerca dos rumos que vem tomando a história humana.

É importante ressaltar ainda que, conforme Iamamoto (1998a), o assistente social é, de fato, um trabalhador assalariado que, nos limites das instituições empregadoras, tem a possibilidade de materialização da sua relativa autonomia na execução do seu trabalho — trabalho esse que se situa, predominantemente, no exercício de funções de controle social e difusão de ideologias oficiais às classes trabalhadoras. Esse sentido, todavia, pode ser redirecionado, voltando-se para a efetivação de direitos sociais, para a construção de uma cultura do público, para o exercício democrático, diante do caráter contraditório das relações sociais na sociedade capitalista. Isso evidencia o caráter político do trabalho desse profissional. "[...] Político no sentido de Gramsci, enquanto transição do momento econômico ao ético-político, isto é, da esfera da necessidade à da liberdade" (Coutinho, apud Iamamoto, 1998a: 14). Portanto, "[...] é a dimensão ético-política que permite neutralizar a alienação da atividade, envolvida no trabalho assalariado, para quem o realiza, permitindo que o profissional se afirme como sujeito que luta por atribuir direção social ao seu trabalho" (Iamamoto, 1998a: 14).

Temos a clareza de estarmos na esfera da *teleologia secundária*, ou seja, relativa às transformações no âmbito das relações sociais (Holanda, 2002). Entretanto, ora não objetivamos a polêmica acerca da categoria trabalho e o Serviço Social e, tampouco, apreciações conclusivas. Dessa forma, retomamos o ponto central de nossas argumentações para encerrarmos o presente texto subscrevendo Lukács (1979). Pensador este que nos possibilita acrescentar, por fim, que, para que possamos considerar a questão da materialização dos preceitos contidos no Código de Ética Profissional no trabalho do assistente social, compreendendo-a na sua totalidade e forjando alternativas face às possíveis dificuldades detectadas, temos que ter em mente que, apesar de os homens fazerem a sua própria história, seja privada ou pública, o curso da história depende não só das decisões e das ações humanas, mas das condições objetivas, dos condicionantes colocados às alternativas de ação dos sujeitos, pois essas decisões e ações são tomadas em situações concretas.

Referências bibliográficas

ABAS. Código de ética profissional do assistente social. In: *Revista de Cultura Social*. São Paulo, ano VII, n. 48, 1948.

BARROCO, M. Lúcia S. *Ética e Serviço Social*: fundamentos ontológicos. São Paulo: Cortez, 2001.

BRANDÃO, André A. Liberalismo, neoliberalismo e políticas sociais. *Serviço Social & Sociedade*, São Paulo, Cortez, n. 36, p. 84-100, 1991.

CFAS/CFESS. Códigos de ética profissional do assistente social. Rio de Janeiro/Brasília: CFAS, 1965, 1975, 1986/CFESS, 1993.

DIAS, Edmundo F. Reestruturação produtiva: forma atual da luta de classes. In: Revista *Outubro*, São Paulo, Instituto de Estudos Socialistas, n. 1, p. 45-52, 1998.

FILHO, Gisálio Cerqueira. *A "questão social" no Brasil*. Rio de Janeiro: Civilização Brasileira, 1982.

HELLER, Agnes. *O cotidiano e a história*. 3. ed. Rio de Janeiro: Paz e Terra, 1989.

HOLANDA, M. Norma A. Brandão. O trabalho em sentido ontológico para Marx e Lukács: algumas considerações sobre trabalho e Serviço Social. Revista *Serviço Social & Sociedade*, São Paulo, Cortez, n. 69, p. 5-29, 2002.

IAMAMOTO, Marilda V.; CARVALHO, Raul. *Relações sociais e serviço social no Brasil*: esboço de uma interpretação histórico-metodológica. 4. ed. São Paulo/Lima, Peru: Cortez/CELATS, 1985.

IAMAMOTO, Marilda V. *O serviço social na contemporaneidade*: trabalho e formação profissional. São Paulo: Cortez, 1998.

_____. O serviço social em tempos de globalização. Revista *Inscrita*, CFSS, n. 3, p. 13-18, 1998a.

_____. *Trabalho e indivíduo social*: um estudo sobre a condição operária na agroindústria canavieira paulista, 2001. Tese de Doutorado em Ciências Sociais, PUC, São Paulo.

KOSIK, Karel. *Dialética do concreto*. 2. ed. Rio de Janeiro: Paz e Terra, 1976.

LUKÁCS, Georg. *Existencialismo ou marxismo*. São Paulo: Ed. Ciências Humanas, 1979.

MARCUSE, Herbert. *A ideologia da sociedade industrial*: o homem unidimensional. 6. ed. Rio de Janeiro: Zahar, 1982.

MARX, Karl; ENGELS, Friedrich. *A ideologia alemã*: teses sobre Feuerbach. São Paulo: Moraes, 1984.

MATTOSO, Jorge. *A desordem do trabalho*. São Paulo: Scritta, 1995.

NETTO, José P. *Ditadura e Serviço Social*: uma análise do Serviço Social no Brasil pós-64. São Paulo: Cortez, 1991.

_____. Transformações societárias e serviço social: notas para uma análise prospectiva da profissão no Brasil. *Serviço Social & Sociedade*, São Paulo, Cortez, n. 50, p. 87-132, 1996.

_____. *Capitalismo monopolista e Serviço Social*. 3. ed. São Paulo: Cortez, 2001.

OLIVEIRA, Manfredo A. *Ética e economia*. São Paulo: Ática, 1995.

_____. Os desafios éticos e políticos da sociedade brasileira. Revista *Serviço Social & Sociedade*, São Paulo, Cortez, n. 56, p. 23-33, 1998.

SERRA, Rose M. S. *Crise de materialidade no serviço social: repercussões no mercado profissional*. São Paulo: Cortez, 2000.

VÁZQUEZ, Adolfo S. *Ética*. 2. ed. Rio de Janeiro: Civilização Brasileira, 1975.

Parte II
Sociedade civil, esfera pública e políticas sociais

As armadilhas da recente notoriedade da sociedade civil no Brasil

Silene de Moraes Freire

1. Origens históricas do debate

Nos últimos vinte anos, poucos conceitos têm gerado tanta discussão como o da sociedade civil. Não por acaso, múltiplas convocatórias e chamados a mesma comparecem ao lado de reflexões que suspeitam dela como de um conceito residual ou, no melhor dos casos, como de um valor refúgio em tempos de crises de uma política verdadeiramente democrática. Em distintos discursos políticos (dos movimentos sociais, das organizações não-governamentais — ONGs, de alguns governos e das entidades financiadoras), a sociedade civil é reconhecida como sujeito e como ator coletivo. Ao mesmo tempo, não são poucas as perspectivas que apresentam reservas acerca de sua capacidade para substituir a outros atores sociais ou políticos (formas corporativas, partidos, sindicatos etc.) ou em torno de sua complexa relação com a figura estatal.

A recente "notoriedade" da sociedade civil não pode ser compreendida se ignorarmos os momentos históricos que a impulsionaram. Nesse sentido, não podemos esquecer três contextos claramente delimitados que foram responsáveis por essa questão.

No interior desse debate, não são poucos os autores que identificam um primeiro momento desse verdadeiro revigoramento do conceito no Leste Europeu, onde a emergência do discurso da sociedade civil se produziu no marco das críticas ao socialismo autoritário. Nesse sentido, Rabotnikof, Riggirozzi e Tussie (2000) nos lembram que o início dos anos 1970, abre um espaço inédito para o debate sobre os direitos humanos, coroado com os Acordos de Helsink em 1975. Os ideólogos ocidentais desse acordo, segundo esses autores, esperavam criar padrões internacionais que contivessem ou inibissem a repressão soviética de dissidentes políticos. "A aposta ocidental à sociedade civil da Europa Oriental" refletiu-se na proliferação de movimentos sociais na Checoslováquia, Polônia e Hungria, que solaparam, minaram progressivamente a dominação soviética. Nesse contexto, a sociedade civil emergente foi a força capaz de articular uma estratégia para a transformação dos regimes ditatoriais. O termo sociedade civil apelava a reconstrução de vínculos sociais à margem do Estado e do partido político. Nesse cenário, a sociedade civil ajudava a sintetizar uma série de iniciativas para a proteção e o impulso à auto-organização da vida social frente ao Estado autoritário. É no interior desse discurso que emerge da crise dos socialismos do Leste Europeu, que a invocação à sociedade civil se localiza, desde sua origem, em uma clara oposição à sociedade política e ao Estado.[1]

Outro contexto político que deixou marcas profundas nesse processo internacional de (re)descoberta da sociedade civil foi o das transições políticas latino-americanas. Nesse caso, a relevância da sociedade civil foi acionada como uma condição e um forte elemento, tanto da etapa de liberalização como da democracia propriamente dita. Segundo Rabotnikof (1999), os textos daqueles anos pareciam entender a sociedade civil como uma rede de grupos e associações que se colocava entre a família e os grupos *face to face* às instâncias estatais. Um dos eixos do debate nesse período centrava-se em torno do alcance do desmantelamento das redes sociais

---

[1]. Vale mencionar que, no atual contexto, a categoria de sociedade civil continua sendo freqüentemente invocada nesses países para fazer referência a governos locais, às associações voluntárias, a instituições culturais ou educativas e a organizações locais ou nacionais que lutam em favor de interesses comuns. A respeito consultar: Rabotnikof, Riggirozzi e Tussie (2000: 42).

durante as ditaduras vivenciadas pela América Latina.[2] Buscava-se valorizar a sociedade civil como forma de superar os Estados autoritários erguidos pelas ditaduras na região.

No Brasil, essa experiência não fugiu da tendência latino-americana. Como observou Coutinho (1999), o conceito de sociedade civil, em nossa latitude, sempre apresentou curiosidades na sua aplicação. Seu uso entre nós, data da segunda metade da década de 1970, quando se acentuam os processos de corrosão da ditadura militar.[3] Segundo o autor, tal aspecto ajuda a entender o porquê das confusões que foram geradas em torno do termo que então entrava em moda: "No contexto da luta contra a ditadura, "sociedade civil" tornou-se sinônimo de tudo aquilo que se contrapunha ao estado ditatorial, o que era facilitado pelo fato de civil significar também, no Brasil, o contrário de militar" (1999: 9).

---

2. É importante ressaltar que alguns elementos da cultura política autoritária de nossas sociedades latino-americanas possuem importante semelhança entre os países do Mercosul. Essas similitudes, num texto preliminar como o nosso, não são possíveis distinguir e tratar em detalhe. Entretanto, é impossível não perceber que as sociedades membros e associadas ao mesmo, ou seja Argentina, Bolívia, Brasil, Chile, Paraguai e Uruguai, possuem em suas trajetórias dois elementos históricos fundamentais. Em primeiro lugar, todos esses países viveram, em períodos recentes, sob governos militares autoritários. Desse modo, "experimentaram questões relacionadas ao envolvimento direto da instituição militar na política, à transição de governos militares para governos civis, à consolidação das novas democracias e a discussão do papel que as Forças Armadas devem assumir nesse novo cenário" (D'ARAÚJO; CASTRO, 2000: 8). Em segundo lugar, não é casual o fato de que esses países vivem hoje um esforço comum de integração em um bloco regional com tantas vulnerabilidades: o Mercosul.

Desse modo, para melhor compreendermos as repercussões das políticas neoliberais na região, temos que considerar que determinadas medidas promovidas pelas mesmas se adequaram perfeitamente às nossas sociedades, como é o caso da canalização do pressuposto público para interesses privados. É importante destacar que o Cone Sul é composto por sociedades marcadas por formas políticas de apropriação da esfera pública em função dos interesses particularistas de grupos poderosos. Na região existe uma tradição autoritária e excludente condensada num "autoritarismo social", que fez com que nossas sociedades se desenvolvessem hierarquizadas. Se observarmos com atenção, veremos que nessas sociedades, de diferentes formas, as relações de favor, de dependência atravessaram a formação política das mesmas. Por isso, o discurso neoliberal tem assombrosa recepção ao atribuir o título de modernidade ao que existe de mais conservador e atrasado nesses países. A desigualdade que se encontra no processo de desenvolvimento desses países tem sido uma das particularidades históricas: o moderno se constitui por meio do "arcaico", recriando nossa herança histórica ao atualizar aspectos persistentes, e, ao mesmo tempo, transformando-a no contexto da globalização.

3. Para o autor, "não é causal que tenha sido nesse mesmo momento que Antonio Gramsci se transformou num dos mais importantes interlocutores do pensamento social brasileiro" (COUTINHO, 1999: 9).

Outros aspectos referentes a essa questão, cujos temas não se distinguem plenamente dos debates anteriores, apareceram diretamente ligados com a chamada Crise do *Welfare State*, sobretudo nas discussões européias e norte-americanas. Nesse sentido, podemos dizer que o discurso de valorização da sociedade civil emerge no ponto de confluência das críticas ao Estado.

Antes mesmo dos anos 1970, uma espécie de crítica de esquerda ao *Welfare* coloca sobre a mesa a idéia de uma democratização nascida de baixo, em uma espécie de terceira via entre a estratégia neoliberal e o estatismo social. "Se imputava a dinâmica do *Welfare State* uma contaminação das lógicas ou das formas privadas de sociabilidade pelas lógicas de Estado e de mercado" (Rabotnikof, Riggirozzi e Tussie, 2000: 43). Essa espécie de colonização das formas espontâneas de sociabilidade conduzia a mercantilização das relações sociais e a manipulação burocrática das necessidades.[4]

É importante mencionar que essa crítica de esquerda não só alertava frente a crise fiscal e aos problemas administrativos como também "assinalaba as contradicciones que la dinámica del *Welfare* generaba en relación con las normas democráticas. Y sobre todo, se denunciaba una deformación de las prácticas que constituían la savia de las relaciones *face to face*, de los lazos de vecindad y familia por la lógica administrativa" (Habermans, 1987, apud, Rabotnikof, Riggirozzi e Tussie, 2000: 45). Diferentes aspectos presentes nas críticas progressistas ao *Welfare* evidenciavam que a sociedade civil emergia como um espaço de experimentação social para o desenvolvimento de novas formas de vida, de solidariedade e cooperação. Ou ainda, como uma rede informal de grupos, associações e sobretudo de espaços públicos de debate. Melhor dizendo, como uma espécie de sinal da construção de movimentos sociais novos.

Não é necessário grandes esforços para percebermos que várias das críticas progressistas ao *Welfare* foram retomadas pelo campo conserva-

---

4. As grandes conquistas do período socialdemocrático eram reconhecidas em qualidade de instituições que garantiam as liberdades básicas (liberdade de organização sindical, legislação do trabalho, seguridade social etc.). Porém, ao mesmo tempo se assinalava que a dinâmica do *Welfare* colocava em perigo a liberdade dos beneficiários, e conduzia a patologias na formação identitária, no desenvolvimento da subjetividade e na formação de identidades coletivas autônomas.

dor, tanto no que se refere às análises dos fracassos econômicos como no que se refere ao impacto estrutural de seus êxitos.[5] Conforme apontou Rabotnikof (1999), a sociedade civil aparece em diferentes tipos de críticas ao *Welfare*, como o lugar da generalização ou regeneração da confiança, como chave da integração social e como terreno da democracia. Entretanto, como observou a autora, é importante salientar que, nas versões mais progressistas, a sociedade civil afirmava-se como uma instância que devia ser repolitizada, como uma esfera intermediária entre as preocupações e as metas privadas e os modos institucionais de fazer política (iniciativas cidadãs e movimentos sociais); nas versões conservadoras, um ponto em comum se destacava: a sociedade civil despolitizada e integrada culturalmente era identificada com o mercado.

Enquanto nas versões críticas percebemos a ênfase na necessidade de se desenvolver esferas públicas como formas garantidoras da autonomia de debate de temas de interesse geral e de expressões do pluralismo, nas perspectivas conservadoras é fácil detectar um resgate de aspectos tradicionais da vida cívica e um forte apelo à substituição dos esforços redistributivos do *Welfare* por um voluntariado local.

Isso posto, podemos dizer que o fim da guerra fria, o auge das políticas de mercado e a expansão da democracia no mundo constituem algumas das transformações ocorridas que estimularam um processo de mudança gradual, porém significativo, na missão/encargo e mandato das instituições que formam parte das sociedades modernas. O esgotamento do modelo de Estado de Bem-Estar na Europa e nos Estados Unidos, do socialismo autoritário no Leste Europeu e dos regimes autoritários na América Latina tornaram-se o solo fértil para o reordenamento da dinâmica entre estado-mercado-sociedade civil e deram lugar a novas formas de interação entre atores. Paralelamente, o surgimento da sociedade civil como ator internacional somou-se aos fatores que impulsionaram o *aggiornamento* paradigmático dos organismos internacionais para dar respostas a esses desafios.

Entre os organismos econômicos internacionais, os Bancos Multilaterais de Desenvolvimento (BMDs), em particular o Banco Mundial (BIRD)

---

5. Dentre eles, destacam-se a queda da produtividade, a sobrecarga de demandas e a crise de integração.

e o Banco Interamericano de Desenvolvimento (BID), constituíram-se porta-vozes da participação da sociedade civil dentro de suas estratégias operativas, que revelam sua consonância com as propostas neoliberais. A presença de agentes não estatais na implementação de projetos sociais data de fins dos anos 1980 no marco dos programas de desenvolvimento e microempreendimentos. Sem empecilhos, na última década do século XX, o motor das relações entre os BMDs e as organizações da sociedade civil se aprofundam promovendo uma colaboração conjunta na identificação de necessidades sociais e grupos vulneráveis para o desenho de programas e projetos sociais; maximizando, por sua vez, a fixação de fundos internacionais orientados para as complexas demandas de desenvolvimento (Rabotnikof, 1999).

Para Rabotnikof, Riggirozzi e Tussie (2000), a relevância atribuída à sociedade civil no discurso do BID e do Banco Mundial evidenciam três enfoques centrais:

a) As estratégias participativas

Mesmo antes de sua inclusão como ator privilegiado ou como suporte da (Contra) Reforma do Estado, a sociedade civil adquire centralidade por meio da ênfase posta em uma metodologia e uma estratégia participativas. A participação surge, assim, no discurso dessas agências, como uma inovação metodológica que parece oferecer resultados sustentáveis, mesmo apesar da resistência dos governos e as vezes dos atores sociais.[6] "Una metodología probada que garantiza mayor compromiso y legitimidad" (Rabotnikof, Riggirozzi e Tussie, 2000: 53). Embora o primeiro sintoma de atribuição de relevância à sociedade civil destaque a questão da participação, a mesma não alcança a definição das grandes decisões macropolíticas nem o desenho de projetos que ultrapassem as abordagens focalistas. A introdução de práticas participativas nos empréstimos dos BMDs aparece principalmente nos projetos sociais compensatórios que possuem ca-

---

6. Segundo Tussie (1997 apud SIMIONATTO e NOGUEIRA, 2001: 154), a retomada do discurso participacionista é fortalecida, a partir de 1978, com a criação do programa de pequenos projetos do BID.

racterísticas assistencialistas. Essa iniciativa "expandirá o contato com as ONGs, que, posteriormente, virão a assumir grande parte dos serviços sociais, em virtude da retração do papel estatal nessa área" (Simionatto; Nogueira, 2001: 154); isso conduzirá, já num primeiro momento, a uma redução do conceito de sociedade civil a ONGs. Concomitantemente a esse processo, mantém-se um núcleo duro, conformado pelos empréstimos de ajuste e reforma setorial nos quais não existe consulta ou participação da sociedade.

b) Investimentos no capital social

O termo capital social[7] não é recente, mas entrou em voga na última década do século XX, sendo amplamente explorado em diversas disciplinas e áreas temáticas, e chegou, às vezes, a parecer um antídoto mágico contra todas as mazelas sociais.[8]

Podemos dizer que a noção de capital social ganha força teórica e, sobretudo, força prática num período bastante específico. Melhor dizendo, esse debate ganhou fôlego num contexto de acentuada desigualdade social, crescente desemprego e desconfiança nas instituições públicas.[9]

Segundo Stein, a relevância adquirida pelo termo nos últimos anos "parece ocultar ou substituir termos como "coesão social", "tecido social", "laços sociais". No centro das proposições, não está o cidadão e, sim, a ameaça que o esgarçamento do tecido social possa provocar" (2003: 192).

Nos discursos do BID e do Banco Mundial, o apelo ao capital social surge num contexto das estratégias de desenvolvimento auto-sustentável e parece aludir à dimensão institucional e cultural (leis, normas, cos-

---

7. O debate teórico sobre essa denominação tem entre seus precursores Bourdieu, Coleman, Putman e Fukuyama. Podemos atribuir o recente enriquecimento desse debate a autores como Lecher (2001), Rits (2000), Durston (2001), Flores e Rello (2001), entre outros. (Ver STEIN, 2003)

8. Os fundamentos e polêmicas recentes desse instrumento conceitual e prático são estudados por Maria Celina D'Araújo em seu livro *Capital social*, Rio de Janeiro, Jorge Zahar Editor, 2003 (Coleção Ciências Sociais Passo a Passo, n. 25).

9. Segundo Paulo Roberto M. de Carvalho: "Nos EUA, a noção de capital social tem servido para interpretar o atraso econômico de várias regiões, especialmente as áreas centrais das grandes metrópoles, a *inner city*, local de concentração de *homeless*, de *underclass* e do crime (2003: 10, mimeo.).

tumes) e à trama organizacional (rede de associações voluntárias, interações geradoras de confiança etc.), ou seja, as práticas que aludem à idéia de sociedade civil.

Rabotnikof, Riggirozzi e Tussie (2000: 55) acham importante registrar que na bibliografia do Banco Mundial o conceito de capital social articula a esfera econômica, política e social, ao mesmo tempo que reconhece o potencial inscrito na trama das relações sociais para o desenvolvimento. Nessa direção se reconhece que deve haver necessariamente inversão pública para fortalecer o capital social. Os documentos do Banco Mundial evidenciam a importância do capital social entendido como redes de confiança no desenvolvimento econômico e no alívio da pobreza no âmbito local (ibidem).

> Capital social refere-se às redes e relações que estimulam a confiança e a reciprocidade e moldam a qualidade das interações sociais de uma sociedade. O nível de capital social exerce significativo impacto sobre uma série de processos de desenvolvimento [...]. O capital social serve de mecanismo de seguro para os pobres que não têm acesso a alternativas de mercado. Portanto, é importante facilitar a formação de novas redes quando as antigas estão se desintegrando (Bando Mundial, 2000: 9 apud Stein, op. cit.: 189)

Em vários documentos do BID, o conceito de capital social também aparece para fazer referência à dimensão cultural e organizativa, sendo sempre aludido com o termo sociedade civil. As argumentações em torno do papel do capital social no desenvolvimento econômico fundamentam uma forma de inclusão da sociedade civil que, em alguns pontos, converge com a entrada via método participativo e, em outros, amplia seu alcance.[10]

---

10. "En ese sentido se afirma: a) a necesidad de comprender la dinámica del capital social en un determinado país o zona como insumo necesario para el diseño de los proyectos, con particular identificación de las instituciones, relaciones y redes que contribuyen o que impiden el alivio de la pobreza y el crecimiento; b) involucrar a las organizaciones y asociaciones locales para fortalecer el impacto, el sentimiento de *ownership*, etc.; c) crear entornos favorecedores (de la participación y de la creación de redes locales): buen gobierno, burocracia eficiente, gestión transparente, poder judicial independiente, garantías contractuales; d) promover la inversión en capital social, en la cual se homologa al apoyo directo a organizaciones existentes o emergentes, básicamente gobiernos locales y ONGs (locales o internacionales); e) promoción de la investigación acerca del enlace micro-macro entre capital social y *performance* económica" (Rabotnikof, Riggirozzi e Tussie, 2000: 56).

A proposta de operacionalização do capital social dos bancos multilaterais mencionados enfatizam as relações e associações de esfera local e as ONGs. Já as instituições formais da esfera da legalidade, do sistema de partidos e do poder judicial aparecem apenas como parte de um conjunto que favorece ao desenvolvimento do capital social. A ênfase dada por essas agências à relação do capital social com o processo de integração social reforça a idéia de que tal capital equivale ao resgate e à valorização dos valores comunitários, com um forte sentido de integração normativa e ênfase no desenvolvimento da economia de mercado. Não seria exagero mencionar a capacidade dessa proposta de gerar e incentivar uma noção conservadora de sociedade civil e de vida pública.

c) Estado e sociedade civil na perspectiva de "bom governo"

Para Rabotnikof, Riggirozzi e Tussie (2000), uma terceira forma de inclusão da sociedade civil no discurso dos bancos tem lugar por meio do enfoque de bom governo.

> En esta perspectiva parecen confluir tanto el neoinstitucionalismo como las caracterizaciones más complejas acerca de la sociedad civil. El enfoque parte del reconocimiento de la crisis de los modelos de desarrollo y de las formas de coordinación social estatalmente centradas. Pero también de las insuficiencias del modelo de estado minimizado para hacer frente a la complejidad de la sociedad contemporánea. (Rabotnikof, Riggirozzi e Tussie, 2000: 57)

O tema do bom governo[11] segundo esses autores aparece como um aspecto crítico de desenvolvimento e, no caso da América Latina, inscreve-se em uma conjuntura de rápidas transformações dos sistemas políticos, ou melhor, num contexto de transições, que se desenvolvem paralelas ao processo de substituição do modelo de desenvolvimento econômico.

---

11. Fernando Calderón (1995) acha importante registrar que, para alguns autores, bom governo pode ser sinônimo de *governance*; ambas as expressões referem-se unicamente à maneira como se exerce o poder e a autoridade. Para outros, inclui a governabilidade política, competitividade econômica e integração social.

> En la agenda de los países latinoamericanos el tema de la governance o buen gobierno coloca en el centro del debate la capacidad de los gobiernos de conducir estos procesos y de gerenciar el impacto de estos cambios, combinado la efectividad con viabilidad en el largo plazo.
>
> En este sentido, se produce una suerte de *Bringing the State Back In, y con él también de la sociedad civil entendida de manera más compleja como esfera de los intereses y relaciones sociales independientes del estado, pero estatalmente reconocidas y protegidas* (idem).

Em suma, o enfoque construído a partir da idéia do bom governo exige que se faça referência a um conceito mais diversificado de sociedade civil, ao mesmo tempo que adverte para a importância estratégica de se construir mecanismos e instituições de negociação e acordo entre atores coletivos e de fortalecer os mecanismos de controle e vigilância pública.

O que parece ser um denominador comum entre os organismos internacionais é a consideração da sociedade civil como uma engrenagem na cadeia formada pelas esferas econômica, política e social. Desse modo, promove-se uma reconceituação da sociedade civil de maneira ambígua, com base em novos desenhos organizativos que anulam os espaços de conflito por meio de uma contenção social que acaba servindo de base de legitimação de governos neoliberais. É para reforçar a ação direta dessa dita sociedade civil que se mobiliza um antiestatismo, mistificador das relações sociais. O horizonte em torno do qual se organiza esse debate é um horizonte que não prevê ou não desenha nenhuma utopia, nem um projeto de mudança social.

2. Os riscos da atual valorização da sociedade civil em nosso país

No marco da nova agenda que concede notoriedade à sociedade civil, vários eixos problemáticos podem ser evidenciados, conforme mencionamos anteriormente. Dentre eles, destacamos: a relação tensa com o Estado, nascida da apresentação da sociedade civil como esfera alternativa ao mesmo, e muitas vezes como anti-estado; a relação problemática com o sistema político e com os partidos políticos, oriunda da apresentação da sociedade civil como uma forma alternativa de se fazer política;[12] e a gestação e o desenvolvimento de uma noção muito frágil de sociedade civil que, ao se basear em tradições associativas, em situações de plena vigência da legalidade, em formas de identidades cidadãs desenvolvidas etc., acaba não podendo ser traduzida facilmente num conceito operativo aplicável em sociedades diferentes.

A necessidade de reconhecer tais limites ajudam a compreender por que em muitas ocasiões, o conceito de sociedade civil tem aparecido automaticamente reduzido a ONGs ou a Terceiro Setor.[13] Esses fatores determinam não apenas as armadilhas dessas novas definições como também evidenciam as características dos limites políticos promovidos pelo reducionismo gerado pelo aprisionamento da sociedade civil dentro da agenda dos organismos internacionais, em consonância com a hegemonia internacional.

As imprecisões conceituais contidas na recente notoriedade da sociedade civil evidenciam que, sob o impacto das mudanças decorrentes da implementação das políticas de cunho neoliberal, o debate acerca do campo da sociedade civil, os atores que o constituem e as relações que a atravessam têm apresentado uma dinâmica cuja velocidade e complexi-

---

12. Não são raras as definições surgidas nas últimas décadas que excluem explicitamente os partidos, os sindicatos, os movimentos sociais (sobretudo o Movimento do Sem-Terra – MST) da sua esfera, como também driblaram, esquivaram-se sistematicamente da instância parlamentar. Neste sentido, vale lembrar que os governos de Fernando Henrique Cardoso, como a grande maioria dos governos latino-americanos, declarou por inúmeras vezes que a "sociedade civil" representa uma arena fundamental para a promoção da cidadania, a democracia, o desenvolvimento sustentável, a justiça social, e um sem-número de outras coisas boas e valores louváveis. Por outro lado, tanto nos discursos oficiais como na prática, FHC, como a maioria dos seus congêneres na América Latina, desqualificaram, e ainda desqualificam, os movimentos sociais e suas práticas mais "combativas" – mesmo quando ditos movimentos, presumivelmente, formam parte constitutiva da tão louvada sociedade civil. "Inúmeras proclamações infelizes, como "a democracia não se faz com gritaria", com a postura repressiva frente aos manifestantes contra a "festa dos 500 anos", por exemplo, e a intransigência perante as mobilizações do MST, sugerem um tratamento bastante diferenciado ao fenômeno "movimento social", em comparação com o outorgado à "sociedade civil" (DAGNINO e ALVAREZ, 2001: 3).

13. Não raro presenciamos uma redução do Terceiro Setor como se o mesmo fosse sinônimo de ONGs. Tal redução não é casual, como observou Silvio Caccia Bava, "o próprio discurso do Terceiro Setor só apresenta os trabalhos das ONGs, e só cita as ONGs nas suas conferências" (apud DAGNINO e ALVAREZ, 2001: 41).

dade coloca desafios significativos aos seus protagonistas e àqueles que se empenham na sua análise. Alguns desses desafios têm implicações fundamentais para o processo de construção e desenvolvimento da democracia, no caso em tela, no Brasil.

É importante mencionar que, quando pensamos os efeitos perversos do neoliberalismo, aprofundados a partir do final do século XX, por exemplo, não podemos esquecer que entre nós ele apresenta-se como o caldeamento de uma arraigada sociabilidade autoritária, ampliada com os processos de globalização.[14] O que não significa ignorar que nos locais onde tal sociabilidade foi menos autoritária o neoliberalismo também não tenha sido portador de um altíssimo grau de letalidade social.[15]

Vale destacar que o ajuste neoliberal não é apenas de natureza econômica, faz parte de uma redefinição global do campo político-institucional e das relações sociais que ainda não foram suficientemente aclarados,

---

14. Na última década, a globalização tornou-se uma espécie de palavra da moda. Muitas vezes dita, mas raramente com o mesmo significado. Trata-se, na verdade, de um daqueles conceitos tão amplos que é empregado por diferentes pessoas para explicar fatos de natureza completamente diversa. Entretanto, todos aqueles que se debruçam sobre essa questão reconhecem que esse não é um fenômeno recente. Aliás, o próprio descobrimento do Brasil, pelos portugueses, pode ser lembrado como um dentre os muitos exemplos, de que a globalização, ao longo de muitos séculos, já faz parte da História da humanidade.

Somente nos últimos cem anos, passamos pelo menos por quatro fases distintas de globalização. A primeira vai até 1914 e registra a ascensão liberal, impulsionada pela Inglaterra, na direção de um comércio internacional desempedido. A segunda abrange as duas guerras mundiais e o período entre guerras e é marcada pela destruição bélica da economia mundial, pelo fechamento dos mercados nacionais e pela universalização da substituição das importações. A terceira tem início em 1945 e caracteriza-se pela abertura gradual e controlada dos mercados nacionais e pela expansão rápida das multinacionais. A quarta começa na década de 1980 e é uma volta aos dogmas da primeira: ao liberalismo, à liquidação dos setores produtivos estatais e ao impedimento de políticas nacionais de desenvolvimento, sob a liderança da nova potência do Norte. Em vez de episódica e conjuntural, esta fase representa o clímax de uma onda de longa duração gestada no século XX. Mais do que uma nova etapa do processo de globalização, atravessamos hoje, sob a égide das políticas neoliberais, uma espécie de globalitarismo, neologismo criado pelo professor Nilton Santos para chamar a atenção sobre o totalitarismo que acompanha os passos da globalização em curso. A expressão toca o âmago da questão, destacando a amplitude do domínio americano no plano internacional. Ou melhor, o auge da utopia totalitária da homogeneização do universo. É nesse contexto que faz-se necessário compreender as propostas e conseqüências do projeto neoliberal, da lógica imperialista norte-americana que constrói e cimenta a hegemonia contemporânea.

15. A esse respeito, ver FREIRE, Silene (2001).

sobretudo na América Latina. No caso brasileiro, tal projeto reafirma uma das particularidades de nossa cultura política: o moderno constitui-se por meio do "arcaico", recriando nossa herança histórica ao reatualizar aspectos persistentes e, ao mesmo tempo, transformando-o no contexto da globalização. A avalanche neoliberal demonstra que os problemas sociais aprofundados nessa quadra histórica que atravessamos não representam uma retórica, mas um processo com profundas raízes em nossa sociedade. Assim sendo, no Brasil de hoje, faz-se urgente radicalizarmos a crítica cobrando promessas contidas no conceito de democracia (Freire, 2001).

Nesse sentido, faz-se mister reconhecer que existe uma disputa de significados com relação à sociedade civil, porque há uma disputa entre projetos políticos que significam coisas radicalmente diferentes. O horizonte em torno do qual se organiza o debate na contemporaneidade é um horizonte que não prevê ou não desenha nenhuma utopia, nem um projeto de mudança social. O conceito de sociedade civil que vem se tornando cada vez mais hegemônico é mistificador é ilusório, fragmentador e extremamente conservador. Daí a importância de recuperarmos os sentidos estratégicos que esse conceito possui.

Desse modo, não se trata apenas de analisar os "deslizes" conceituais contidos nesse debate, mas de avaliar os estragos contra a democracia promovidos pelo mesmo. Assim sendo, cabe lembrar que a modernidade construiu uma profunda articulação entre cidadania e democracia. Democracia é sinônimo de soberania popular.[16] Por isso, como menciona Coutinho, "podemos defini-la como a presença efetiva das condições sociais e institucionais que possibilitam ao conjunto dos cidadãos a participação ativa na formação do governo e, em conseqüência, no controle da vida social" (1997: 145). Como adverte o autor, é fundamental destacar que a cidadania é fruto da capacidade conquistada por alguns indivíduos, em casos de uma verdadeira efetivação da mesma por todos os indivíduos, "de se apropriarem dos bens socialmente criados, de atualizarem em cada contexto histórico as mais amplas potencialidades de realizações huma-

---

16. "Desde Rousseau, o mais radical representante do pensamento democrático no mundo moderno, a democracia é concebida como a construção coletiva do espaço público, como a plena participação consciente de todos na gestão e no controle da esfera política. É precisamente isso que Rousseau entende por 'soberania popular'" (COUTINHO, 1997: 146).

nas abertas pela vida social" (idem). Daí, como alerta Coutinho, a necessidade de sublinharmos a expressão historicamente para destacarmos o fato de que soberania popular, democracia e cidadania (expressões que, em última instância, designam a mesma coisa) devem sempre ser pensadas como processos históricos aos quais são atribuídos permanentemente novas e mais complexas determinações.

Cidadania não é dádiva, nem tampouco é algo definitivo, ela não vem de cima para baixo, mas é fruto de batalhas permanentes, travadas quase sempre a partir de baixo, das classes subalternas. Por isso, sua conquista e ampliação implicam em processos históricos de longa duração.[17] Assim, não é casual que a ideologia hoje assumida pela burguesia propugne tão enfaticamente o fim dos direitos sociais, o desmonte do *Welfare State* (Coutinho, 1997: 158).

Assim sendo, não é coincidência que as organizações estimuladas pelas agências multilaterais estejam voltadas para a ação social, mas que efetivamente não possuam capacidade de promover elementos que alterem as regras do jogo; ou seja, não são capazes de acirrar o debate, de trazer novos elementos para reflexão, de mostrar a desigualdade como um ponto fundamental na disputa política e conseqüentemente garantir e universalizar a cidadania. Essas organizações, em sua grande maioria ONGs, parecem atuar apenas como uma espécie de mediação que remedia situações limite da pobreza.[18] Com a oficialização desse debate, o que te-

---

17. Os limites da construção da cidadania no Brasil são aprofundados por CARVALHO, José Murilo de. *Cidadania no Brasil*. O longo caminho. Rio de Janeiro: Civilização Brasileira, 2001.

18. A própria Organização Internacional do Trabalho (OIT) lançou em 1999 alguns estudos, dizendo assim: "não é que o sujeito é vagabundo, não é que ele é doente, não é que ele é desmotivado, quer dizer, não depende das opções das pessoas estarem ou saírem da condição da pobreza. Essa condição da pobreza é determinada, gerada, pela forma como você reparte a riqueza" (Dagnino e Alvarez, 2001: 60). Um país como o Brasil, "oitava, nona economia do mundo, não era para ter pobres. Mas tem 1% da população proprietária de terras que detém 50% da área cultivável. Com tamanha iniqüidade não é possível simplificar a resolução da pobreza" (*ibidem*).

Ainda nessa direção, vale lembrar que os dados divulgados na publicação *Estatísticas do Século 20*, que foi lançado em setembro de 2003 pelo Instituto Brasileiro de Geografia e Estatística (IBGE), revelam que o PIB do País equivalia a cerca de R$ 1 bilhão em 1900, para uma população de 17,4 milhões de pessoas e, em 2000, chegou a R$ 1 trilhão para 169,6 milhões de brasileiros. A distribuição de renda, no entanto, piorou no período. Ainda de acordo com a publicação, em 1960, a renda total dos 10% mais ricos era 34 vezes maior que a dos 10% mais pobres. Trinta anos depois, a diferença havia cres-

mos assistido no Brasil é uma espécie de *Políticas Pobres para Pobres*. Não é que nosso Estado tenha diminuído de tamanho, "no Brasil nos últimos dez anos a receita pública cresceu 50%, o Estado cresceu 22% do PIB para 31,32% do PIB (Francisco de Oliveira fala em 35%) o Estado não tem nada de mínimo, ele mudou o perfil" (Cava *apud* Dagnino e Alvarez, 2001: 41). O Estado não funciona como regulador, o mercado funciona segundo sua própria lógica e o espaço dos direitos foi para o brejo, porque é justamente a regulação entre a ação de mercado e as necessidades de cidadania, provida essa regulação pelo Estado, que define qual é a arena da política, da disputa dos recursos.

Como Simionatto & Nogueira observaram, na agenda dos organismos internacionais, "o discurso da participação aparece descaracterizado e reduzido a uma cooperação solidária entre os cidadãos, mediada pelo Estado, ausente de sentido político e envolto em uma grande opacidade e maleabilidade" (2001: 158). Assim sendo, é importante sublinharmos os efeitos desse discurso, na medida em que "os processos participativos possuem extrema relevância na construção de um Estado mais democrático, na organização de espaços coletivos e na co-gestão do poder" (ibidem).

Conforme observou Silvio Caccia Bava, nas últimas décadas, pudemos nos deparar com um arco de experiências que evidenciam um processo de mudança lento, enfim, mas que já se apresentam no Brasil, a visão presente nesse processo "a ajuda aos coitadinhos, não tem nenhuma preocupação com a questão da cidadania" (Bava apud Dagnino; Alvarez, 2001: 53). A sensação que eu tenho, diz o autor, é como se as ações promovidas, pelo que vem sendo definido pelos organismos internacionais como sociedade civil, "ajudassem a distanciar todos nós, mas sobretudo a população atendida pelas mesmas, da construção de condições sociais mais igualitárias, que acaba meio que ficando escamoteada em nome de uma convocatória responsabilizando o todo, numa solidariedade esvaziada de um sentido político" (idem). A insatisfação de Zarpelon com esse tipo de ação também é grande:

---

cido para 60 vezes. A desigualdade foi ampliada, apesar de o PIB *per capita* do brasileiro ter crescido quase 12 vezes de 1901 a 2000, com uma média de 2,5% ao ano, passando do equivalente a R$ 516 para R$ 6.060. O desempenho só foi superado por poucas economias no mundo, como Japão, Taiwan, Finlândia, Noruega e Coréia.

Não há ONG contestatória do *status quo* exatamente porque sua sobrevivência depende da doação de organismos comprometidos com esse *status quo*. Não é por acaso que, nas poucas oportunidades de manifestação e mobilização contra as políticas neoliberais, não houve a presença das ONGs. Elas não constituíram, em momento algum, parte da resistência às privatizações, por exemplo. Enquanto pequena parte do sindicalismo estava tentando resistir ao desmonte do parque industrial brasileiro e à venda de empresas consideradas estratégicas para o desenvolvimento do país, as ONGs estavam focando suas forças num sistema de auto-ajuda que não leva as camadas mais vulneráveis da população a lugar algum (Zarpelon, 2002: 215-216).

Aliás, como observou Caccia Bava, temos que perceber que a esfera hoje definida como sociedade civil nos discursos oficiais cresceu significativamente no Brasil, basta observar o assustador quantitativo de ONGs[19] existentes nos últimos anos, mas a "democratização não avançou, ao contrário, o que avançou foi a pobreza, a desigualdade" (Bava apud Dagnino; Alvarez, 2001: 77).

Isto posto, é importante atentarmos para o fato de que, para universalizarmos a cidadania e aprofundarmos a democracia, é fundamental não apenas repensarmos o Estado e as políticas públicas em particular; faz-se também necessário atentarmos para a necessidade de uma prévia discussão a respeito dos conceitos atribuídos à sociedade civil. A "nova" problematização da relação mercado x sociedade x Estado faz ressurgir, com muito vigor, traços extremamente conservadores, incompatíveis com o equacionamento das questões que limitam o exercício da cidadania e conseqüentemente da democracia.

Tais deslizes referentes à definição da sociedade civil não são recentes, no momento da transição brasileira, eles contribuíram para obscure-

---

19. Conforme ressaltou Emir Sader, "Muito embora exista já uma literatura sobre as ONGs e conceitos que as envolvem, as questões que elas suscitam estão longe de se darem por resolvidas, tão amplos os termos de sua definição inicial [...]. Hoje as ONGs têm se mantido pelas ambíguas fórmulas de oposição Estado/sociedade civil – sem perceber, a maior parte do tempo, que elas recebem um novo sentido, no contexto de políticas antiestatais de corte neoliberal. Pois, o que representa, nesse contexto, atuar na "sociedade civil" contra o Estado? Se a sociedade civil é o conjunto de todas as forças e seus projetos hegemônico e contra-hegemônico, o Estado deve ser criminalizado, inclusive em seu papel regulador, de contrapeso do mercado (SADER, 2001: 1).

cer o caráter contraditório das forças sociais que formavam a sociedade civil brasileira, as quais, como observou Coutinho (1997), apesar da contraditoriedade, convergiam objetivamente na comum oposição à ditadura; entretanto, também não podemos negar, diz o autor, que tal obscurecimento, sem dúvida, "facilitou a hegemonia das forças liberais no processo de transição, que Florestan Fernandes não hesitou em chamar de 'transação conservadora'" (idem: 10). Para Coutinho, as coisas se complicaram realmente no Brasil, quando, a partir da década de 1980,

> a ideologia neoliberal em ascensão apropriou-se daquela dicotomia maniqueísta para *demonizar de vez tudo o que provém do Estado* (mesmo que agora se trate dum Estado de direito) *e fazer apologia acrítica duma sociedade civil despolitizada*, ou seja, convertida num mítico "terceiro setor" falsamente situado para além do Estado e do mercado (ibidem, grifos nossos).

Na mesma direção, Vera Telles (2001) faz importantes observações sobre esse fenômeno:

> E é essa operação semântica que permite, sob a denominação genérica de Terceiro Setor, colocar como equivalentes entidades filantrópicas velhas e novas, organizações não-governamentais, associações de moradores e grupos comunitários de perfis diversos. Essa equivalência não é inteiramente falsa, é, na verdade, construída por referência a uma noção moral de responsabilidade, entendida como dever de solidariedade em relação aos pobres. Não por acaso, o discurso, hoje corrente, sobre *o Terceiro Setor omite a tessitura democrática construída na interface entre Estado e sociedade por meio de espaços de participação*, de representação e negociação política (Telles, 2001: 160, grifos nossos).

Nesse sentido, vale mencionar que o Terceiro Setor[20] não pára de crescer no Brasil. São mais de 250 mil ONGs no País, que movimentam R$ 12

---

20. "o que é chamado de 'terceiro setor' numa *perspectiva crítica e de totalidade*, refere-se a um fenômeno real, ao mesmo tempo inserido e produto da reestruturação do capital, pautado nos [ou funcional aos] princípios neoliberais: *um novo padrão [nova modalidade, fundamento e responsabilidades] para a função social de resposta à 'questão social', segundo os valores da solidariedade local, da auto-ajuda e da ajuda mútua*" (MONTAÑO, 2002: 186, grifos do autor).

bilhões/ano oriundos da prestação de serviços, do comércio de produtos e da arrecadação de doações.[21]

O valor corresponde a 1,2% do PIB brasileiro demonstra enorme potencial de crescimento, pois o setor já movimenta 6% do PIB em países da Europa e nos EUA. Outro dado confirma a expansão: em 1995, entre as pessoas físicas, no Brasil, havia 15 milhões de doadores, número que em 1998 já havia triplicado, chegando a 44,2 milhões de pessoas, ou 50% da população adulta brasileira.[22]

Esse crescimento exacerbado só pode ser compreendido se lembrarmos que o amálgama da crise estrutural do Estado com o discurso satanizador do setor público diminuiu a capacidade deste para formular e executar políticas. "A burguesia, que no passado apoiou sua acumulação privada na gestão estatal e nas políticas Keynesianas, hoje se desdobra para amputar ao Estado toda sua capacidade regulatória" (Boron, 1995: 78). Sua estratégia de dominação — articulada nos diferentes cenários nacionais com a das frações hegemônicas do capital imperialista — foi facilitada, conforme registrou Atílio Boron, pelo fenomenal retrocesso experimentado pelo movimento operário em escala planetária. Tal situação "precipitou uma ofensiva sem precedentes destinada a desviar o caminho iniciado com a Grande Depressão de 1929, deslocando o centro de gravidade da relação Estado-mercado em direção deste último" (idem). Isso explica, diz o autor, a onda de desregulamentações, liberalizações, aberturas indiscriminadas dos mercados e as privatizações mediante as quais os capitalistas se apropriaram das empresas estatais e dos serviços públicos mais rentáveis.

Vemos assim que as recentes definições da sociedade civil não são aleatórias, pelo contrário, fazem parte de uma decisão política sustentada na necessidade de gerar um profunda redefinição do papel do Estado e uma redistribuição regressiva do poder em favor dos setores mais poderosos da sociedade.

---

21. Dados extraídos do editorial da revista ABONG, intitulado: O Terceiro Setor hoje no Brasil, assinado pela equipe editorial. In ASSIS, Aline Silveira de. *Assistência e Terceiro Setor*. Uma análise dos limites recentes do enfrentamento da questão social no Brasil. Trabalho de Conclusão de Curso apresentado e aprovado na FSS/UERJ, em julho de 2004. 99 p. (mimeo.)

22. Fonte mencionada em nota anterior.

A dinâmica de delegação de responsabilidades públicas precisa do Estado e, de forma mediata, o fortalece. Assim, o que está em jogo não é o "afastamento" da ação estatal, mas sua reconfiguração.

Nesse sentido, conforme assinala Gentili (2000), as políticas sociais focalizadas promovidas hoje pelos governos neoliberais constituem-se numa das dimensões que assume o processo privatizador no campo social. Sob a influência dessas políticas, lembra o autor,

> estimula-se uma série de ações delegatórias à sociedade civil, consagra-se o discurso oficial acerca das virtudes do Terceiro Setor, incentivando-se atividades de voluntariado e promovem-se iniciativas de filantropia empresarial destinadas a substituir ou a complementar as responsabilidades que os governos recusam, ou assumem apenas parcialmente. (Gentili, 2000: 2)

Melhor dizendo, o que chamamos de recente notoriedade da sociedade civil tem promovido a emergência de novas formas institucionais que conduzem a uma redefinição do espaço público (como esfera não-estatal), do sentido atribuído ao direito social como direito universal, tanto quanto da própria noção de cidadania e democracia. Ou seja, estamos diante de um sintoma muito mais amplo e grave que o tão mencionado efeito neoliberal de redução do gasto público.

Com a continuidade dessas políticas reféns das ações delegatórias à sociedade civil, o debate oficial e a ação governamental "permanecerão restritos a alternativas pobres para pobres, sem produzir efeitos sequer compensatórios efetivos nem muito menos tocar na estrutura que gera a desigualdade social e a pobreza em nosso país" (Soares, 2000: 3). Em suma, continuaremos longe da cidadania e distantes da democracia.

A necessidade de examinarmos o quadro geral das orientações que guiam o conceito de "sociedade civil" neste artigo decorre do fato desse debate trazer elementos teóricos e políticos cruciais para a compreensão das mudanças atualmente em curso no Brasil e no mundo. Ser o "ambiente" no qual se gesta e se desenvolve a democracia. Essas referências condicionam os objetivos, as condições de luta e as possibilidades de vitória das classes e frações subalternas. O exame dessas questões permite analisar a relevância das reflexões do filósofo marxista italiano Antonio Gramsci, para quem a sociedade civil é, antes de tudo, o extenso e complexo espaço público onde se estabelecem as iniciativas dos sujeitos modernos que, com sua cultura, com seus valores ético-políticos e suas dinâmicas associativas, chegam a formar as variáveis das identidades coletivas. É lugar, portanto, de grande importância política onde as classes subalternas são chamadas a desenvolver as suas convicções e a lutar para um novo projeto hegemônico que poderá levar à gestão democrática e popular do poder. (apud Semeraro, 1997: 14)

Conforme mencionou Coutinho (1985, 1987 e 1989), Gramsci estabelece uma dialética entre sociedade civil e sociedade política e traça uma justa relação entre as condições objetivas da realidade e a vontade de organização de sujeitos ativos capazes de construir o "bloco histórico". Nessa relação, como destacou Giovanni Semeraro, "ele deixa claro que o que deve emergir é sempre a promoção sociopolítica das massas, o desenvolvimento dos valores da liberdade, da responsabilidade e da capacidade dirigente das classes trabalhadoras" (2001).[23] Em realidade, Gramsci está deslocando o eixo da ação política do âmbito das instituições burocrático-administrativas para o terreno criativo das diversas organizações sociais dos setores populares e rompe o horizonte que se quer apresentar como "fim da história" (idem).

As reflexões que Gramsci realiza sobre o conceito de sociedade civil nos permite concluir, quase 70 anos depois da sua morte, que seu pensamento conserva, em seus aspectos mais cruciais, toda a atualidade e a força da inspiração, e nos ajuda, com a originalidade das suas perspectivas, a buscar caminhos capazes de democratizar os diferentes setores da sociedade e de "enfrentar o desafio mais provocante posto à política moderna, que é o de abrir caminho à ação das massas, a personagem principal que há tempo pressiona as portas para entrar na história e, como sujeito livre e autônomo, decidir os rumos do próprio destino" (Semeraro, 1997: 18).

---

23. Como mencionou Semeraro "As novas perspectivas que Gramsci confere à dinâmica da sociedade civil revolucionam, portanto, não apenas a concepção tradicional de política e de Estado, mas destituem de fundamento qualquer visão centralizadora de poder e dissolvem toda pretensão de construir a hegemonia pelo alto, valendo-se da força, do peso econômico ou das manipulações demagógicas" (1997: 12).

Por isso, diante dos desafios impostos pela contemporaneidade, num momento em que precisamos inverter a agenda que efetiva as práticas focalistas, o assistencialismo, a filantropia e a defesa das medidas definidas como compensatórias, para o enfrentamento da questão social, a obra de Gramsci torna-se ainda mais significativa. Sua obra, como ressaltou Semeraro (2001), está atravessada pela certeza de que não há situação histórica que não possa ser mudada pela livre e consciente ação de homens organizados. E são esses homens, na arena privilegiada da luta de classes, que é a sociedade civil, que poderão demonstrar, de fato, que "a força imanente da história é a liberdade".[24]

A conseqüência dessa recente notoriedade da sociedade civil na atualidade, cultivada com esmero pelos representantes políticos e ideológicos, nacionais e internacionais, do capital financeiro e os monopólios, é uma espécie do que Atílio Boron (2004) definiu como *harakiri* estatal. Essa tendência potencializa a regressão antidemocrática de que sofrem os estados da América Latina que caminham vazios de seus conteúdos democráticos e debilitado de sua capacidade de intervenção.

Nesse contexto, mais uma vez concordamos com Boron, ao mencionar que hoje as forças de esquerda, no governo como na oposição, vêem-se diante de desafios. "A esquerda opositora é desafiada a honrar a proposta gramsciana de construir partidos, movimentos e organizações genuinamente democráticos e participativos, como forma de traçar a natureza do futuro que pretende construir" (Boron, 2004: 4).

É preciso revermos a utilização de determinados conceitos para redefinirmos os termos dos enfrentamentos sociais, na medida em que as referências centrais mudam de sentido. Estado, sociedade civil — entre outros — são conceitos que, no marco dos grandes enfrentamentos das forças sociais do capitalismo, merecem todo o rigor em função de sua particularidade histórica. Uma visão ambígua e reducionista, como a de que se valem as agências multilaterais, pode significar um alinhamento de classe muito diferente daquele originalmente visado pelas forças de esquerda de nosso país.

---

24. A esse respeito ver FREIRE, Silene de Moraes. Por que Gramsci? Revista *Em Pauta*, Rio de Janeiro, Editora da UERJ, n. 10, p. 217-231, 1997.

Referências bibliográficas

ASSIS, Aline Silveira de. *Assistência e Terceiro Setor*. Uma análise dos limites recentes do enfrentamento da questão social no Brasil, jul. de 2004. 99 p. Trabalho de Conclusão de Curso. FSS/UERJ. Mimeo.

BORON, Atílio. A sociedade civil depois do dilúvio neoliberal. In: SADER, Emir; GENTILI, Pablo (orgs.). *Pós-neoliberalismo*. As políticas sociais e o Estado democrático. São Paulo: Paz e Terra, 1995.

_____. Os "novos leviatãs" e a pólis democrática: neoliberalismo, decomposição estatal e decadência da democracia na América Latina. In: SADER, Emir; GENTILI, Pablo (orgs.). *Pós-neoliberalismo II*. Que Estado para que democracia? Petrópolis: Vozes, 1999.

_____. América sem trégua: Avanços, frustrações e desafios das esquerdas do continente na difícil caminhada rumo ao pós-neoliberalimo. Boletim *PROEALC*, n. 24, maio/jun. 2004, Coluna Espaço Aberto, p. 3.

CALDERÓN, Fernando. "Governabilidad, competitividad e integración social". *Revista de la CEPAL*, CEPAL, n. 57, 1995.

CARVALHO, José Murilo de. *Cidadania no Brasil*. O longo caminho. Rio de Janeiro: Civilização Brasileira, 2001.

CARVALHO, Paulo R. Mello. *Políticas sociais no Brasil*: um mapeamento do debate sobre as propostas focalistas. 2002. Mimeo.

COUTINHO, Carlos Nelson. *A dualidade de poderes*. São Paulo: Brasiliense, 1985.

_____. *As categorias de Gramsci e a realidade brasileira*. Presença, Rio de Janeiro: Caetés, n. 8, 1987.

_____. *Gramsci*. Um estudo sobre seu pensamento político. Rio de Janeiro: Campus, 1989.

_____. Notas sobre Cidadania e Modernidade. In: *Revista Praia Vermelha. Estudos de Política e Teoria Social*. UFRJ, PPGESS, v. 1, 1º sem. de 1997, p. 145-165.

DAGNINO, Evelina e ALVAREZ, Sonia E. (orgs.). Os movimentos sociais, A sociedade civil e o "Terceiro Setor" na América Latina: reflexões teóricas e novas perspectivas. *Primeira Versão*, IFCH/Unicamp, n. 98, out. 2001.

D'ARAÚJO, Maria Celina. *Capital social*. Rio de Janeiro, Jorge Zahar, 2003 (Coleção Ciências Sociais Passo a Passo 25).

FREIRE, Silene de Moraes. Por que Gramsci? *Em Pauta*. Rio de Janeiro, Editora da UERJ, n. 10, p. 217-231, 1997.

FREIRE, Silene de Moraes. Estado, democracia e questão social no Brasil. In: BRAVO, M. I. S.; PEREIRA, P. A. P. (orgs.). *Política social e democracia*. São Paulo: Cortez, 2001.

GENTILI, Pablo. A privatização da política educacional: dez questões. Boletim *LPP-UERJ*, n. 1, p. 3, dez. 2000.

GRAMSCI, Antonio. *Cadernos do cárcere*. Edição e trad.: Carlos Nelson Coutinho; co-edição: Luiz Sérgio Henriques e Marco Aurélio Nogueira. Rio de Janeiro: Civilização Brasileira, 1987, v. 1, 3 e 4.

MONTAÑO, Carlos. *Terceiro setor e questão social*. Crítica ao padrão emergente de intervenção social. São Paulo: Cortez, 2002.

OLIVEIRA, Francisco. *Estado, sociedade, movimentos sociais e políticas públicas no limiar do século XXI*. Rio de Janeiro: Fase/PIC, 1994.

_____. Passagem na neblina. In OLIVEIRA; STÉDILE e GENOÍNO (orgs.). *Classes sociais em mudança e a luta pelo socialismo*. São Paulo: Fundação Perseu Abramo, 2000.

RABOTNIKOF, Nora. La caracterización de la sociedad civil en la perspectiva del Banco Mundial y del BID. *Documento de Trabajo*, Buenos Aires: Flacso, 1999.

RABOTNIKOF, Nora; RIGGIROZZI, María; TUSSIE, Diana. Los organismos internacionales frente a la sociedad civil: las agendas en juego. In: TUSSIE, Diana (compiladora). *Luces y sombras de una nueva relación*. El BID, el BM y la sociedad civil. Argentina: Grupo Editorial, Flacso, 2000.

SADER, Emir. ONGs e sociedade civil. Boletim *LPP-UERJ*, n. 2, p. 1, abr.-maio 2001.

SEMERARO, Giovanni. Antonio Gramsci: da un secolo all'altro. In: *Congresso Internacional* organizado pela International Gramsci Society, no Istituto Italiano per gli Studi Filosofici, 16-18 out. 1997, Nápoles. (Mimeo.)

_____. *Gramsci e a sociedade civil*. Petrópolis: Vozes, 2001.

SIMIONATTO, Ivete; NOGUEIRA, Vera Maria R. Pobreza e participação: o jogo das aparências e as armadilhas do discurso das agências multilaterais. *Serviço Social & Sociedade*. São Paulo, Cortez, ano XXII, n. 66, jul. 2001.

SOARES, Laura Tavares. O debate sobre a pobreza no Brasil. Boletim *LPP-UERJ*, n. 1, p. 3, dez. 2000.

STEIN, Rosa Helena. Capital social, desenvolvimento e políticas públicas. *Serviço Social & Sociedade*. São Paulo, Cortez, ano XXIV, n. 73, mar. 2003.

TELLES, Vera da Silva. *Pobreza e cidadania*. São Paulo: Editora 34, 2001.

ZARPELON, Sandra Regina. ONGs, movimento sindical e o novo socialismo utópico. *Idéias*. Revista do Instituto de Filosofia e Ciências Humanas da Unicamp, Ed. Unicamp, ano 9, n. 1, 2002.

Cidadania e (in)justiça social: embates teóricos e possibilidades políticas atuais

Potyara A. P. Pereira

1. Introdução

Inicialmente, vale esclarecer porque o conceito de *justiça social* está presente nas discussões sobre cidadania e nas avaliações de instituições e políticas encarregadas de distribuir benefícios e ônus em sociedades democráticas.

Primeiro, porque a *justiça*, "entendida desde Platão até nossos dias, é a virtude suprema da política" (Boron, 2001: 255). Isso quer dizer que a *justiça* é o valor prioritário dentre outros valores e normas que presidem a vida em sociedades civilizadas (Rawls, 1997: 3).

Segundo, porque a *justiça* exige que a política se oriente por parâmetros de distribuição que estejam de acordo com o *direito* (e não com o mérito ou privilégio) dos cidadãos. Por isso, essa distribuição prevê definição de *critérios* e *normas* legitimados pela maioria e estabelecimento de garantias legais com vista à aplicação de regras válidas para todos.

Percebe-se, nessa explanação, um duplo caráter da *justiça*.

De um lado, ela se identifica com a *justiça jurídica*, a qual, ao mesmo tempo em que zela pelos direitos do cidadão, deve punir os que desrespeitam esses direitos, incluindo o próprio Estado. É nesse sentido que se diz que a *justiça*, amparada na lei, está acima do Estado e funciona como um mecanismo de controle democrático. O Estado, por sua vez, é o guardião da lei, por delegação da sociedade, mas, no exercício dessa delegação, deve agir nos limites da lei, que deverá expressar a vontade da maioria e ser por esta controlada.

De outro lado, a *justiça* possui um caráter *substantivo* ou *material* que requer a definição de critérios distributivos. Dentre esses critérios, o principal é o *direito de todos ao que lhe é devido*, já mencionado, o qual deve ser concretizado por políticas de ação (políticas públicas, modernamente), que, diferindo do perfil clássico da política, tem como principal tarefa satisfazer necessidades sociais. Sendo assim, esse direito — que serve de critério distributivo à justiça — assume configuração *social* identificada preponderantemente com o princípio da *igualdade* — que requer efetiva participação do Estado no bem-estar dos cidadãos —, diferenciando-se dos direitos individuais identificados com o princípio da *liberdade negativa* — que rejeita a intervenção do Estado na economia e na sociedade.

Deriva daí o conceito de *justiça social* ou *distributiva*, o qual tem estreita relação com os conceitos de *igualdade* (formal e substantiva), *eqüidade*, *liberdade positiva* e *necessidades sociais*, os quais foram gestados no final do século XIX e consolidados no século XX. Em suma, modernamente, o conceito de *justiça social* tem estreita relação com os ideais de *cidadania* e *democracia* ampliadas, produzidos por três principais mudanças verificadas no mundo ocidental no século passado:

a) a expansão dos sindicatos e dos partidos trabalhistas e social-democratas, que pressionaram o Estado por proteção social como direito devido;

b) o declínio da concorrência capitalista devido à concentração do capital em poucas e grandes empresas, redefinindo o sentido de liberdade do mercado preconizado pelos liberais clássicos;

c) a crescente intervenção do Estado no processo distributivo, desbancando o protagonismo do mercado nesse processo.

Tais mudanças contribuíram para o fortalecimento da noção de *justiça social*, especialmente porque o Estado de Bem-Estar que se consolidou depois da Segunda Guerra Mundial tinha um compromisso formal com a democracia e com o interesse público. E, como diz Macpherson (1991), a forma mais eloqüente de expressar esse compromisso era invocar a *justiça social* como imperativo ético e virtude política.

Entretanto, sabe-se que a *justiça social* sempre esteve longe de ser uma unanimidade teórica, ética e ideológica e de merecer tratamento prioritário dos poderes públicos. Historicamente, princípios e critérios igualitários se defrontaram com outros princípios e critérios rivais, que justificaram e continuam justificando a pertinência da desigualdade social, sob o argumento de que a igualdade restringe a liberdade dos indivíduos.

Com base nessas discordâncias, estabeleceu-se a tradicional dicotomia entre os princípios da *liberdade* e da *igualdade*, posicionando-se, respectivamente, de um lado, liberais (clássicos e contemporâneos) e, de outro, socialistas e socialdemocratas. Assim, os que defendem a liberdade em detrimento da igualdade, vêem no mérito, na habilitação e nas escolhas individuais, propiciados pela competição, os critérios mais adequados e mais justos para a obtenção do bem-estar da sociedade; e os que defendem a igualdade, com precedência sobre a liberdade, têm como referência mestra necessidades sociais que devem ser satisfeitas de acordo com um padrão moral e legal de *justiça distributiva* estabelecido previamente.

Tem-se, pois, em torno da concepção da *justiça social*, posições diferenciadas que precisam ser conhecidas, porque, dependendo da posição adotada, o sentido de *justiça social* mudará, podendo até ocorrer a sua negação.

Este artigo trata das vicissitudes sofridas pela concepção de *justiça social* em sua histórica relação com o estatuto da cidadania, procurando demonstrar que tal concepção, "surgida tardiamente na história da sociedade humana" (Macpherson: 1991: 13), viveu uma trajetória de altos e baixos, sendo revitalizada no século XX, com a consolidação do Estado de Bem-estar (*Welfare State*). Entretanto, com a chamada crise desse Estado e com a ascensão do ideário neoliberal, a partir do final dos anos 1970, essa revitalização se esvaiu. Desde então, a *justiça social* vem sendo desacreditada e suplantada por noções que privilegiam o *mérito* na obtenção do bem-estar individual e a *mercantilização* das políticas públicas.

Em vista disso, a linguagem dos direitos sociais que, segundo Telles (1999: 193), questiona a ordem das coisas e acena com outros mundos possíveis, foi substituída pela linguagem das conveniências e oportunidades de implementar políticas de ação, que, conforme Boron, podem ser abandonadas tão logo os governos envolvidos assim o desejarem (Telles, 1999: 257). Isso fica evidente no trato da pobreza, agora enfrentada com programas focalizados — que não a erradicam, mas a mantém ou a agravam —, e na transformação de bens públicos (saúde, educação) em bens privados, agora regidos pelo mercado e medidos pelo cálculo do custo/benefício.

Tudo isso revela o esvaziamento das possibilidades atuais de realização da *justiça social* ao mesmo tempo em que suscita reações contra essa tendência.

É em nome dessa reação que se torna necessário fazer um balanço dos embates teóricos e ideológicos travados em torno desse tipo de justiça, bem como avaliar as possibilidades políticas atuais e futuras de sua recuperação.

2. Embates teóricos

A discussão teórica em torno da *justiça social* ou *distributiva* exige maiores considerações sobre esse tema, ao menos para distingui-lo de outros temas congêneres e conhecer melhor seus fundamentos. Assim, não basta resgatar Platão e dizer, genericamente, que a *justiça social* deriva da concepção de *justiça* desse filósofo como a *virtude suprema da política*. É preciso contextualizá-la e vinculá-la ao processo que está na base de sua determinação histórica.

Esse processo é a chamada *questão social*, inaugurada na Inglaterra no século XIX, no rastro da moderna revolução industrial, a qual emergiu do antagonismo de duas forças sociais ascendentes (Pereira-Pereira, 2000), sobre a base da exploração capitalista:

a) a burguesia liberal avessa a qualquer tipo de regulação econômica e social; e

b) o proletariado, que exigia a regulação estatal para protegê-los do despotismo do capital e livrá-los dos esquemas paternalistas e repressores de proteção social das velhas *Leis dos Pobres* (*Poor Laws*), criando sistemas de bem-estar ancorados no direito.

Tem-se, a partir daí, a coexistência conflituosa de duas principais demandas: a do capital — apoiado na idéia liberal de que o mercado era o principal agente de bem-estar — e a do trabalho, exigindo o controle público da exploração capitalista e a proteção da lei como expressão da *justiça social*.

Essa foi e continua sendo a questão crucial que pôs em destaque, desde meados do século XIX, a necessidade de se instituir uma justiça referente à distribuição de bens e serviços entre os cidadãos, a qual, embora tenha sido pela primeira vez formulada nesses termos por Aristóteles, no século IV a.C., só ganhou concretude com a expansão do intervencionismo estatal no século XX.

É certo, como lembra Macpherson (1991: 29), que, entre as décadas de 1820 e 1880, teóricos de orientação socialista já falavam de uma *justiça econômica*, denominada *comutativa*, referente ao estabelecimento de preços justos nas trocas de mercadorias, afirmando que a falta dessa justiça acarretaria injustiça distributiva.

Também em 1875 socialdemocratas alemães, liderados por Lassale, invocaram a *justiça* distributiva em seu Programa do Partido Operário, conhecido como Programa de Gotha, no que foram incisivamente criticados por Marx. Nessa crítica, Marx realça o fato de esses socialistas concentrarem-se apenas na distribuição da renda ("nos meios de consumo"), desconsiderando o modo, altamente desigual, pelo qual essa renda era gerada. Em vista disso, dizia Marx, a distribuição eqüitativa de todo o produto social prevista no Programa de Gotha não tinha cabimento, já que a exploração no âmbito da produção era o fator determinante da desigualdade social. O que faria sentido, acrescentava, era a luta por novas relações de produção, pois seriam estas que iriam determinar tanto a justa distribuição dos meios de consumo como a transformação da condição humana.

Isso não significa, porém, que Marx menosprezasse a luta dos trabalhadores por melhores condições de vida e de trabalho por meio de seguranças sociais garantidas pelo Estado. Tanto é que viu com bons olhos a conquista da legislação fabril pelo proletariado como a vitória de um princípio, isto é, de que era possível aos trabalhadores se contraporem à lógica do capital no interior do próprio capitalismo (Mishra, 1987). O que Marx não admitia era a ilusão de que isso representasse a instituição de uma justa distribuição da riqueza produzida pelo trabalho.

Mas foi nos termos aristotélicos (e não marxianos), que restringia a *justiça social* à distribuição dos meios de consumo, que este conceito se afirmou. Desde 1875, "os partidos socialdemocratas e trabalhistas, bem como o movimento dos trabalhadores no Ocidente, apresentaram as suas reivindicações nesses termos" (MacPherson, ibidem: 25). Assim, embora sem muita consistência teórica, o entendimento da *justiça social* como *justiça distributiva* começou com a prática política da classe proletária.

Sabe-se, porém, que, mesmo mitigado, tal conceito nunca teve vez no pensamento liberal. Desde o século XVII até hoje, poucos liberais ocuparam-se da *justiça social* e, quando o fizeram, como foi o caso de liberais democratas do porte de John Stuart Mill e, mais recentemente, de John Rawls, procuraram justificar as desigualdades sociais presentes nas sociedades de mercado. Ou seja, tais liberais consideravam a desigualdade social como um fato natural, que, no máximo, poderia ser abrandado e não extinto.

Dizem os historiadores que Stuart Mill ficou chocado com a desigual distribuição da riqueza produzida pelos trabalhadores nos fins do século XIX; contudo, como era um irrestrito defensor dos mercados competitivos e da propriedade privada, não viu esse fato como resultado da lógica capitalista, mas, sim, de fatores externos. Com isso, ele não encontrou na desigualdade social sustentação empírica para formular teoricamente explicações sobre uma possível injustiça distributiva, praticada pelo capitalismo, e nem para propor formas de regulação do mercado.

O mesmo aconteceu com outros liberais clássicos, que, nos moldes de T. H. Green, incomodaram-se não tanto com a injusta distribuição de riqueza, mas com o degradante estado de pauperismo das massas que, nas palavras de Green, impedia a realização da "vocação moral dos homens" (apud MacPherson, 1991). Entretanto, como também estes liberais não conseguiam ver nenhuma alternativa ao mercado, suas constatações empíricas não os ajudaram a detectar qualquer injustiça social produzida pela lógica mercantil.

Até mesmo teóricos liberais modernos encontraram dificuldades de lidar com a noção de *justiça social*, embora já previssem uma interferência mínima do Estado para compensar os efeitos nefastos da concentração de riquezas nas mãos dos proprietários dos meios de produção.

Dentre os teóricos liberais contemporâneos mais influentes, destaca-se John Ralws (1997), cujos preceitos estão presentes em muitas propostas atuais de proteção social no capitalismo. Sua teoria difere sensivelmente dos postulados liberais ortodoxos — ou fundamentalistas como são chamados — de outros liberais, como Friederick Von Hayek e Nozick, que nem sequer aceitam as noções de *justiça* ou de *injustiça* fora do âmbito das culpas morais.

O grande achado de Rawls em relação à justiça foi conceber um preceito distributivo com base na idéia geral de um contrato regido pela ética, assim especificado: a desigual distribuição das pessoas na sociedade é um fato natural e, portanto, não pode ser taxada de justa ou injusta. O que é justo ou injusto é o modo como as instituições atuam em relação a essa desigualdade natural. Com esse preceito, Rawls reconhece a existência de duas circunstâncias que fundamentam a sua teoria, tida como *social-liberal*. A primeira (e aí detecta-se o seu lado liberal) é que existem certos fatos que, por serem naturais, não podem ser tratados pela ótica da justiça, como, por exemplo, pessoas nascerem aleatoriamente em famílias ricas ou pobres ou possuírem talentos particulares. A segunda (e aí aflora o seu lado social) é que, para ele, a ordem social não é infensa ao controle dos homens e, portanto, está sujeita à intervenção de instituições incumbidas de zelar pelo bem comum. Implícita nesta última circunstância está o reconhecimento de Rawls de que, para além das desigualdades naturais, existem certos bens primários que podem ser objeto de acordos com vistas a sua mais justa distribuição. Sendo assim, o critério da *necessidade*, pelo menos nessa parte da sua teoria, sobrepuja o critério do *mérito*, porque, para ele, as diferenças naturais (de riqueza, de posição social e de habilidades) não devem determinar o destino dos indivíduos. Portanto, não lhe parece correto que seres racionais, com potencialidades para se desenvolver, tenham a sua sorte selada por acontecimentos não racionais e que esses acontecimentos devam ficar livres de controle institucional. Além do mais, dizia ele, deixar as forças naturais agirem de forma arbitrária poderá caracterizar omissão de socorro diante de casos dramáticos, como abandono de crianças, enfermos, idosos, e despertar sentimentos de repulsa e indignação por parte da opinião pública.

Até aí, a teoria da justiça de Rawls apresenta justificações genéricas que, em princípio, parecem coerentes e isentas de partidarismos. Entretanto, quando se analisa a sua concepção de justiça como *eqüidade*, a incoerência e a falta de isenção tornam-se patentes.

Como assinalam Salama e Valier (1997: 135), a teoria de Rawls atende convenientemente às exigências do mercado e da propriedade privada da qual ele é um inegável defensor. Tal defesa não está explicitamente clara nos seus argumentos em favor do controle das distribuições naturais das desigualdades, mas assume clareza na sua aceitação da existência dessas desigualdades como fato natural. Além disso, ao acenar com uma proposta distributiva, estipula, em outras passagens da sua teoria, um limite rígido de distribuição permitida pelo seu preceito ético, sendo que tal limite é ditado não pelos imperativos das necessidades humanas, mas pelos ditames da economia de mercado (Pisón, 1998). De fato, o preceito distributivo de Rawls não permite que a distribuição de renda aumente a ponto de forçar maiores cobranças de impostos que podem interferir na eficiência econômica e, conseqüentemente, dizia ele, na melhoria das condições dos menos favorecidos. E a eficiência econômica prevista nesse preceito relaciona-se explicitamente com uma economia competitiva, que, logicamente, será dominada pelo mercado, que é quem na verdade determina o investimento e a produtividade. Portanto, o preceito ético distributivo de Rawls, em vez de se sobrepor às relações de produção, é por elas dominado (MacPherson, 1991: 26-27).

Isso fica evidente na rigorosa hierarquia que Rawls estabelece entre os seus dois grandes princípios de justiça: o da *liberdade*, no qual identifica os direitos básicos dos indivíduos presentes nas democracias burguesas (direitos civis e políticos), e o da *eqüidade*, por sua vez subdividido hierarquicamente em: princípio da *diferença* e da *igualdade*.

Pelo princípio da *diferença*, as desigualdades sociais e econômicas devem ser organizadas de forma a oferecer melhores perspectivas aos mais desfavorecidos; e, pelo princípio da *igualdade*, a igualdade privilegiada é a de *oportunidades* (isto é, igual liberdade) e não a *substantiva*. Ademais, por ser liberal, na divisão geral de seus princípios há uma prioridade lexográfica — isto é, "definida [tal] como a ordem seguida na determinação fonética de um vocábulo" — (Salama e Valier, 1999: 134) da *liberdade* sobre o da *eqüidade*, a ponto de, se for preciso optar entre um princípio e outro, o da liberdade jamais deverá ser sacrificado.

O mesmo acontece com o princípio da igualdade (de oportunidades) em relação ao da *diferença*. Para ele, uma sociedade é mais justa do que outra se as liberdades fundamentais são maiores e mais igualmente distribuídas, qualquer que seja a distribuição dos outros bens primários; e, uma vez preservadas as liberdades fundamentais, essa sociedade será mais justa se assegurar oportunidades mais iguais a todos — qualquer que seja o grau em que o princípio da diferença seja realizado.

Donde se conclui que, na noção de justiça distributiva de Rawls, as políticas públicas (sociais e econômicas), concretizadoras de direitos, assumem posição secundária, já que as mesmas se regem prioritariamente pelo princípio da igualdade, hierarquicamente subestimado na divisão de seus princípios. E mais: conclui-se que o conceito de justiça social não foi plenamente contemplado nem nesta mais elaborada teoria política liberal, que, seguindo a tradição contratualista e construtivista de Kant, apresenta-se como um contraponto ao utilitarismo, isto é, à doutrina segundo a qual "uma sociedade justa é a que maximiza a soma (ou a média) dos níveis de bem-estar (ou de utilidade) de seus membros" (Van Parijs, 1997: 69).

Mas é essa concepção utilitarista — que associa a justiça a um imperativo moral de aumentar a soma ou a média das utilidades sociais colocadas à disposição dos mais aptos a usufruí-las — que reaparece nas pregações recentes de pensadores neoliberais contrários aos direitos sociais, porque, segundo eles, tais direitos restringem as liberdades individuais.

Dentre esses pensadores, destacam-se os já referidos Friederick Von Hayek e Nozick, que, desde os anos 1980, obtiveram razoável sucesso na formação e difusão da ideologia neoliberal no Ocidente, embora existam diferenças de fundamentos entre eles.

Hayek, segundo Pisón (1998), segue uma tradição filosófica mais empiricista, com raízes em Hobbes, Hume, Adam Schmidt e Stuart Mill, visando resgatar o liberalismo clássico e a economia de mercado. Por isso, o seu conceito de liberdade coincide com o adotado por esses clássicos, cuja conotação é de *liberdade negativa*, isto é, de liberdade como ausência de coações externas, principalmente do Estado, na esfera de domínio do mercado e do indivíduo consumidor. Além disso, um outro aspecto importante do enfoque hayekiano diz respeito a sua imaginativa visão do império da lei e das regras gerais e abstratas do direito como guardião da liberdade negativa (isto é, sem "coação").

Para Hayek, a lei não tem por função limitar as liberdades individuais, mas, sim, fixar os direitos individuais e criar barreiras às interferências alheias a esses direitos. Por isso, como diz Pisón (1998: 130), a principal função da lei, para Hayek, é assegurar a existência de uma esfera de livre atuação das pessoas. Ou, em suas próprias palavras: o recurso para evitar a coação consiste "no reconhecimento das normas gerais que regulam as condições sob as quais os objetos ou as circunstâncias passam a fazer parte da esfera protegida de uma ou mais pessoas. A aceitação dessas regras permite a cada membro da sociedade modelar o conteúdo de sua esfera protegida e a todos os membros reconhecer aquilo a que pertence ou não a sua esfera" (Hayek, 1991: 169).

A ênfase de Hayek na liberdade negativa é partilhada por Nozick que, embora recorra a outros fundamentos filosóficos, como os de Locke e Kant, para expressar a sua presunção de que os direitos individuais são direitos naturais inerentes ao ser humano, comunga com Hayek da mesma convicção: os direitos sociais e sua materialização por meio de políticas públicas cerceiam as liberdades individuais naturais.

Tal convicção constitui o fundamento de um modelo de sociedade que ambos vêm justificando desde a consolidação do Estado de Bem-Estar, no segundo pós-guerra. Trata-se de um modelo construído com base no entendimento de que existe na sociedade uma ordem espontânea regida por uma mão invisível, que, para funcionar a contento, deve ser preservada de interferências externas ou de atos conscientes de planificação. E na base dos direitos individuais naturais a serem protegidos está a propriedade privada.

Em vista disso, o direito à propriedade é o primeiro passo para a delimitação da esfera privada que protegerá o indivíduo de coações, o que, em outros termos, significa que a liberdade negativa, privilegiada pelos neoliberais, não é senão o desfrute sem coações de bens e riquezas dos quais os indivíduos são proprietários legais (Pisón, 1998). Com isso, fica claro que tal autonomia individual, ancorada no direito inviolável de propriedade, só poderá ser preservada e garantida num regime capitalista liberal em que o mercado tenha a primazia.

Em face do exposto, pergunta-se: que razões têm Hayek e Nozick para defenderem a justiça social? Se eles partem do princípio de que as desigualdades sociais são naturais, isto é, não são provocadas intencionalmente por nenhum agente, não caberá ao Estado e às políticas públicas interferir nesse processo, a não ser para ratificar e proteger os direitos naturais. E se as desigualdades, dentre as quais a pobreza, não constituem impedimentos para os indivíduos exercerem sua liberdade, será o mercado, e não o Estado, o agente mais eficaz e mais justo de distribuição do bem-estar. Por isso, para eles, injusta é a intervenção do Estado em prol de interesses alheios ao mercado cuja dinâmica é a que permite justas repartições de bens e riquezas e fazem o mundo progredir.

Assim, contra a teoria da justiça como eqüidade de Rawls, e reforçando a centralidade da propriedade privada, Nozick considera justa uma distribuição em que um bem seja adquirido por meios legítimos, isto é, de acordo com as regras do mercado livre. E, Hayek, em sua renhida campanha contra o Estado de Bem-Estar e as políticas públicas, afirma que a justiça social invocada pelos socialdemocratas, para legitimar os direitos sociais, não existe, pois não passa de uma "superstição pseudo-religiosa" que ameaça os valores essenciais da civilização que se propõem a zelar. Sendo assim, a justiça social constitui uma fraude ou um pretexto, mediante o qual se pretende alterar a ordem espontânea do mercado; e os direitos sociais não passam de um engodo, porque, além de não terem o respaldo real da justiça social — porque esta não existe —, implicam coação sobre os indivíduos.

Tais argumentos foram sustentados por todo período em que o Estado de Bem-Estar de pós-guerra funcionou como um decisivo agente regulador da economia e da sociedade, isto é, desde os anos 1940 até fins dos anos 1970. Mas foi nos anos 1980 — e especialmente nos anos 1990 — que se tornaram hegemônicos, reconstituindo a ideologia da justa distribuição por meio do mercado, com todas as implicações políticas daí derivadas.

São essas implicações que serão analisadas a seguir, com ênfase nas políticas sociais, refletindo-se também sobre as possibilidades atuais dessas políticas.

3. Implicações políticas da hegemonia neoliberal para a justiça social

Com o triunfo do neoliberalismo, as políticas sociais públicas, que eram predominantemente socialdemocratas, sofreram uma forte guinada para direita, tanto no que concerne à sua concepção, gestão e institucionalidade quanto ao seu financiamento. Nessa guinada, tais políticas subordinaram-se abertamente aos ditames do mercado, que se apresentou como o melhor agente regulador da economia e da sociedade.

Essa reorientação — muito mais do que uma "crise" das políticas sociais — produziu um impacto restritivo na extensão da cidadania e dos direitos sociais em quase todo o mundo. Nos países que já conheciam um significativo aumento do bem-estar e em que os gastos sociais giravam em torno de 20% do Produto Interno Bruto (PIB) nacional, esses impactos representaram sensíveis retrocessos. Mas nos países como o Brasil, que ainda começavam a construir o seu sistema de segurança social, isso representou a impossibilidade de ingressarem num estágio civilizatório que tem na justiça social e na vida republicana a sua principal referência. Hoje todos os intentos dos países em desenvolvimento de melhorar as condições de vida e de cidadania de significativas parcelas de sua população esbarram no imperativo de saldarem pesadas dívidas externas e de se enquadrarem nas políticas de ajuste estrutural impostas por organismos internacionais, como o Banco Mundial e o Fundo Monetário Internacional (FMI). Como diz Pisón (1998), sob o neoliberalismo, mais do que nunca ficou claro que os direitos de cidadania são de fato direitos dos ricos em um mundo repleto de pobres.

Efetivamente, sob o neoliberalismo, ¾ da população mundial carece de recursos mínimos para atender às necessidades de alimentação, saúde e educação. Na América Latina, segundo a Comissão Econômica para a América Latina e Caribe (CEPAL), existiam, em 2002, 43,4% de pobres e 18,8% de indigentes, o que corresponde, respectivamente, a 220 e 95 milhões de pessoas. Em 2003, a expectativa era de que o número de pobres subisse para 225 milhões, e o de indigentes, para 100 milhões, devido à estagnação econômica e à queda no fluxo de investimentos para a região, verificados nos últimos anos. Isso significa que, desde o final do século passado, a expansão das economias dos países latino-americanos não vem atingindo percentuais suficientes para acompanhar o crescimento da população. Entre 1997 e 2002, o PIB dos países cresceu em média 1% ao ano, enquanto a população aumentou em 1,5%.

No âmbito da América Latina, o Brasil destaca-se não como o caso mais grave de aumento da pobreza e da indigência nos últimos anos, mas como um dos mais injustos, como será visto mais adiante. O pior caso foi o da Argentina, em que o percentual de pobres e indigentes duplicou entre 1999 e 2002, saltando de 23,7% de pobres para 45,4% e de 6,7% de indigentes para 20,9%.

A injustiça social brasileira pode ser mais bem aquilatada quando se compara a situação econômica e social do Brasil com a dos demais países no plano mundial. Os Relatórios de Desenvolvimento Humano de 2003 e 2004, do Programa das Nações Unidas para o Desenvolvimento (PNUD), mostram que o País continua sendo um dos campeões de desigualdade, apresentando, em 2003, a 6ª pior distribuição de renda do mundo, só perdendo para países extremamente pobres, como Namíbia, Botsuana, Serra Leoa, República Centro-Africana e Suazilândia. Em 2004, o perfil da desigualdade social manteve-se inalterado com os 10% da parcela mais rica da população brasileira detendo uma renda 46,7 vezes maior do que a dos 10% mais pobres, que, por sua vez, detêm apenas 0,5 % da riqueza nacional. Isso, apesar do "PIB [brasileiro] ter aumentado 100 vezes no século recém-findo, passando de R$ de 9,1 bilhões em 1901 para R$ 1 trilhão em 2000, com crescimento anual de 4,8%, só superado pelo de Taiwan (5%). Mais: no período, o PIB per capita cresceu 12 vezes (de R$ 516 para R$ 6.056), feito comparável apenas aos obtidos por Japão, Finlândia, Noruega e Coréia" (Correio Braziliense: 2003). É essa desigualdade que revela a flagrante injustiça social brasileira, tornando os seus elevados índices de pobreza e de indigência (cerca de 50 milhões de pessoas) inaceitáveis; pois, enquanto os países com os quais disputa os piores lugares do *ranking* mundial de distribuição de riquezas são de fato pobres, a rigor, o Brasil não é, tanto que, até recentemente possuía a 10ª economia mundial, hoje rebaixada para o 15º lugar, mas, mesmo assim, ostentando uma boa colocação. Nem é tampouco um país onde faltam terras, alimentos, povo criativo e avanços científicos e tecnológicos (Pereira-Pereira, 2002). O que falta, no Brasil, é estender a cidadania aos mais pobres, porque não há como falar de justiça social, e mesmo de democracia, com esse quadro de iniqüidades prevalecendo.

Em termos mundiais, o debilitamento do movimento operário, associado ao aumento do desemprego e ao fortalecimento do mundo empresarial e financeiro, tem agravado o problema da pobreza que, paradoxalmente, vem pressionado os poderes públicos a dar respostas políticas.

Isso explica por que nos países capitalistas centrais o Estado de Bem-Estar continua popular, apesar de menos generoso. E por que, tardiamente, nos países do Terceiro Mundo, a justiça social vem sendo constantemente invocada, embora sem possibilidades de realização. Estratégias como cortar gastos menos visíveis aos usuários; poupar recursos para aplicar em demandas mais visíveis; diminuir valores empregados em transferências sociais; baixar salários; transferir recursos de serviços sociais para transferências diretas de renda, privatizando esses serviços; transformar políticas sociais universais em seletivas ou focalizadas na pobreza extrema, têm sido o expediente mais usado em quase todo o mundo, o que, por sua vez, tem contribuído para o aumento da desigualdade social.

Há, portanto, uma flagrante defasagem entre as promessas de atendimento mais justo das necessidades humanas feitas pelo neoliberalismo, via mercado e voluntariado, e a realidade social. Até porque, como já indicado, os neoliberais não fazem nenhuma associação entre bem-estar e necessidades sociais. Aliás, para os neoliberais, as necessidades humanas são aquelas que Marx chamava de "falsas necessidades", porque são ambíguas, identificadas com estados subjetivos e contingentes do espírito humano (como desejos, preferências, apetências, interesses, compulsões) e ligadas a sentimentos íntimos, vontades pessoais, vícios particulares e representações. São também necessidades artificialmente criadas para atender aos interesses de quem quer lucrar com elas.

Sendo assim, essas necessidades pertencem ao terreno da relatividade e do subjetivismo, variando de indivíduo para indivíduo, de cultura para cultura e, por isso, não podem ser satisfeitas de forma planejada, porque não constituem parâmetros coerentes e confiáveis para a formulação de políticas públicas concretizadoras de direitos sociais.

A sua satisfação vai depender do esforço de cada um, ou seja, do *mérito* pessoal, e da existência de instituições que possam atendê-las de forma variada e individualizada. Dentre essas instituições, a que melhor responde a essas necessidades (que na verdade não são necessidades, mas preferências individuais) é o *mercado*, tido, nesse caso, como o mais adequado e disponível, além de mais democrático, por não limitar os desejos e as ambições dos consumidores.

Por isso, para os neoliberais, o mercado também tem que ter liberdade para atuar, não podendo obedecer às exigências das políticas públicas, que requerem planificação.

Disso deduz-se que, na ótica neoliberal, tanto o conceito de necessidade quanto o de liberdade e o de democracia são falaciosos, porque: as necessidades não são necessidades de fato, mas preferências individuais; a democracia é a liberal-burguesa, restrita aos que têm mérito e recursos para comprar no mercado; e a liberdade é a negativa, definida pela ausência de controle público sobre as esferas privadas protegidas.

No rol dessas falácias, até a defesa da propriedade privada como direito básico de todos nas sociedades capitalistas carece de sustentação, porque a maioria dos indivíduos nessas sociedades não possui propriedade na forma de bens e riquezas, mas apenas a sua força de trabalho transformada em mercadoria, cujo preço é definido pelo comprador. É como diz Marx no *Manifesto do Partido Comunista*, de 1848:

> a burguesia se horroriza com nossa intenção de acabar com a propriedade privada. Mas, na sociedade burguesa, a propriedade privada já não existe para nove décimos da população; sua existência para uns poucos é devida exclusivamente a sua não-existência para muitos. A burguesia nos acusa, portanto, de pretendermos acabar com uma forma de propriedade que tem como condição de existência a inexistência de qualquer propriedade para a imensa maioria da sociedade [...]. Argumentou-se que com a abolição da propriedade privada cessará todo o trabalho, e seremos dominados pela preguiça universal. [...] Segundo tal argumento, a sociedade burguesa há muito deveria ter sucumbido à ociosidade, pois seus membros que trabalham nada adquirem e os que adquirem não trabalham (Marx & Engels, 2001: 62).

Isso sem falar que, hoje em dia, a força de trabalho está em grande parte sendo preterida pelo sistema que a criou.

Essa é a tendência dominante que se diz nova, moderna, de última geração, e que vem submetendo as políticas sociais, especialmente no Terceiro Mundo, ao cálculo do custo/benefício "próprio da barbárie economicista", como critério fundamental na elaboração dessas políticas (Boron, 2001: 256). Em vista disso, diante dos problemas sociais ingentes que os governos têm que enfrentar, a pergunta geralmente feita, como diz Boron, não é a que, do ponto de vista da *justiça social*, deveria ser formulada. Assim, em vez de se perguntar "o que é que um Estado democrático deve fazer?", indaga-se: "quanto custará tal política e como ela repercutirá no equilíbrio das contas fiscais?" Logicamente que a opção pela última resposta tem a ver com as determinações das "auditorias externas de controle, que não só calcularão o custo das políticas, mas também, ao mesmo tempo, se encarregarão de lembrar ao governo da vez, se for necessário, quais são as 'verdadeiras' prioridades nacionais, eufemismo sob o qual se ocultam os interesses dos grandes conglomerados capitalistas que dominam a economia mundial".

Há evidentemente nesse procedimento um abandono dos critérios da justiça distributiva e a substituição desses critérios pelos da economia neoclássica que não contemplam políticas sociais fundadas em variáveis não-mercantis.

Isso explica a prevalência hoje:

a) da ação minimalista do Estado no campo social;

b) das políticas sociais focalizadas na pobreza extrema (deixando-se no abandono parcelas consideráveis da população que, apesar de não estarem na indigência, podem descambar para esse estado, se não forem institucionalmente protegidas);

c) do ressurgimento das condicionalidades ou de cobranças de contrapartidas no cumprimento de obrigações dos poderes públicos ou no ressarcimento estatal de históricas dívidas sociais, caracterizando a substituição do *welfare* (bem-estar incondicional) pelo *workfare* (bem-estar em troca de trabalho ou de sacrifícios);

d) do retorno do *darwinismo social*, que, apoiando-se na teoria da seleção natural de Charles Darwin, transporta para a vida econômico-social a concepção de que os menos aptos tenderiam a desaparecer, o que contra-indica qualquer intervenção estatal no processo de evolução natural da sociedade;

e) da valorização de políticas ativas, voltadas para o trabalho, baseadas na doutrina econômica schumpeteriana-pós-fordista, em substituição à keynesiana-fordista, que fundamentava o Estado de Bem-Estar do pós-guerra. O objetivo desse modelo, segundo Jessop (apud Abrahamson, 1995: 143), é: "promover a inovação de produtos, de processos, de organizações e de mercado em economias abertas para fortalecer tanto quanto possível a competição estrutural da economia nacional, mediante a intervenção na área da oferta; e subordinar a política social às necessidades de flexibilidade do mercado de trabalho e/ou aos limites da competição internacional... uma reorganização produtiva da política social";

f) da valorização do bem-estar misto, ou plural, que, visando quebrar o protagonismo do Estado na provisão e na garantia de políticas sociais, enfatiza o papel do mercado e da sociedade (especialmente da família, vizinhos e grupos de amigos) na participação desse processo. O problema é que, como o mercado não tem vocação social, e a sociedade não possui as condições legais e de poder para garantir direitos, desobrigar o Estado do cumprimento dessas responsabilidades contribui para o desmonte ou a restrição da cidadania.

Tudo isso, sem falar da tendência neoliberal de reduzir as necessidades dos pobres à mais miserável condição de vida física, cuja satisfação permite apenas que eles exercitem atividades mecânicas para se manterem vivos. E isso acaba por fazer muita gente acreditar que os pobres não têm nenhuma necessidade de autonomia para fazer escolhas, tomar decisões e participar da vida econômico-social como atores sociais e como críticos do sistema em que vivem.

Face a esse quadro, as possibilidades políticas atuais, referenciadas na *justiça social*, são bastante limitadas e, certamente, esse quadro condicionará o seu desenvolvimento futuro. Nesse sentido, pode-se inferir que alguns dos principais aspectos da atualidade se farão presentes nos anos vindouros, tais como: a debilidade da base financeira do Estado; a prevalência de políticas de desregulamentação, de privatização e de focalização na pobreza; a tendência da seguridade social restringir-se ao seguro, diminuindo a sua função distributiva; e a permanência do apoio de amplas camadas da população ao envolvimento do setor público com a saúde, a educação e com prestações de caráter econômico, nos moldes das atuais transferências diretas de rendas e dos financiamentos indiretos, como subsídios e isenções fiscais.

E essa tendência continuará tornando a política social sujeita aos azares de uma economia globalizada, "tendo que demonstrar sua racionalidade econômica para encontrar fundamento político viável", enquanto as políticas econômicas "se encontrarão legitimadas praticamente *a priori* como opções 'técnicas iniludíveis'" (Cabrero, 1997: 129).

Mas essa tendência não deve ser encarada como fatalidade. Mudá-la é tarefa ingente, mas absolutamente necessária se se quiser continuar acreditando na validade da *justiça social* como virtude suprema da política.

Referências bibliográficas

ABRAHAMSON, Peter. Regimes europeos del bienestar y políticas sociales europeas: ¿Convergência de solidariedades? In: SARASA, Sebatiá; MORENO, Luís. *El Estado del Bienestar en la Europa del Sur*. Madrid: CSIC, 1995.

BORON, Atílio. *A coruja de Minerva*: mercado contra democracia no capitalismo contemporâneo. Petrópolis: Vozes, 2001.

CABRERO, Rodrigues. Por un nuevo contrato social: el desarrollo de la reforma social en el ámbito de la Unión Europea. In: MORENO, Luís. *Unión Europea y Estado del Bienestar*. Madrid: CSIC, 1997.

CORREIO BRAZILIENSE. Editorial, 1° out. 2003.

HAYEK, F. *O caminho da servidão*. 5. ed. Rio de Janeiro: Instituto Liberal, 1991.

MACPHERSON, C. B. *Ascensão e queda da justiça econômica e outros ensaios*. Rio de Janeiro: Paz e Terra, 1991.

MARX, Karl. Crítica ao Programa de Gotha. In: _____; ENGELS, F. *Obras esgogidas*. Madrid: Ayuso, 1975. T. II.

_____; ENGELS, F. *Manifesto do partido comunista*. São Paulo: Martin Claret, 2001.

MISHRA, Ramesh. *Society and social policy*: theories and practice of welfare. London/Basingstone: MacMillan, 1987.

PEREIRA-PEREIRA, Potyara A. A questão social e as transformações das políticas sociais: respostas do Estado e da sociedade civil. In *SER Social*. Revista do Programa de Pós-graduação em Política Social do Departamento de Serviço Social da Universidade de Brasília. Brasília, jan. a jun. 2000.

_____. Política social, cidadania e neoliberalismo: reflexão sobre a experiência brasileira. In: CARVALHO, Denise B. et al. (Org.). *Novos paradigmas da política* social. Brasília: UnB, 2002.

PISÓN, José Martinez. *Políticas de bienestar*: un estúdio sobre los derechos sociales. Madrid: Tecnos, 1998.

PNUD. *Relatórios de Desenvolvimento Humano*, 2003 e 2004.

RAWLS, John. *Uma teoria da justiça*. São Paulo: Martins Fontes, 1997.

SALAMA, P.; VALIER, J. *Pobrezas e desigualdades no Terceiro Mundo*. São Paulo: Nobel, 1999.

TELLES, Vera da S. *Direitos sociais*: afinal do que se trata? Belo Horizonte: Ed. UFMG, 1999.

VAN PARIJS, P. *O que é uma sociedade justa?* São Paulo: Ática, 1997.

Esfera pública como espaço de cidadania

Alba Tereza B. de Castro

As novas dimensões do "público moderno"

A esfera pública foi alvo de inúmeros estudos, na década de 90 do século XX no Brasil, em função da institucionalização de uma ordem social que tem como fundamento básico a gestão compartilhada de políticas sociais entre representantes do governo e da sociedade civil. Compreendida como resultado da interpenetração do público com o privado, a noção contemporânea de esfera pública vem suscitando análises que buscam dimensionar o novo sentido do "público".

Encontramos em vários autores três sentidos básicos do público: *o interesse ou utilidade comum*; *o que é visível*; e *o que está aberto e à disposição de todos*, contrastando com a noção de "privado", que, respectivamente, significa interesse individual; o que está preservado; e o que está fechado ou vedado aos outros (Rabotnikof, 1993: 75).

O sentido do "público" como *coletivo*, *manifesto* e *aberto* exercerá forte influência sobre a reflexão ocidental, segundo Rabotnikof, por meio do iluminismo, do liberalismo e do republicanismo. A estilização ilustrada privilegia o aspecto da argumentação e da formação racional da vontade coletiva; a versão liberal defende o interesse individual na segurança da pessoa e da propriedade como meio de unir bens privados e públicos na defesa dos direitos individuais frente os abusos do poder público, situando o âmbito privado como a esfera da liberdade e da felicidade; a atual versão republicana enfatiza a noção de "felicidade comum" e tenta recuperar a idéia de cidadania ativa, contrariando a distinção liberal de liberdade dos antigos e dos modernos (idem: 81).

A constituição de uma esfera pública pressupõe a mobilização e a ação coletiva dos cidadãos preocupados com assuntos de interesses geral e/ou particulares, firmando o sentido do "público" com base nos princípios da *argumentação*, das *garantias ao privado* e da *participação cidadã*.

A discussão de temas sociais na esfera pública institui a representação política como mecanismo democrático de ampliação da participação social. A antiga esfera pública identificada com a esfera estatal, na qual somente participam os representantes formais do Estado, quando passa a incorporar a participação ativa de cidadãos, assume a feição da atual esfera pública, na medida em que diversifica não somente os temas tratados, mas também os representantes da sociedade civil que nela podem tomar lugar.

A ação coletiva de diversos segmentos da sociedade civil tende a dar uma nova dinâmica ao campo social que passa a ser mais do que uma simples pauta de reivindicação política, e estabelece-se como parâmetro de elaboração de um modelo de Estado, que alguns vão chamar de Estado Social, mas que se tornará conhecido e consolidado como Estado de Bem-Estar Social. Por meio das políticas keynesianas, fica estabelecido o compromisso do governo para com a esfera social. Muito mais que uma esfera que é alvo de proposições políticas, o social demonstra vitalidade e força com a atuação das diversas organizações e associações no cenário de negociações políticas.

O amadurecimento e as conquistas destes organismos sociais, num primeiro momento, ratificam a diferenciação entre o Estado e a sociedade civil. Num segundo momento, tendem a flexionar esta diferenciação, quando o Estado e a sociedade civil atingem, em certo sentido, bom nível de interação. Dá-se um processo evolutivo de aproximação lenta e, posteriormente, há momentos de complementariedade e de certa interpenetração entre o aparato estatal e a sociedade civil.

Na esfera pública contemporânea, os temas e os atores sociais diversificados delineiam campos múltiplos de debates da sociedade civil que, em função de características próprias, poderiam se reunir numa subesfera. O caráter informal da atuação política de seus atores que não deliberam, e quando muito levantam questões e são consultados em relação aos problemas sociais, é um indicador característico dessa subesfera, diferenciada dos campos políticos institucionalizados. Ao lado da subesfera informal da sociedade civil, perfila-se a subesfera institucionalizada do aparelho estatal.

Apesar de diferenciadas, são reconhecidas como pontos de encontro, aos quais os homens, preocupados com os assuntos de interesse da coletividade, compareçem. A interação entre os atores sociais (subesfera da sociedade civil) e políticos (subesfera estatal) pode acontecer, tanto entre aqueles pertencentes a uma mesma subesfera quanto entre os que se situam em subesferas distintas.

Na sua análise sobre esfera pública e cidadania na Argentina, Quiroga fala da distinção entre *esfera pública política* e *esfera púbica civil* que são expressões correspondentes à indicação anterior quanto às duas subesferas no âmbito da esfera pública ampliada. Segundo o autor, "se poderia efetuar uma distinção analítica entre a esfera pública política (o espaço do Estado e dos partidos) e a esfera pública civil (o espaço do social) que ajude a diferenciar territórios: o público estatal do público societal" (Quiroga, 1996: 151).

No espaço cívico-político, comum entre essas duas esferas (ou subesferas), as múltiplas associações atuam tanto "para tratar de assuntos comuns, da vida cotidiana, para interrogar e controlar o poder e construir vínculos sociais solidários, como para criar um âmbito adequado de recuperação da dimensão comunitário da política" (idem).

A atuação dos organismos sociais na esfera pública opera um deslocamento da política central do parlamento, tecendo uma rede de espaços de debates políticos que vão se instituindo em correspondência à complexidade da estrutura social, à interpenetração público-privado e à passagem do Estado liberal ao Estado de Bem-Estar Social.

A institucionalização de um Estado Social em substituição a um Estado Liberal consolida tal aproximação. Os autores, ao analisar a evolução do processo histórico, são unânimes em falar de interpenetração entre as esferas pública e privada. Nessa nova síntese, procuram buscar os elementos comuns, possíveis indicadores da resolução do conflito.

Después de un periodo de polarización entre ambas as esferas, asistimos hoy a compenetraciones y complementariedades entre lo público e lo privado que obligan a reconsiderar el caráter antitético y evolutivo del sistema hasta modificar substancialmente el marco de referencia y el espacio de visibilidad (Roca, 1992: 16).[1]

Na mesma proporção em que o público se confunde com o privado, a sociedade civil, progressivamente, interpenetra-se ao Estado. Na transição do Estado Liberal de Direito ao Estado Social se efetiva essa interpenetração e esse deslocamento dos limites entre o público e o privado. Tanto o Estado amplia as suas funções, interferindo na esfera privada, quanto esta passa a participar de debates em espaços da esfera pública ampliada.

Fala-se de publicização do privado e privatização do público, socialização do Estado e estatização da sociedade como referências a essas "invasões" de esferas em espaços antes a elas limitados. A abertura das fronteiras das esferas pública e privada cede espaço para a construção do que pode ser comum a elas.

É nesse campo em comum, ou ponto de encontro, que a esfera pública ganha nova definição com a sua atuação junto ao social. Já a esfera privada, abandonando em parte os seus "interesses particulares", lança-se também à abertura de espaços para resgatar o que pode ser uma ação comum. Em nome do social, o público e o privado interpenetram-se na construção de um modelo de atenção aos problemas reais de uma comunidade.

A tendência contemporânea de constituição de espaços públicos democráticos é a progressiva destituição da interpenetração do público e do privado, e o conseqüente resgate da dimensão pública. O "público", até então relacionado ao campo estatal, passa a apresentar-se como o campo político transparente e democrático, no qual as negociações e os interesses múltiplos representam a pluralidade de segmentos e setores sociais. As relações entre Estado, mercado e sociedade ganham novas dinâmicas com os emergentes espaços públicos que assumem a mediação de tais

---

1. Depois de um período de polarização entre ambas as esferas, assistimos hoje a compenetrações e complementariedades entre o público e o privado que obrigam a reconsiderar o caráter antitético e evolutivo do sistema até modificar substancialmente o marco de referência e o espaço de visibilidade.

interesses antagônicos. Permanecem entre eles os interesses privados e os interesses da esfera estatal (antiga esfera pública). O novo nessas inter-relações são a prevalência do "bem comum" e a perspectiva de se resguardar a coisa pública, inerente ao regime republicano.

A redefinição do público e essa nova dinâmica societária se revelam num contexto de democracia. É em nome de direitos sociais e da busca de uma melhor eqüidade social que se dá a redefinição daquilo que compete ao privado e ao coletivo.

A reavaliação dos limites entre público e privado impõe-se com a institucionalização de direitos sociais. Das medidas trabalhistas implantadas com o objetivo de redirecionar o capitalismo até os atuais Modelos de Proteção Social, transcorre um complexo e evolutivo caminho de aproximação entre o público e o privado.

O desafio atual consiste em encontrar o equilíbrio entre essas esferas renovadas, com o intuito de consolidar uma nova ordem social, política e econômica, que, apesar do resguardo histórico de certas incompatibilidades entre Estado e sociedade, aproxima por meio de uma ação comum, na esfera do público, interesses do Estado, da sociedade e do mercado.

A falta desse equilíbrio pode ser atribuída à organização tardia das políticas sociais, nos países em desenvolvimento, desvelando uma realidade complexa e plena de contradições. Muitas vezes, em descompasso com as reais demandas sociais, a Proteção Social recai em esvaziamento, acentuando os conflitos dos seus sistemas com os seus respectivos "públicos".

> En el momento actual, el problema segrega pus en lo que constituye los tecidos más debiles como son el campo de la asistencia pública, de la sanidad y en especial en el ámbito de los servicios sociales personales. Aunque el problema es inseparable del destino del dilema como tal, tiene un perfil propio en el ámbito de la acción social, que obliga a reformular todas as categorías de la política social y el marco conceptual que las sostiene, desde la perspectiva de la complementariedad (Roca, 1992: 17).[2]

---

2. No momento atual, o problema segrega, pois, no que constitui os tecidos mais débeis, como são o campo da assistência pública, da saúde e, em especial, no âmbito dos serviços sociais pessoais. Ainda que o problema é inseparável do destino do dilema como tal, tem um perfil próprio no âmbito da ação social, que obriga a reformular todas as categorias da política social e o marco conceptual que as sustenta, a partir da perspectiva da complementariedade.

Tendo como marco analítico a realidade social espanhola, Roca apresenta a categoria do *misto* no redirecionamento das políticas sociais consubstanciadas no Estado de Bem-Estar Social. Se por esse modelo, o Estado complementa a proteção social que o indivíduo busca no mercado, no modelo a ser gestado pela categoria do *misto*, a proteção passa da ação complementar a uma ação imbricada entre o Estado e a sociedade civil. O Modelo de Proteção Social Misto está assentado sobre uma nova filosofia de ação social, que incorpora distintos e plurais agentes sociais, assumindo responsabilidades na produção e nos serviços (idem).

> La revalorización del sistema mixto se presenta como una alternativa al Estado de Bienestar en la medida que obliga a transcenderlo em un horizonte del Estado Social, cuyos indicadores son la democratización económica, la socialización del poder y la ciudadanía social (idem: 18).[3]

No processo de evolução dos Sistemas de Proteção Social, a esfera pública desempenha um papel destacado no campo social. No Estado de Bem-Estar Social, o público identificado com o aparelho de Estado assume, de forma quase exclusiva, a função de provedor social. Já na Rede de Proteção Mista — proposta de institucionalização em países desenvolvidos* —, o Estado reduz a sua atuação em correspondência com a ampliação da participação de outros setores na organização e gestão das políticas sociais. Apesar da retração estatal na Proteção Social, é o setor governamental que fornece a base e a estrutura de funcionamento dos dois modelos citados.

O chamado Modelo de Proteção Mista, ou *Welfare Mix*, reúne a atuação do Estado, do mercado e da sociedade civil, respectivamente representados pelo poder, pelo capital e pela solidariedade, consolidando o pluralismo de bem-estar numa fase, segundo Oliveira (1998), de crise do padrão de financiamento de público.**

---

3. A revalorização do misto apresenta-se como uma alternativa ao Estado de Bem-Estar na medida em que obriga a transcendê-lo no horizonte do Estado Social, cujos indicadores são a democratização econômica, a socialização do poder e a cidadania social.

* Em 1993, os ministros de assuntos sociais dos países da OCDE apresentaram o conceito de bem-estar agregado de *Welfore Mix* como fundamento para o desenvolvimento de um novo Sistema de Proteção Social. Ver Abrahasom, 1995.

** A chamada "crise do Estado", na década de 1980, é identificada por Oliveira (1998) como a crise do padrão de financiamento público, que é estrutural ao capitalismo contemporâneo. A tam-

Para esse autor, o padrão de financiamento público da economia capitalista pode ser sistematizado na forma de uma esfera pública, financiando, ao mesmo tempo, a acumulação do capital e a reprodução da força de trabalho, como ocorre no *Welfare State*. Contemporaneamente se inova em face da crise econômica mundial da década de 1980, por meio do *Welfare Mix*.

Os países em desenvolvimento da América Latina, que não experimentaram um Sistema de Proteção Social, têm nos atuais contextos de democracia a possibilidade de gerenciar o fundo público de forma estável, com regras definidas por diversos grupos sociais e políticos. A viabilidade do fundo público nesses moldes significa a possibilidade de uma ou mais esferas públicas, que não podem ser equiparadas com os Modelos ou Sistemas de Proteção Social dos países desenvolvidos, mas que já acena para um estágio de aproximação com esses modelos. As emergentes esferas públicas periféricas possuem as mesmas características gerais de pluralidade de atuação, tendo em vista a multicidade de interesses.

A efera pública chega nesse estágio de pós-crise econômica dos anos 1970 e de reorganização produtiva, a alcançar o status de Modelo Misto, reunindo os ulteriores "público" e "privado", bem como novos segmentos, num mesmo campo de ação. Como definir e conceituar essa emergente "esfera pública periférica"?

A noção de esfera pública

A complexidade do atual estágio da esfera pública tem correspondência direta com o processo de desenvolvimento do capitalismo que, para sair da crise econômica de 1970, necessitou reestruturar a gestão e o funcionamento do financiamento do fundo público. O contexto democrático incide, igualmente, na configuração da esfera pública que se manifesta com visibilidade, de forma aberta e democrática. As normas consolidadas do processo de democratização tornaram possível pensar, e tentar viabilizar em outra versão, o espaço transparente e plural de ação e negociação clássico defendido por Arendt (1997).

---

bém chamada crise do *Welfare State* seria, da mesma forma, uma crise desse padrão de financiamento que, em termos gerais, representa um mecanismo central de sustentação e reprodução do capitalismo.

Esse espaço é visualizado no âmbito do sistema institucional mais amplo de regulação do capitalismo, como um espaço delimitado, contando com outras esferas em conexão. Tanto na dimensão mais geral quanto na mais delimitada referente ao seu núcleo central, podem articular-se mecanismos estratégicos de ação coletiva que buscam dinamizá-lo e operacionalizá-lo. O fundamental na institucionalização da esfera pública é que, no seu interior, encontram-se as representações do que foram, no passado, o "público" e o "privado". Ou seja, no novo espaço autônomo e fortalecido de interlocução política, a representação do remoto aparato estatal articula-se com a representação do antigo interesse particular, interagindo ambos com um outro agente diretamente envolvido neste novo esquema: a sociedade civil.

É quase recorrente observarmos a interpretação do atual espaço público como aquele que "tende a incorporar elementos de gestão e participação, de desdobramento e transformação de uma cultura política, e sobretudo a converter-se em "lugar" de redefinição da idéia de cidadania", constituindo-se como uma instância de mediação entre o Estado e a sociedade civil (Rabotnikof, 1993: 82). A função de mediação política da esfera pública é institucionalmente legitimada pelo Estado, por meio de uma "aliança" conjuntural com representação da sociedade civil, tendo em vista seu interesse de conter os conflitos sociais. Essa nova versão de esfera pública é assim explicitada pela autora:

> La propuesta se dibuja claramente sobre el horizonte de la reforma democrática del Estado y apunta sobre todo al fortalecimiento de la participación ciudadana en la decisión y en la gestión de los asuntos colectivos. Frente al alternativa entre el mercado y el Estado [....], el espacio público se piensa como una esfera autónoma, escenario de la participación social y, en algunos casos, instancia de descentralización de las decisiones (idem).[4]

A indicação da construção de uma esfera pública autônoma, segundo a autora, recupera em parte o republicanismo clássico de Arendt, ten-

---

4. A proposta desenha-se claramente sobre o horizonte da reforma democrática do Estado e aponta sobre todo o fortalecimento da participação cidadã na decisão e na gestão dos assuntos coletivos. Frente à alternativa entre o mercado e o Estado [...], o espaço público percebe-se como uma esfera autônoma, cenário da participação social e, em alguns casos, instância de descentralização das decisões.

tando pensar um certo tipo de comunidade, e faz com que essa posição ganhe algumas versões com ênfase na dimensão da integração social. A demanda da comunidade ou a volta ao comunitarismo põe em evidência a tensão entre a modernidade e os problemas da modernização, entendendo esta como o aspecto técnico-formal da transformação dos processos econômicos e sociais e a categoria modernidade como referência à dimensão normativa e cultural.

A integração normativa da sociedade está ameaçada pelos atuais processos de modernização com fortes traços de exclusão social. Enquanto o patamar de civilização da modernidade pressupõe a integração social, os processos de modernização voltados para a eficiência econômica produzem uma atomização social. No descompasso entre esses processos, nasce a *demanda de comunidade* representada pela busca desta em defender o coletivo face aos movimentos impulsionadores da desintegração social. Para a autora, hoje, na América Latina, a *demanda de comunidade* é uma reação ante uma modernização sem modernidade.

O espírito de civilidade pode ser endossado pela efetivação da esfera pública "como espaço comum e de aparição". "O espaço público cidadão reivindicaria a integração da individualidade no coletivo, reconheceria publicamente os indivíduos do seu isolamento do âmbito privado e nas transações de intercâmbio, senão através do reconhecimento recíproco, iluminando assim a pluralidade e a diferença, integrando-as plenamente no momento cidadão" (Rabotnikof, 1993: 83).

A esfera pública, quase pensada como uma *politiké Koinoia*,* exerce assim uma espécie de integração compensatória, encarnando o público como um sentimento cidadão, como uma identidade comunitária.

A visão de Lechner (1991) sobre a esfera pública reforça a interpretação de esfera mediadora, tentando restituir a centralidade da política e defender a integração social ameaçada, segundo ele determinada pela diferenciação da sociedade e pelo redirecionamento do setor público.

---

* O termo *politiké* derivado de *oikia*, que no grego significa casa, implica na capacidade natural de organização para tratar de assuntos comuns do cotidiano de uma dada comunidade. Apesar do aspecto político aí implicado, não pressupõe uma organização política formal e institucionalmente organizada.

O autor fala de fragmentação das certezas tradicionais e identidades coletivas, retomando referências arendtianas. No meio de tantas incertezas, Lechner enfatiza a *demanda de estabilidade*, na tentativa de criar referências sólidas, apontando-a como um pré-requisito da ação política sem o qual não se viabiliza a *demanda de proteção*. Com a perda da centralidade da política, a esfera pública representa o "lugar integrador", incorporando distintas demandas de diversos atores sociais.

À visão de esfera pública mediadora das demandas da sociedade civil e dos objetivos estratégicos do Estado, contrapõe-se o diagnóstico de público relacionado ao aparato estatal, que em função do seu atual estágio de desmantelamento destaca o caráter debilitado do público. O Estado como ordem jurídica personifica a crise do "público" e seu virtual desmantelamento põe em perigo a noção mesma de cidadania (Rabotnikof, 1993: 84).

Nesse diagnóstico, o público corresponde ao cumprimento do Estado de direito, bem como a sua erosão à ausência de garantias básicas aos direitos, ou seja, a dimensão pública é a dimensão legal. O exercício da cidadania plena fica impedido quando o Estado encontra-se incapacitado de estabelecer a ordem e cumprir as leis. E isso ocorre geralmente nos momentos de crise econômica em que a invocação da aplicação de direitos universais é barrada em detrimento de demandas de ordem econômica. Fica claramente demonstrada a fragilidade da ordem legal (pública) quando interesses do mercado são contrariados.

A autora fala de *cidadania de baixa intensidade*, fazendo referência às zonas sociais identificadas por O'Donnell como aquelas onde não há a dimensão pública da legalidade que constitui o Estado democrático. Ou, em outras palavras, às "zonas onde se esfuma a distinção entre o público e o privado, centrais à tradição liberal e republicana" (O'Donnell apud Rabotnikof, 1993: 85). Sob a névoa em que o público e o privado confundem-se, se manifestam os processos perversos de privatização do público, como o clientelismo, a corrupção e o patrimonialismo, que têm relação direta com a crise do Estado. A perda na confiança do Estado reflete esse atomismo social, no qual a sociedade não se identifica mais coletivamente e envolve-se com estes processos individualizados e regressivos do ponto de vista do patamar de civilidade e de legalidade a que se quer chegar.

A crise do Estado desencadeia a crise na dimensão pública, afetando, segundo a autora, a publicidade como visibilidade e controle. A ausência de dimensão pública corresponde à ausência de responsabilidade do público nas decisões tomadas e nas medidas implementadas. E isso ocorre porque "não há mecanismos de controle e responsabilidade 'horizontal' que tornem 'públicas' no sentido de visíveis e manifestas, e portanto controláveis, as decisões" (idem).

O fortalecimento do público passa, necessariamente, pelo fortalecimento das instituições do Estado de direito e da ordem jurídica por meio do cumprimento de medidas legais instituídas. Entre a promulgação de uma Constituição democrática e a sua implementação, pode haver um grande distanciamento gerado pela fragilidade do Estado no seu aspecto de dimensão pública, pois credita-se o público ligado diretamente à ordem jurídica estatal. Ao lado do fortalecimento das instâncias representativas, a publicidade e a responsabilidade horizontal de decisões contribuem para a consolidação de um espaço público democrático (manifesto e previsível).

Tanto o diagnóstico que identifica a esfera pública com a esfera da mediação entre o Estado e a sociedade, como o que localiza nessa nova dimensão do público tão somente os obstáculos a um alargamento da participação plural, fazem referência à cidadania (ausência ou presença), à vigência de seus direitos e à relação entre indivíduos e sociedade política. São traços comuns que expressam a forma clássica e mais disseminada de interpretar a esfera pública.

Consideramos o primeiro diagnóstico mais próximo de uma interpretação contemporânea da esfera pública por apresentar uma visão societária. Resgata da herança ilustrada o âmbito de discussão e de argumentação, para analisar questões atuais como a sobrecarga das funções estatais e os novos papéis assumidos pela comunidade. A esfera pública é, nesta versão, o lugar de expressão de uma organização plural, envolvendo a atuação tanto da sociedade civil como da sociedade política.

Comparando-se com esta linha de análise, o segundo diagnóstico restringe a possibilidade do público por relacioná-lo diretamente ao aparato de Estado. Mas trata-se de uma visão interessante por retratar uma condição indispensável ao bom funcionamento de uma esfera pública: o fortalecimento de instituições representativas do poder político tradicional.

Essa idéia de fortalecimento das instituições do Estado poderia ser incorporada pelo primeiro diagnóstico, a fim de enriquecer a noção de esfera pública. Ao lado da participação da sociedade civil, o Estado deve se fazer representar, até para voltar a se responsabilizar por suas funções em relação ao social.

E se queremos entender o espaço do público numa sociedade marcada pelos processos de globalização econômica, devemos pensar não apenas em uma esfera autônoma e isolada no contexto de interlocução política e cultural unificada ao nível do Estado-nação, mas em um conjunto de esferas de distintos níveis vagamente articuladas, que incorporam distintos tipos de linguagem, ultrapassando a escala nacional. Esse é o antidiagnóstico de Keane em relação à Escola de Westiminster, paradigma da defesa do modelo clássico da esfera pública e seus pressupostos (Keane apud Cruces, 1998: 228).

> Com esto señala la emergencia de una macroesfera de opinión pública internacional a la zaga del flujo económico, así como la de microesferas nuevas asociadas a movimientos sociales que en algunos casos resisten a dicho flujo, y en otros son expresión del estallido fragmentador de las identidades locales tradicionales y de la incapacidad del sistema político para procesar demandas segmentadas (idem).[5]

Ao invés de uma delimitada esfera pública autônoma, realizando a intermediação entre as distintas demandas da sociedade civil e do Estado, temos múltiplas esferas com seus respectivos agentes sociais e políticos e suas respectivas demandas. A proliferação dessas esferas formaria um grande mosaico, refletindo a fragmentação social e funcional da qual já falamos. Com isso, as tradicionais referências e lógicas impulsionadoras de uma dada esfera pública, pautadas sob a unidade de um Estado-nação, são substituídas por novas e distintas crenças, muitas vezes influenciadas por um processo econômico global.

---

5. Com isto assinala a emergência de uma macroesfera de opinião pública internacional na retaguarda do fluxo econômico, assim como a de microesferas novas associadas a movimentos sociais que em alguns casos resistem a dito fluxo, e em outros são expressão do estalido fragmentador das identidades locais tradicionais e da incapacidade do sistema político para processar demandas segmentadas.

Essa visão inovadora parte da emergência de novos fenômenos da realidade social, na qual os fenômenos da diferenciação cultural se manifestam algumas vezes sob determinação da estrutura macroeconômica. Esta posição também considera a interpretação clássica de esfera pública, no que diz respeito à quase consensual idéia de espaço público como mediação política entre o Estado e a sociedade civil em um dado contexto social, econômico e político.

Não há rompimento com o modelo clássico, mas um aprofundamento e desenvolvimento do que já havia sido apresentado por vários autores em relação à organização de instâncias representativas do espaço público, bem como os agentes e a forma como eles participam neste espaço, inclusive no aspecto cultural. A posição representada por Keane não polemiza a interpretação clássica, porque a referência para a elaboração de seu modelo de análise é o processo de globalização econômica atual que agrega formas diversificadas de culturas.

> A mi juicio no hay propiamente una ruptura radical con el modelo clásico, ni mucho menos su disolución. Tampoco la transformación de los límites entre lo público y lo privado habla sin más de un desdibujamiento, ni está dotada de un significado unidireccional. No hay, pues, cancelación o descontinuidad respecto al pasado, sin más bién una acentuación de tendencias implícitas en la modernidad-mundo (Ortiz apud Cruces, 1998: 229).[6]

Outros aspectos distintivos das noções de esfera pública referem-se à sua capacidade de exercer ou não um papel de integrador social. Autores como Rabotnikof e Lechner a apresentam como instância capaz de realizar tal papel.

Numa linha semelhante, Bolaño visualiza, no contexto atual, a estruturação de uma esfera pública global como alternativa a um Estado global. O seu papel seria

---

6. Ao meu juízo não há propriamente uma ruptura radical com o modelo clássico, nem muito menos sua dissolução. Tampouco a transformação dos limites entre o público e o privado se refere a um embaçamento, nem está dotada de um significado único. Não há, pois, cancelamento ou descontinuidade em relação ao passado, se não uma acentuação de tendências implícitas na modernidade-mundo.

garantir a estabilidade do sistema frente às tendências destruidoras da concorrência entre os capitais individuais e os Estados nacionais capitalistas [...] Enquanto hoje, quando o Estado retrocede abrindo uma vez mais o campo para a expansão, no sentido clássico da acumulação capitalista, aparentemente sem os limites que o capitalismo de Estado lhe impõe, também a esfera púbica parece retomar seu caráter crítico (Bolaño, s/d.).

Em face da fragilidade do Estado e da fragmentação social, a esfera pública reaparece na discussão teórica como um mecanismo alternativo a esse processo de desagregação. E trata-se de uma alternativa que pode ser construída a partir de novos fenômenos da realidade social, moldando-se, assim, aos atuais padrões de modernidade. Na sua organização espacial e no seu procedimento operacional, devem estar resguardados os novos agentes e as novas instâncias representativas de campos variados (social e político).

Apesar da variação de análises, observamos ser recorrente a idéia de que a esfera pública pode assumir o papel de integrador social. No conjunto dessas análises, duas abordagens se destacam: uma, que apenas enfatiza a importância do seu papel integrador e a outra, que também o reconhece, embora indique certos impedimentos, estruturais e conjunturais, para a sua realização. Este segundo tipo de análise apresenta uma abordagem mais geral e profunda e, por isso, pode ser rotulada como uma interpretação "não positiva" da esfera pública contemporânea. Geralmente os diagnósticos que exploram os elementos mais atuais do contexto social, decorrentes dos processos de modernização desintegradora (ou sem modernidade), enquadram-se nesse tipo de análise. Por se aterem às dinâmicas inovadoras, fogem do raciocínio clássico, distanciando-se da apreciação básica sobre os caracteres funcional e operacional da esfera pública.

Mesmo nas chamadas análises "não clássicas", em que é apontada a fragilidade da esfera pública face ao aspecto multicultural da sociedade contemporânea, esta esfera continua funcionando como centro de articulação da vida social (Cruces, 1998: 229).

A incapacidade da esfera pública de exercer o seu papel situa-se no conjunto de conseqüências derivadas do decantado processo de modernização sem modernidade. Ao lado dessa inconsistência da esfera pública, encontram-se uma diminuição da capacidade das instituições para impor legitimidade cultural, o crescimento de um *puzzle* de demandas desconectadas e, sobretudo, a persistente emergência de microordenações particulares (idem).

Segundo Cruces, a idéia de "bem comum" como eixo do espaço público é substituída por uma ética dos mínimos. O desaparecimento de um parâmetro básico do público impõe-lhe novos desafios para tentar alcançar uma certa estabilidade na diversidade, pois não há mais "uma opinião geral como ditado da maioria".

O autor discorre sobre o estado de precarização relativa do público, apontando a linguagem fragmentada da multidão na cidade. Nas manifestações de rua, os inúmeros tipos de linguagem e de representação expressam um mosaico multicultural, indicando novos padrões de exercício da cidadania. Segundo o autor, há um certo traço de debilidade nessas manifestações que não são mais mediadas por dogmas e credos compartilhados, baseando-se apenas na opção individual e volátil.

Apesar dessa debilidade, o autor enfatiza o reencantamento dessas novas formas de expressão, cujo paralelo pode ser com o efeito exercido pelas cerimônias seculares do Estado sobre a constituição do lócus do espaço público clássico. A rua apresenta-se na atualidade como a possibilidade de um espaço público, mostrando a pertinência da relação entre o espaço físico e o político.

Nas análises de Cruces estão assinalados os atuais fatores de transformação do público: a manifestação cultural para além de um território, a descentralização das comunicações e a suplantação de foros políticos pela televisão. O público caracteriza-se, assim, sob a dispersão de horizontes culturais, entre categorias sociais heterogêneas, e confronta-se com o ideal de integração unitária.

A integração impõe-se como um desafio para múltiplas esferas que não dispõem de um paradigma para nivelar a atuação de seus agentes. A abertura de espaço para a manifestação de distintas vozes pauta-se nos processos atuais de modernidade nos quais não há mais uma lógica, mas várias representativas de distintos agentes e instâncias.

A multiplicidade de setores e segmentos sociais e políticos abre espaço para a articulação de diversas esferas públicas com diferentes linguagens e propostas. Algumas podem ser pontuais, consensuais e específicas, outras mais complexas e contraditórias, tendo em vista a sua composição heterogênea, firmada em preceitos e posições divergentes. O que há de comum entre elas é a manifestação da palavra e da ação. É a possibilidade real e legítima de uma nova sociabilidade, de uma nova expressão de cidadania.

A noção de "esfera pública periférica"

Da abordagem anterior sobre os diversos aspectos do espaço público contemporâneo, aprofundaremos a dimensão do público moderno dos países em desenvolvimento, destacando mais precisamente o caso brasileiro, no sentido da reestruturação produtiva e de redemocratização das décadas de 1980 e 1990.

A reorganização da economia e da política brasileira, naquele período, formou um novo espaço de sociabilidade, aproximando o Estado e a sociedade civil na organização e na gestão dos problemas inerentes à esfera social. A preocupação com a chamada "questão social" reflete a passagem do estágio da acumulação rígida para a fase de acumulação flexível.

Em consonância com as reformas das esferas econômica e política, a esfera social assume novo patamar teórico e prático. Em razão da descentralização política, diferentes agentes e sujeitos sociais dividem a responsabilidade dos problemas sociais, acionando novos mecanismos de gerência e acompanhamento da área social. A gestão do fundo público — papel histórico de regulador do capitalismo — destaca-se como um desses mecanismos principais, devido, entre diversas variáveis, ao processo de redemocratização.

A especificidade brasileira, nesse caso, foi sempre a da regulação econômica sem esfera pública, ou seja, uma "regulação truncada", utilizando-se do fundo público "casuisticamente, sem regras gerais, sem a constituição de alteridade [...]". A intervenção estatal brasileira financiava a reprodução do capital, mas não a reprodução da força de trabalho (Oliveira, 1998: 100).

Segundo Oliveira, o financiamento público contemporâneo tornou-se abrangente, estável, com regras definidas por grupos sociais e políticos, e responsável pela reprodução de cada capital particular, bem como pela reprodução das condições de vida, criando uma esfera pública ou um mercado institucionalmente regulado (idem: 21).

A possibilidade de institucionalização de uma esfera pública desse porte, representada pela articulação de diferentes forças sociais e políticas na gestão e organização de políticas, a partir de um fundo público, só veio a ser sinalizada no Brasil — possuidor de uma pesada tradição autoritária e excludente — com a inserção periférica e desigual do País no modelo neoliberal que tende a uniformizar as políticas nacionais dos Estados-nação. A quase internacionalização dessas políticas conduz os países periféricos a adotarem, entre as diversas políticas, um protecionismo social melhor regulado e sistemático, apesar de certo retraimento estatal na área social.

No Brasil, a pressão dos movimentos sociais pela democracia contribuiu em muito para a emergência desse tipo de esfera pública que, contraditoriamente, pode atender a alguns dos interesses da política neoliberal, como, por exemplo, a transferência de funções do Estado para a sociedade civil.

Apesar dos processos democráticos de participação, o que é central para a proposta neoliberal é o partilhar responsabilidades, anteriormente atribuídas ao Estado. É o chamado estágio flexível do processo de desenvolvimento do capital, no qual a pluralidade e a articulação de forças sociais e políticas são essenciais ao gerenciamento de um quadro caótico derivado da mais séria crise internacional, pós-Segunda Guerra Mundial.

Diante disso, é possível pressupor a fragilidade da institucionalização e do funcionamento de esferas públicas condicionadas a esse contexto. Sob a sua arquitetura democrática, a razão de sua existência responde também às novas necessidades de reprodução do capital. É evidente que a correlação de forças — uma tensão política —instala-se nesse processo, podendo os interesses dos movimentos sociais se sobreporem em alguns momentos. Afinal, como revela Oliveira (1998), a esfera pública pode ser considerada irmã siamesa da democracia.

Construir uma esfera pública contemporânea democrática significa, segundo esse autor, reconhecer a alteridade do outro por meio de seus direitos, a partir dos quais se estruturam as relações sociais (idem: 21). É com tal reconhecimento que se pode atingir um consenso sobre as diversas necessidades de reprodução social num universo de múltiplos sujeitos sociais e políticos. Trata-se de "uma nova contratualidade" defendida por Telles, na qual as regras de civilidade e uma medida de eqüidade se estabelecem nas relações sociais (Telles, 1994: 98).

O caráter operacional dessa nova sociabilidade tende a reabilitar a dimensão pública, submergida da inter-relação entre o público e privado. O movimento que descola o público (aparato estatal) do privado é o mesmo que desvela a transparência da função política, submetendo os fatos políticos a um público crítico.

A publicização está assentada na concorrência e na competitividade das relações sociais públicas, anteriormente privadas, disputando o orçamento do Estado. Além de classes e grupos "institucionalmente representantes", fazem-se presentes outras classes e outros grupos, representantes informais da base social. Essa nova importância do público, esvazia a atuação do privado, agora submetido à regras e regulamentos.

A ulterior e exclusiva razão do privado (capitais) passa a ser dividida com a razão do público (sociopolítica), formando ambas, um *mix* na mesma unidade do fundo público (Oliveira, 1998: 53).

Nesse novo espaço de "concorrência regulamentada", os novos formatos das relações sociais ampliadas refletem os vetores político e econômico, estruturalmente, inerentes às políticas sociais capitalistas. Ou seja, o novo modelo de regulação econômica capitalista de perfil mais democrático, com a instituição de uma esfera pública, reproduz numa nova versão às estruturais finalidades das políticas sociais no processo de desenvolvimento do capital.

A diferença básica desse novo padrão de gestão das políticas sociais é o seu caráter participativo, descentralizado, permitindo a publicização das decisões tomadas e, o mais importante, ampliando as ditas finalidades estratégicas dessas políticas. Aos objetivos estratégicos econômico e político do capital (via a reprodução da força de trabalho e de acumulação do capital), somam-se os objetivos estratégicos (políticos) de classes e grupos sociais e políticos.

O "avanço" central seria o de "um espaço" para a atuação "pública" de segmentos da sociedade civil. Tal atuação não se restringiria somente à apresentação de demandas pontuais e específicas de políticas sociais, mas incluiria a possibilidade de exposição de idéias e sugestões, de negociação e articulação, bem como o controle e a fiscalização do consenso ou das propostas aprovadas. O caráter político dessas ações institucionalmente legitimadas pelo novo modelo expressa uma nova ordem de instauração de valores republicanos como "bem público", fornecendo as bases para uma construção futura de um Modelo de Proteção Social, de um *Welfare Mix*.

Por enquanto, a institucionalização tardia de esferas setoriais públicas estimula, por meio da fala e da ação, a prática de cidadania, anteriormente delegada às representações formais do parlamento. Sob esse aspecto, as esferas públicas reproduzem vários parlamentos, pois planos e proposta definidas no seu interior são encaminhados para o aval e a execução das instituições do Estado.

Entendemos a esfera pública com a função de realizar a intermediação entre a sociedade civil e o Estado. Estruturalmente, é o móvel que realiza a aproximação dos objetivos e das estratégias de ambos. Por isso é imprescindível a representação de sujeitos e agentes sociais e políticos, tanto da esfera estatal como da sociedade civil, delegados por suas respectivas bases sociais, para expor, sugerir, aprovar e depois acompanhar e avaliar, retomando uma circularidade de ações aproximadas a uma política de planejamento participativo.

Assim, a operacionalização das atividades na esfera pública inicia-se após um estágio de movimentação, tanto nas instituições estatais como nos setores da sociedade civil, para a escolha de seus respectivos representantes. As mesmas regras e normas democráticas a serem seguidas por todos, estabelecidas no interior da esfera pública, devem nortear a escolha dessa representação.

Um mecanismo formal de caráter permanente, com regras definidas, envolvendo os respectivos contingentes responsáveis pela eleição de seus representantes, efetuaria tal seleção, pois o caráter democrático de funcionamento da esfera pública deve acompanhar todas as etapas desse planejamento participativo: seleção e atuação dos representantes, acompanhamento e avaliação das propostas e dos planos.

A esfera é democrática não apenas por aglutinar diferentes setores com interesses divergentes e publicizar as decisões tomadas, mas por garantir regras iguais para todos os participantes.

Já vimos que ela é estrutural ao capitalismo, refletindo seus problemas e contradições e, por isso, vulnerável às suas oscilações e crises cíclicas. É um mecanismo sistêmico, de regulação, inovado nos seus aspectos normativos referenciados por valores democráticos, abrindo-se para o "mundo da vida" que, dependendo de sua forma de atuação, pode resistir e consolidar esse novo aparato de reforço a uma democracia em construção.

A sua fragilidade, contudo, é uma ameaça constante face às características históricas e estruturais do capitalismo periférico. Santos chama de *movimentos de superfície* as conquistas sociais que não atingem grandes maiorias fora das arenas organizadas da vida pública, que são insuficientes para romper o corporativismo e o clientelismo de fundas raízes em nossa história (Santos apud Telles, 1994: 100).

A função precípua dos segmentos e das classes sociais na esfera pública é a de exercitar, legitimando na prática essa nova condição do reconhecimento público de suas posições, consolidando a medida de eqüidade, balizadora dos conflitos e interesses contraditórios. Trata-se de uma função essencial e exclusivamente política. Uma interferência mais determinante no campo econômico, por meio de proposições que possam interferir no padrão de financiamento do mesmo, ou até traçar políticas redistributivas a partir do fundo público, está totalmente descartada nesse estágio de emergência das esferas públicas. A estratégia econômica de controle da acumulação, via manuseio do campo social, ainda é primazia do capital. Até porque o sistema é o mesmo e só flexibilizou a sua lógica global de atuação, unificando as várias políticas nacionais.

A medida de eqüidade que se busca consolidar para a atuação de distintos sujeitos nas esferas públicas poderia ser comparada, tomadas as devidas proporções, às regulamentações dos blocos econômicos nos quais se inscrevem diferentes países. Essas políticas flexíveis, perpassando as várias dimensões do capitalismo, descentralizam-se e democratizam-se, aparentemente, mas não eliminam a competição e a concorrência, ainda mais fortalecidas para a defesa do mercado. Além disso, elas tendem a cristalizar as desigualdades acumuladas, sejam as relativas a um mesmo país, sejam as referidas a um bloco de países. As mesmas políticas acionadas por países distintos determinam efeitos díspares devido às suas condições históricas e estruturais desiguais.

Ao modelo de proteção misto dos países desenvolvidos correspondem as esferas públicas dos países periféricos, democratizando o tratamento sobre a questão social. Apesar das diferenças centrais entre esses novos formatos de gestão das políticas sociais, podem-se apreender muitos aspectos comuns, dado o nivelamento já mencionado em relação aos preceitos gerais para contextos diferenciados.

O caráter do misto é a expressão dos vários "pactos sociais" estruturados como uma das medidas para a saída da crise de 1970, uma vez que prevê a participação de vários agentes e sujeitos sociais e políticos.

Referências bibliográficas

ABRAHAMSON, Peter. *Regímenes Europeos del Bienestar y Políticas Sociales Europeas: convergencia de solidariedades?* Madri: Instituto de Estudios Sociales Avanzados, 1995.

ARENDT, Hannah. *A condição humana*. Rio de Janeiro: Forense Universitária, 1997.

BOLAÑO, César Ricardo S. *La genésis de la esfera pública global*. Mimeo.

CRUCES, Francisco. Las transformaciones de lo público. Imágenes de protesta en la ciudad de México. *Perfiles Latinoamericanos*. Revista de la sede académica de México de la Facultad Latinoamericana de Ciencias Sociales, ano 7, n. 12, jun. 1998. p. 227-255.

LECHNER, Norbert. La política ya no es lo que fue. Revista *Nueva Sociedad*. n. 144, jul.-ago., 1996.

LECHNER, Norbert. El ciudadano y la noción de lo público. *Leviatán*. Revista de hechos e ideas, n. 43-44, p. 107-115, maio 1991.

O'DONNELL. Guillermo. Transições, continuidades e alguns paradoxos. In: REIS, Fábio W.; O'DONNELL, G. *A democracia no Brasil: dilemas e perspectivas*. São Paulo: Vértice, 1988.

OLIVEIRA, Francisco de. O surgimento do antivalor. *Revista Novos Estudos*. CEBRAP, n. 22, out. 1998.

QUIROGA, Hugo. Esfera pública, política y ciudadanía. *Revista Internacional de Filosofía Política*. Madrid, n. 7, pp. 141-158, 1996.

RABOTNIKOF, Nora. Lo público y sus problemas: notas para una reconsideración. *Revista Internacional de Filosofia Política*. Madrid, n. 2, pp. 75-92, 1993.

ROCA, Joaquim García. *Público y privado en la acción social*. Madrid: Popular, 1992.

TELLES, Vera da Silva. Espaço público e espaço privado na constituição do social: notas sobre o pensamento de Hannah Arendt. Revista *Tempo Social*. USP, ano 2, n. 1, 1º sem. 1990.

_____. Sociedade civil e a construção de espaços públicos. In: DAGNINO, E. (Org.) *Anos 90: política e sociedade no Brasil*. São Paulo: Brasiliense, 1994.

O Plano Plurianual do governo Lula: um Brasil de todos?*

Elaine Rossetti Behring
Elaine Junger Pelaez
Gisele de Oliveira Alcântara
Silvia Cristina Guimarães Ladeira
Gecilda Esteves

Introdução

O Plano Plurianual (PPA 2004-2007) do governo Lula vinha sendo aguardado pelas forças democráticas e populares do País com muita expectativa. Afinal, o PPA 2004-2007 expressa o projeto de governo para os quatro anos de mandato, ou seja, mostra a "cara" do governo, explicita suas diretrizes estratégicas, políticas e econômicas, e sua relação com a sociedade, para além do Programa de Governo, já que é muito mais concreto, desenvolvido e fundamentado. O PPA, portanto, é mais que a peça orçamentária que inaugura e orienta o ciclo orçamentário e define e auto-

---

* O presente texto foi produzido pelo Grupo de Estudos e Pesquisas do Orçamento Público e da Seguridade Social, resultado da Pesquisa *Seguridade social pública: é possível? A contra-reforma do Estado e o (des)financiamento das políticas sociais*, desenvolvida no âmbito do Programa Política Social e Democracia, da Faculdade de Serviço Social da UERJ.

riza o investimento público, conforme aponta a Constituição. É um plano de médio prazo — quatro anos — que define diretrizes, objetivos e metas físicas da administração pública. Trata-se de um plano "abrangente e compreensivo",[1] que faz parte da perspectiva de articular planejamento e orçamento, o que significou um avanço importante na Constituição de 1988, muitas vezes pouco reconhecido como tal.[2] O PPA contém um diagnóstico e um projeto de país, ou seja, uma dimensão teleológica e política.

Considerando que o governo Lula foi eleito com base em um sentimento de exaustão para com a contra-reforma neoliberal e seus efeitos devastadores da sociabilidade (Behring, 2003), em torno de uma grande esperança de mudanças, esperava-se que o PPA expressasse essa sintonia entre governo, sua base institucional de apoio e os eleitores. Os primeiros sinais quanto à construção do PPA foram alentadores: pela primeira vez, o governo federal abriu-se para um debate democrático com a sociedade e seus diversos segmentos. Já na "Primeira Oficina de Articulação para Intervir no PPA" (março de 2003), organizada pelo INESC em articulação com várias entidades ambientalistas, fóruns e redes dos segmentos democráticos da sociedade civil, o governo, por meio da Casa Civil da Presidência da República e do Ministério do Planejamento, Orçamento e Gestão (MPOG), sinalizava a intenção de realizar um processo participativo, de ouvir a sociedade (cf. Pietricovsky, 2003).

Essa reunião, além de capacitar as entidades para fazer propostas para o PPA, produziu uma proposta de processo que foi negociada com o governo. Daí resultou uma ampla mobilização nacional, com a realização de um novo seminário na Câmara dos Deputados, no início de maio de 2003, intitulado "O PPA do governo Lula: participação e controle social", de 27 audiências estaduais e pelo menos 37 fóruns setoriais, além

---

1. Conforme apontou o Professor James Giacomoni (UnB) no seminário "O PPA no governo Lula: participação e controle social", realizado nos dias 7, 8 e 9 de maio de 2003 na Câmara dos Deputados, que reuniu cerca de 200 militantes dos movimentos sociais e ONGs e 110 representantes do poder executivo e foi acompanhado pela pesquisa (cf. Relatório do Seminário, maio de 2003).

2. Isso vem mudando nos últimos anos. A pesquisa nas universidades e várias instituições, ONGs e movimentos sociais vêm dando mais atenção à questão orçamentária, gerando produção de textos e reflexões, e também articulações políticas para interferir no processo de definição do orçamento público, a exemplo da organização do Fórum Brasil do Orçamento. No entanto, as possibilidades acadêmicas e políticas postas no âmbito orçamentário não estão suficientemente exploradas.

das muitas reuniões de conselhos e instâncias de políticas públicas e de direitos. Esta foi uma novidade importante: a disposição para a escuta e a participação popular num processo que era profundamente tecnocrático, até então. Basta lembrar que o segundo PPA da "era Cardoso" — o Avança Brasil — foi praticamente encomendado para uma equipe técnica privada...

Nesse processo de discussão, o governo Lula ressaltava a retomada do planejamento de largo prazo e a possibilidade de desenhar um novo país com o protagonismo da sociedade civil. As intervenções do governo no segundo seminário sublinharam a superação do PPA como instrumento meramente técnico e peça de ficção (Emília Fernandes, da Secretaria Especial de Mulheres), e apontaram a perspectiva de um *programa econômico de transição*, no sentido de retomar o crescimento com estabilidade, superando a crise que marcou os primeiros meses de governo. Assim, o PPA foi impregnado de um sentido político importante: tratava-se de discutir a agenda do crescimento e não apenas a da estabilidade, com ênfase numa política nacional de desenvolvimento regional, que considerasse as diferenças e as desigualdades sociais (Luís Dulci, Ministro Chefe da Casa Civil).[3] Esse sentido foi ainda ressaltado pelo Secretário de Assuntos Internacionais do MPOG, no que se refere à relação com os organismos multilaterais de financiamento. Para ele, o PPA seria o parâmetro, a "estratégia de país" que iria orientar os empréstimos de organismos como o BID e BIRD. Houve intervenções importantes do Ministério do Meio Ambiente, que ressaltaram a importância da sociedade para criar as condições de superação da fragmentação do Estado brasileiro por meio do PPA, trabalhando com o conceito de intersetorialidade e transversalidade (Cláudio Langoni); e do Ministério das Cidades, que desencadeou um processo de conferências em todos os entes da federação para formular um Plano Nacional de Desenvolvimento Urbano a ser incorporado no PPA. Vejamos os desdobramentos desse processo, em especial se ele correspondeu às expectativas, bem como seus resultados efetivos.

---

3. Essa perspectiva de transição foi também ressaltada pelo Ministro Tarso Genro, em Seminário sobre A política de assistência social no governo Lula, realizado em 2 e 3 de abril de 2003, na Câmara Federal, no qual dizia que o Brasil foi penhorado e que teríamos que transitar de uma situação difícil para um outro modelo, na perspectiva de criação de um novo contrato social no País.

1. As diretrizes estratégicas

O Governo produziu o documento que orientou o conjunto das discussões nas consultas públicas e demais instâncias, intitulado *Plano Plurianual 2004-2007 — orientação estratégica de governo um Brasil para todos: crescimento sustentável, emprego e inclusão social*. Este documento apontou eixos estratégicos a serem detalhados e orçados para envio ao Congresso até o prazo definido pela Constituição, de final de agosto de 2003, o que de fato ocorreu, para aprovação até o prazo constitucional de dezembro de 2003.[4] Para o Governo, o PPA intitulado *Um Brasil para todos* significa a perspectiva de mudanças estruturais, indo inclusive além de 2007, considerando que o PPA está prevendo revisões anuais do plano — a serem enviadas a cada dia 15 de abril de cada exercício — nas quais se vai acrescentando um ano a mais a cada revisão, conforme informou o Ministro da Saúde Humberto Costa, na Consulta Pública do Rio de Janeiro e reitera a Nota Técnica do Congresso Nacional (2003), que chama essa estratégia de "plano deslizante".

Esse documento define que os problemas fundamentais a serem enfrentados são "a concentração de renda e riqueza, a exclusão social, a baixa criação de emprego e as barreiras para a transformação dos ganhos de produtividade em aumento de rendimentos da grande maioria das famílias trabalhadoras" (MPOG, 2003: 4). O projeto do PPA apostou num conjunto de condições existentes para a alavancagem de um crescimento do PIB superior a 4% ao ano: recursos naturais, produção de conhecimento, um grande mercado interno, um empresariado "empreendedor e competitivo". Afirma também um papel decisivo do Estado como condutor do desenvolvimento social e indutor do crescimento econômico. Ou seja, de saída parece existir um resgate da centralidade do Estado, diferente dos Planos anteriores que, diante das restrições fiscais dadas, enfatizaram a contra-reforma do Estado e o papel do mercado. Essa perspectiva exige, evidentemente, a retomada de investimentos no e do setor público.[5]

---

4. O PPA foi aprovado pelo Congresso Nacional apenas em 13 de julho de 2004, extrapolando os prazos constitucionais e dificultando a articulação entre planejamento e orçamento para os anos de 2004 e 2005.

5. A pesquisa analisou o PPA Brasil em Ação (1996-1999), no qual é explícita a ênfase no mercado e na contra-reforma do Estado que esteve em curso naqueles anos de incremento das privatiza-

Para a entrada neste novo ciclo de crescimento de longo prazo, o documento propõe a valorização da estabilidade, fundada em: consistência fiscal, caracterizada por uma trajetória sustentável para a dívida pública; inflação baixa; e contas externas sólidas, que tornem o País menos vulnerável à mudança dos fluxos de capitais internacionais. O projeto do PPA fala em manter a estabilidade, o que inclui a manutenção de um *superávit* primário consistente num "contexto de transição" (MPOG, 2003: 6), tendo em vista sincronizá-la com aquelas prioridades anteriormente sinalizadas. Nas linhas seguintes, fala-se em recuperação dos investimentos públicos e privados, possível por meio da diminuição das taxas reais de juros. Assim, propõe-se, em suma, consolidar um ciclo de crescimento com estabilidade macroeconômica, para ganhar maior liberdade na gestão de políticas públicas. É interessante notar o explícito anúncio da *transição* para uma nova direção econômica. Porém, esta vem ancorada nos mesmos fundamentos macroeconômicos do período anterior. Assim, perguntamos: qual seria a mágica? Como fortalecer as políticas públicas e, dentro delas, as sociais, a partir de um Estado indutor do crescimento, nessas condições? Ver-se-á que esta é uma verdadeira tensão no documento.

A retomada dos investimentos privados é enfatizada, na verdade, como saída, atribuindo-se ao Estado/governo o papel de criar um ambiente favorável para as decisões privadas, principalmente pela via da diminuição do custo da intermediação financeira e desoneração dos bens de capital, o que passa pela diminuição dos juros e um conjunto de outras medidas importantes enunciadas, a exemplo da reformulação da lei de falências. Sobre os investimentos públicos, em um contexto de "recursos escassos" e de restrição ou rigidez fiscais — o que parece ser, mais uma vez,

---

ções e de perda de direitos. O PPA Avança Brasil (2000 – 2003) também foi estudado pela pesquisa e reitera as orientações anteriores, com forte ênfase no gerencialismo (BEHRING, 2004). Com a preocupação acerca da necessidade de uma efetiva reforma do Estado no Brasil, de recriá-lo, Dowbor (2003) aponta a ausência no documento do governo Lula de uma discussão sobre sua modernização. Para ele: "Como o Estado administra mais de um terço do PIB do país, a modernização da gestão constitui um eixo importante da elevação da produtividade sistêmica do país. É preciso elaborar uma proposta que sinalize pelo menos os grandes eixos: transparência, participação, descentralização, densidade de informação, uma visão de *O Estado é Seu*, apropriado pelo cidadão. Uma proposta claramente delineada, como alternativa à bobagem do Estado mínimo, é essencial".

um dado indiscutível ao qual só nos resta a adaptação/acomodação —, a perspectiva é definir prioridades, em que se destaca a política de estímulo às exportações, dentro da política industrial, de comércio exterior e de desenvolvimento tecnológico.[6] Para ampliar os investimentos públicos, o governo sinaliza a racionalização dos gastos correntes e a "reforma da previdência", que aqui aparece — também mais uma vez — como fonte de desequilíbrio e *déficit* nas contas públicas, quando já se sabe que este é um argumento de frágil sustentação.[7] A questão dos investimentos também envolve uma preocupação com a regionalização das políticas nacionais, considerando que o mercado não pode ser o único determinante do ordenamento territorial.

Em relação às políticas sociais, propõe-se que a renda e o consumo dos mais pobres cresça a um ritmo superior aos dos ricos, o que seria um resultado da estabilidade com crescimento. Ao lado disso, sustenta-se a instrução e a qualificação dos trabalhadores como mecanismo de melhoria da distribuição de renda. Outras medidas são: ampliação dos programas de transferência de renda; aumento da progressividade da estrutura tributária; redução de preços de serviços essenciais; estímulos à desconcentração da propriedade, com destaque para a reforma agrária e acesso à moradia; estímulo à contratação de trabalhadores menos qualificados; e formação de poupança, por meio da criação dos fundos de pensão, o que reduziria a transferência de fundos públicos para a parcela mais abastada da população, donde decorre a importância da "reforma da previdência" proposta, a qual, menos do que torná-la mais justa e abrangente, visa estimular a previdência complementar.[8] Considerando os "recursos escassos", o documento propõe uma avaliação dos programas na área social, no sentido da análise da relação custo-benefício, buscando melhores resultados na redução das desigualdades sociais. Dessa forma, estaria aber-

---

6. Fiori (2003) ressente-se da falta de preocupação do documento de "apontar uma só contradição entre as próprias políticas recomendadas [industrial, comércio exterior e desenvolvimento tecnológico], ou entre elas e as políticas fiscal e monetária do governo; ou ainda, entre essas políticas e as regras definidas, por exemplo, pela Organização Mundial do Comércio", o que mostra uma inconsistência importante no PPA.

7. Conferir os vários estudos produzidos pela ANFIP e também Behring e Boschetti (2003).

8. Sobre esta saída e o papel dos fundos de pensão no processo de financeirização, conferir Coggiolla (2003), Graneman (2003) e Behring e Boschetti (2003).

ta a possibilidade de abrir um "ciclo virtuoso baseado na expansão do consumo de massa" (MPOG, 2003: 15).

Este último é o grande mote do PPA: um ciclo virtuoso, no qual o aumento da capacidade de consumo das famílias trabalhadoras estimula o investimento, o que, por sua vez, reverte em aumento dos rendimentos dos primeiros. Aqui comparece uma leitura do potencial do mercado consumidor brasileiro. Mas o documento frisa a importância de políticas de emprego, inclusão social e redistribuição de renda, para que esse potencial seja realmente aproveitado, ou seja, o papel estruturante do Estado, intervindo com políticas sociais, a exemplo de: reforma agrária e fomento à agricultura familiar; programa bolsa-escola; universalização da assistência aos idosos; microcrédito; programas de acesso à moradia e infra-estrutura de serviços sociais; Programa Fome-Zero.

Detalhando mais a **dimensão social** do PPA, a qual tem como objetivos a inclusão social e a redistribuição de renda, fala-se em respeito aos preceitos da cidadania e da universalização do acesso aos serviços sociais, a exemplo da **seguridade social** e da educação, priorizando os setores mais vulneráveis da população, inclusive com programas emergenciais, quando necessário. Para tanto, propõe-se o cadastro das famílias usuárias para evitar a superposição de programas. O social é visto como o eixo do projeto de desenvolvimento, associado a um crescimento vigoroso, mas sem submeter-se ao mesmo. A redistribuição de renda e a inclusão social são metas a serem tenazmente perseguidas para além do crescimento. É interessante notar que o documento refere-se à seguridade social, diferente de outras produções do próprio governo (particularmente do Ministério da Fazenda) e muito distante das orientações do governo anterior que sequer se referiam à definição constitucional de seguridade, a exemplo do Plano Diretor da Reforma do Estado (1995). O documento não faz menção à focalização de políticas, distanciando-se da proposta da "boa focalização" do Ministério da Fazenda (2003) e da intervenção da então Ministra da Assistência Social, Benedita da Silva,[9] na Consulta Pública do Rio de

---

9. No início de 2004 houve uma mudança ministerial na qual foram extintos os Ministérios da Assistência Social e da Segurança Alimentar e foi criado o Ministério do Desenvolvimento Social e Combate à Pobreza, tendo à frente Patrus Ananias, ex-prefeito de Belo Horizonte. Na nossa opinião, esta decisão mostra um equívoco de compreensão do governo Lula, que termina por não reconhecer

Janeiro, segundo a qual "[...] as políticas universais não tiveram êxito, não foram capazes de promover a inclusão [...]".[10]

A **dimensão econômica** aponta o equilíbrio macroeconômico como requisito do crescimento. Daí decorre o ajuste das contas do setor público, diminuindo a relação dívida/PIB. Aqui a "reforma da previdência" aparece, mais uma vez, como elemento central deste ajuste. O documento aponta políticas específicas para determinados segmentos industriais e de serviços, e o fortalecimento da infra-estrutura com o aperfeiçoamento das agências reguladoras. Reforça, ainda, a qualificação dos trabalhadores como política de geração de emprego. A principal forma de gerar recursos seria por meio das agências de fomento públicas e dos fundos de pensão, vistos como "poupança financeira aplicável em investimentos produtivos" (MPOG, 2003: 21). A articulação latino-americana, com ênfase no Mercosul, é destaque na questão do comércio exterior, mas está também explícita a negociação da ALCA. Do ponto de vista econômico, três reformas constitucionais são apontadas como essenciais: previdenciária, tributária e trabalhista.

Na **dimensão regional**, enfatiza-se o fortalecimento do planejamento territorial do setor público, na perspectiva de uma nova geografia menos assimétrica e que potencialize as vantagens da diversidade regional brasileira. Trata-se de uma coesão territorial, baseada numa coesão social e econômica. Este é um dos momentos mais interessantes do PPA em que se destaca também a integração latino-americana. Evidentemente, tal preocupação fica em risco quando se pensa na solidariedade federativa em relação com a manutenção dos mecanismos de política econômica ortodoxos, dado o estrangulamento fiscal dos entes federativos, especialmente pelo mecanismo econômico do *superávit* primário.

---

a assistência social como política de seguridade ao extinguir o Ministério e reduzir essa política institucionalmente a uma secretaria no âmbito do ministério criado. Esta é uma condição que retrocede ao tempo em que a assistência era uma secretaria no Ministério da Previdência Social, antes de tornar-se Secretaria de Estado. Por outro lado, paradoxalmente, espera-se avanços quanto à gestão da política, considerando que a experiência de Belo Horizonte é reconhecida na área como uma das mais avançadas e em função da incorporação de quadros técnicos qualificados e afinados com o debate histórico e atual na área. A atual discussão acerca do SUAS, Sistema Único da Assistência Social, foi decorrência desta mudança.

10. Cf. *Relatório sobre a Consulta Pública ao PPA 2004 – 2007*, produzido por Gisele de Oliveira Alcântara (IC/CNPq/UERJ).

Na **dimensão ambiental**, há a consideração da estreita vinculação entre degradação ambiental e social e a perspectiva de pactos que apontem para uma minimização dos prejuízos ambientais do atual padrão de produção do país. Para disseminar a defesa de um meio ambiente saudável combinado ao desenvolvimento sustentável, propugna-se o fortalecimento das instituições públicas para a aplicação de leis e incremento da fiscalização, bem como a adoção de critérios sócio-ambientais por parte das políticas públicas no seu conjunto.

Por fim, o PPA incorpora uma **dimensão democrática**, em que se inclui o fortalecimento dos direitos humanos de segmentos historicamente desrespeitados no Brasil, com exceção da discriminação por orientação sexual que surpreendentemente não é referida no documento, apesar desse segmento ter realizado uma das maiores manifestações públicas de 2003, com cerca de 800 mil pessoas nas ruas de São Paulo.[11] Nesse item também se discute a liberdade de expressão[12], a segurança pública, um papel democrático para as forças armadas e a natureza pública do Estado. Contudo, não se toca num elemento central da democracia, qual seja, o de que a alternância de poder pode alterar fundamentos macroeconômicos e do quão antidemocrático é o clima de pensamento único e a interdição da vontade dos eleitores. Carbonari (2003) faz uma crítica neste item à ausência de uma leitura mais profunda da diversidade social brasileira para engendrar uma relação consistente entre direitos humanos, desenvolvimento e democracia.

Pois bem, esta lógica do projeto de PPA foi desdobrada em três megaobjetivos: **1) inclusão social e redução das desigualdades sociais; 2) crescimento com geração de trabalho, emprego e renda, ambientalmente sustentável e redutor das desigualdades regionais; e 3) promoção e expansão da cidadania e fortalecimento da democracia**. Estes, por sua

---

11. Atitudes recorrentes de discriminação em relação a este segmento renderam à Lula o recuo do movimento no convite para sua participação na manifestação na capital paulista, que reuniu em junho de 2004 e 2005 mais de 1 milhão de pessoas. O governo federal, no entanto, vem desenvolvendo uma campanha contra a homofobia.

12. Tema extremamente polêmico em 2004, considerando as discussões em torno da criação do Conselho Federal de Jornalistas e do caso do jornalista americano, os quais puderam ser acompanhados na imprensa, falada e escrita.

vez, expressaram-se em 24 desafios, que foram objeto de discussão das consultas públicas — as audiências estaduais e setoriais já referidas. Dentre os desafios, vale ressaltar, figurou a seguridade social de acesso universal e de qualidade.

A leitura e a análise do documento de diretrizes estratégicas do governo Lula deixam uma sensação desconfortável, segundo a qual pode-se estar diante da tragédia ou da farsa, parafraseando Marx (1976), considerando sua inconsistente lógica interna. As perguntas que não querem e não podem calar são: o que caracteriza uma transição para um outro modelo macroeconômico? O crescimento dos investimentos privados, no qual se aposta, não ocorreu na era ortodoxa (Fiori, 2003) e nada garante que ocorrerão, mantidos os atuais fundamentos macroeconômicos. Muitos analistas observam que, em nenhum lugar do mundo, os fundos de pensão deixaram de privilegiar a financeirização para fazer investimentos produtivos, em contexto de altas taxas de juros — que mesmo baixando, ainda estão dentre as mais altas do mundo: hoje em torno de 16%. O mecanismo do *superávit* primário, mantido em 4,25% ao longo dos próximos quatro anos, segundo a proposta que é acompanhada do projeto de reforma tributária, constrange o investimento público e inviabiliza a perspectiva do crescimento, como revelaram os contingenciamentos em 2003 e 2004[13] e a falta de ousadia na construção das peças orçamentárias para 2004, sobretudo no volume de recursos destinados para as políticas sociais (cf. *Folha de S. Paulo*, 2004). O relatório do segundo seminário sobre o PPA já sinalizava essa inconsistência:

> Inalterada a política econômica atual, dificilmente serão incorporadas novas ações e investimentos, ou se aceitas, não serão realizadas, uma vez que quase 90% das despesas são obrigatórias e discricionárias, restando apenas 10% do total para ampliação dos programas, seja em novos serviços seja em projetos de investimento (INESC, 2003a: 9).

---

13. Segundo relatório de Ladeira (2003), com base em levantamento nos jornais *Folha de S. Paulo* e *Valor Econômico* entre maio e junho de 2003, houve redução de 72% dos investimentos programados para 2003. Segundo Mantega, Ministro do Planejamento, dos R$ 14,1 bilhões autorizados para investimentos em 2003, somente R$ 5 bilhões seriam gastos ou no máximo R$ 6 bilhões. A pesquisa também revela o baixo ritmo de execução orçamentária como um elemento que corroborou a política macroeconômica no exercício de 2003.

Então, é importante notar que, apesar do ineditismo e do significado da experiência de participação na formulação do PPA, amplamente ressaltada pela sociedade civil na *Carta de Brasília*[14] e em vários comentários críticos[15] que foram divulgados na seqüência da publicação das "Orientações Estratégicas", há um núcleo duro no qual não se propõe introduzir efetivas mudanças — a política econômica, o controle da inflação e o ajuste fiscal — e que coloca graves restrições para possíveis avanços democráticos e populares. Para Fiori (2003), "o não detalhamento das fontes e recursos acaba prejudicando a própria definição das grandes diretrizes estratégicas". E mais: "a política macroeconômica ortodoxa é rigorosamente incompatível com altas taxas de crescimento sustentável em países periféricos e no contexto de uma economia mundial desregulada financeiramente" (Fiori, 2003: 2).

Nessa tensão, o que tem prevalecido é o ajuste fiscal, apesar das advertências de segmentos da sociedade civil e de intelectuais que ajudaram a eleger Lula. Se o PPA é um interessante plano para o País, no seu aspecto de mudanças na direção do crescimento com fortalecimento do mercado interno de massas e da justiça social, ele é possivelmente natimorto. Como lei que determina a formulação das peças orçamentárias, cujo não cumprimento implica em crime de responsabilidade, o PPA cumprirá sua função de orientar as demais peças orçamentárias — as anuais Leis de Diretrizes Orçamentárias (LDO) e Orçamentária Anual (LOA) e as ações do governo federal, mas sem implicar em saltos de qualidade, particularmente na área social, considerando as referidas restrições. Essa seria uma crítica "não propositiva", de "palavras de ordem", como disse Tarso Genro no seminário da Assistência Social (2003)? A resposta é não. E para sustentá-la, cabe olhar para o que não é dito no documento do PPA e que realmente poderia apontar para a anunciada e, no mesmo passo, obstaculizada transição.

---

14. Documento aprovado no seminário "O PPA no governo Lula: participação e controle social", realizado nos dias 7 e 8 de maio de 2003, subscrito por várias redes, fóruns e movimentos sociais e que foi acompanhado pela pesquisa.

15. Uma análise que ressalta os aspectos mais positivos dessa consulta encontra-se em Pontual (2003) e Carbonari (2003). Já a Nota Técnica 78, do INESC, ressalta a tensão entre o modelo produtivista e o modelo herdado da era FHC, e que as consultas públicas teriam a função de dirimir disputas internas dentro do próprio Partido dos Trabalhadores, na sua corrente majoritária, a Articulação (INESC b, 2003: 2).

Fazemos referência à "agenda interditada":[16] não retomar o acordo com o FMI, fazendo prevalecer as metas internas sobre as metas de curto prazo dos credores do Brasil, num intenso processo de renegociação soberana da dívida; fazer controle do fluxo de capital, privilegiando o investimento produtivo; privilegiar o indicador de emprego como a principal referência para pensar a política econômica; rever a política de *superávit* primário em função das demandas internas — a cada 0,1% que o governo se dispusesse e conseguisse baixar de *superávit* primário, conquistar-se-ia 1 bilhão de reais para investimento interno (INESC, 2003b: 5); extinguir a desvinculação das receitas da União, principal mecanismo de alimentação do *superávit* primário; não negociar a ALCA, um projeto voltado aos interesses norte-americanos exclusivamente.

A *Carta de Brasília*, dentre um conjunto interessante de propostas visando democratizar e melhorar a eficácia do orçamento, ressalta o argumento de que a economia não pode ter vida própria. Como política pública, deve integrar "em pé de igualdade um conjunto de políticas que têm como objetivo a distribuição de renda e a construção de uma sociedade igualitária". Neste momento, vale lembrar que os segmentos democráticos da sociedade civil faziam uma forte aposta no processo de participação desencadeado em articulação com o próprio governo, no sentido de modificar a direção da agenda federal.

Além dos princípios estratégicos gerais, enfatizados até então, o PPA traz algumas inovações técnicas, que terão implicações políticas, tais como: a previsão de que incluir ou alterar ações e projetos somente pode ser feito por meio de uma lei de revisão; e que projetos que não constem no PPA não podem ser financiados por operações de crédito externo. As atividades e operações especiais podem ser alteradas pela LOA (o que fragiliza o papel orientador do PPA), e, para cada ação nova, exige-se lei anterior que autorize, demonstrando o impacto orçamentário para dois exercícios subseqüentes e em consonância com a Lei de Responsabilidade Fiscal. As

---

16. Trata-se de um documento assinado por vários economistas ligados à construção histórica do projeto democrático e popular e que contesta a idéia de que não há escolhas em termos de política macroeconômica no Brasil. A pesquisa realizou um debate interno com um representante dessas posições, o economista Adhemar Mineiro, bastante esclarecedora a respeito dos aspectos econômicos técnicos do Plano e da linha do Governo.

metas físicas, que antes podiam ser alteradas pela LDO e pela LOA, constituem limites quantitativos. Já os valores no PPA são apenas referenciais, ou seja, não constituem limites. Batista (2003), assessora do Congresso Nacional para o orçamento da assistência social, chama a atenção para a mudança de nomes dos programas, algo que dificulta a comparação com peças orçamentárias dos períodos anteriores, o que também é apontado por Bittencourt assessor da saúde, em workshop realizado no Congresso Nacional, em 2003.

O PPA, após o já referido processo de discussão, foi encaminhado ao Congresso Nacional decomposto em três megaobjetivos: I — Dimensão Social: inclusão social e redução das desigualdades; II — Dimensões econômica, ambiental e regional: crescimento com geração de emprego e renda, ambientalmente sustentável e redutor das desigualdades regionais; e III — Dimensão democrática: promoção e expansão da cidadania e fortalecimento da democracia. Estes se desdobraram após os debates em 30 desafios (antes eram 24) a serem enfrentados por meio de 374 programas e 4300 ações, em 8100 localizações. É interessante destacar que os consultores das comissões do Congresso Nacional consideraram que houve melhoria qualitativa nas informações do PPA, embora ressaltem um otimismo grande nos parâmetros macroeconômicos, a exemplo de um crescimento do PIB em até 5% em 2007, e uma queda acentuada da taxa nominal de juros para até 8,3% em 2007. As resistências — já desde maio de 2004 — do COPOM de baixar a taxa de juros em função do cenário internacional, com a alta dos preços do petróleo e a tendência de alta da taxa de juros norte-americana não apontavam para a realização de tais parâmetros. Em grandes números, de um valor global de R$ 1,85 trilhões, 73,63% serão financiados pelos orçamentos fiscal e da seguridade social.

2. A seguridade social no PPA

Já se viu que a seguridade social é referida como política de acesso universal e de qualidade e consta como um dos desafios a serem enfrentados na agenda do projeto de PPA, o que poderia engendrar uma nova condição da seguridade social no governo Lula: em vez de um conjunto de políticas fragmentadas, tornar-se um conjunto de direitos articulados, com cobertura universal e controle social democrático, conforme a definição constitucional. No entanto, na prática, o tratamento da seguridade continua setorial, como mostra o processo de discussão do PPA e da "reforma da previdência". Portanto, não existe nenhuma análise oficial totalizadora das políticas de seguridade e dos recursos disponíveis. Uma tentativa de debate nessa direção foi realizada pela *Comissão de Seguridade Social e Família da Câmara dos Deputados, num workshop* — Discussão do PPA 2004-2007 nas áreas de previdência, assistência social e saúde —, tendo em vista fundamentar e fornecer instrumentos e argumentos aos parlamentares para a produção de emendas ao projeto de Lei.

Em relação à previdência social, há uma previsão de dispêndio de R$ 566,4 bilhões, o que equivale a 37,5% do projeto do PPA. Deste valor, R$ 561,6 bilhões (99,3%) serão investidos em pagamento de benefícios. As novidades anunciadas são investimentos na capacitação de servidores públicos federais (processo de qualificação e requalificação) e investimentos na Dataprev, em termos de infra-estrutura e tecnologia da informação. São investimentos no campo da eficiência e eficácia da gestão previdenciária. Outra novidade é o Programa de Proteção Previdenciária, que prevê atividades como estudos para criação de previdência complementar de servidores públicos, já em consonância com a "reforma", fortalecimento do sistema de informações e publicidade de utilidade pública.

No campo da assistência social, tem-se que a principal inovação foi a criação do Programa de Transferência de Renda com Condicionalidades — o Bolsa-Família — que promoveu a unificação de outros programas (cartão-alimentação, bolsa-alimentação, bolsa-escola e vale-gás). O programa tem a meta de atingir 12,7 milhões de famílias. Há uma clara ênfase nesse tipo de programa, em detrimento dos serviços e projetos, dando seqüência à tendência anterior (Boschetti, 2003). Nesse sentido, Batista (2003) mostra que os programas de atendimento e serviços tiveram seu valor reduzido no Projeto da LOA 2004. O Benefício de Prestação Continuada e a Renda Mensal Vitalícia (agora incorporada ao orçamento da Assistência Social), somados ao Bolsa-Família, irão consumir, de uma previsão de R$ 48,7 bilhões, em quatro anos, R$ 46,3 bilhões (Batista, 2003). A assistência social representa apenas 3% de todo o PPA. Esta visão da assistência social termina por promover uma espécie de recentralização e concentração dos recursos, já que as políticas de transferência de renda são diretas aos usuários, o que segue na direção contrária ao princípio da descentralização político-administrativa com participação da população prevista na LOAS (Boschetti, 2003 e INESC, 2003). Uma análise do Projeto de Lei da LOA 2004, realizada pelo INESC (2003: 16), também mostra um corte abrupto nos investimentos a serem realizados via Fundo Nacional de Assistência Social — menos 79% em relação a 2003 —, o que mostra o impacto do ajuste fiscal numa política destinada à parcela da população que possui mais necessidades básicas ou necessárias (Heller, 1998 e Pereira, 2000) insatisfeitas.

Na saúde, Bittencourt mostrava, na sua intervenção no *workshop*, a dificuldade de comparar os 29 programas e 219 ações com propostas anteriores em função da mudança generalizada de nomes, como já foi dito, o que não necessariamente corresponde a mudanças de conteúdo. Serão destinados para a saúde o total de R$ 133, 5 bilhões, sendo R$ 127,4 bilhões para despesas correntes e de custeio (95,4%), e R$ 6,2 bilhões apenas para investimentos (4,6%) em quatro anos. Isso mostra o tamanho da restrição fiscal, atingindo um setor e um direito fundamental e dever do Estado. O consultor da Câmara dos Deputados chama a atenção para o risco de não cumprimento da EC 29, de 2000, quando o governo Lula vetou artigo da LDO 2004 que fazia com que os recursos do Fundo de Combate e Erradicação da Pobreza não fossem computados no piso constitucional. Com o veto, estes passam a ser computados, diminuindo os recursos para a saúde em R$ 3,6 bilhões e fugindo ao espírito do legislador que procurou assegurar um piso independente deste fundo que foi criado com receitas próprias para somar recursos à área social em várias rubricas, incluindo a saúde. Ele mostra que o governo Lula, surpreendentemente, termina por diminuir os recursos para a área.

Em relação ao total do projeto do PPA, tem-se que as três políticas de seguridade social, reunidas no Megaobjetivo I, representam o aporte de recursos demonstrado no quadro da página seguinte.

Sem dúvida, os números indicam um investimento significativo nas políticas de seguridade, com forte concentração na previdência social e na transferência de renda não contributiva. O procedimento de relacioná-

Setor	R$ (bilhões)	Em relação ao megaobjetivo (%)	Em relação ao total do PPA (%)
Previdência social	697,6	68,8%	41,5%
Saúde	133,5	13,2%	8,0%
Assistência social	49,3	4,9%	2,9%
Total	880,4	86,9	52,4

Fonte: Nota Técnica Conjunta 08/03 — COFF/CONORF, de 17/09/2003.

los aos impactos da política macroeconômica, tanto no que refere à restrição de recursos quanto à geração de demanda por proteção social, obriga-nos, contudo, a ir além de sua aparente magnitude.

O que se constata é que, no geral, apesar de algumas inovações, não existe um *salto de qualidade* em termos do aporte de recursos para a seguridade social, no PPA, mantendo-se a já sinalizada restrição fiscal e considerando impactos inflacionários e de aumento da população, bem como o aumento efetivo das vítimas do ajuste fiscal. Nesse sentido, a maior probabilidade é a de frustração das expectativas de mudança no campo da seguridade social e a permanência das tendências focalizantes e seletivas do período anterior. Ao observar, por exemplo, a manutenção do gasto social em apenas 4,04% do PIB em 2004, num orçamento de cerca de 20,93% do PIB, evidencia-se a tendência de continuidade de políticas pobres para os pobres (INESC, 20030c: 8), a não ser que houvesse uma forte intervenção do Congresso Nacional. Esta efetivamente foi tentada, por meio da participação do Senador Saturnino Braga (PT/RJ), que propôs a queda gradual do *superávit* primário, ao longo dos anos. No entanto, a base do governo rejeitou o substitutivo de Braga e repassou a relatoria para o Senador Sibá Machado (PT/AC), cujo relatório foi aprovado, mantendo o *superávit* primário, consolidado do setor público em 4,25% ao ano.[17] Segundo informação do FBO, apenas em 2004, o *superávit* primário irá "garfar" R$ 72 bilhões do orçamento da União, enquanto a função saúde na LOA 2004 ficou com R$ 33 bilhões, e a educação, com R$ 13,8 bilhões. No novo relatório, apareceu também a figura do *superávit* anticíclico (maior

---

17. Este acompanhamento vem sendo realizado pelo Fórum Brasil do Orçamento, cuja correspondência é acompanhada pelo GOPSS.

com a economia em crescimento e menor com a economia em crise), mas que parece ainda não ter sido bem compreendida pelos parlamentares e negociada com o FMI e credores internacionais.

Notas conclusivas

Até a finalização deste artigo, o PPA *Um Brasil para Todos 2004-2007* ainda estava tramitando no Congresso Nacional. No entanto, a partir da análise do projeto e a interlocução aqui travada, é possível sintetizar algumas breves observações conclusivas para além daquelas enunciadas ao longo do texto.

No que se refere à participação da sociedade civil, especialmente de seus segmentos mais comprometidos, combativos e democráticos, apesar de ter sido um processo interessante, é evidente que o PPA não incorporou as sugestões ali formuladas de inversão de prioridades. Tanto que aqueles que participaram dos debates nas consultas e plenárias lançaram uma nota de protesto pela não incorporação da maioria das propostas discutidas, configurando um processo pouco substantivo. Ao final, houve uma sensação de que estivemos numa tentativa de busca de legitimidade do governo, bem distante de uma espécie de orçamento participativo no nível federal. Nossa participação na plenária do Rio de Janeiro revelou-nos uma forte insatisfação de muitos dos presentes para com a política econômica e a tentativa dos movimentos sociais de tencioná-la por meio do PPA. Talvez isso explique essa dificuldade de incorporar as propostas por parte do governo Lula: elas questionavam diretamente a falta de investimentos. Assim, embora o mote possa ser cansativo, do ponto de vista dessa importante peça orçamentária que é o PPA, é possível afirmar que o medo "deu um baile" na esperança.

Referências bibliográficas

ALCANTARA, Gisele Oliveira de. *Relatório sobre Consulta Pública ao PPA 2004-2007*. Rio de Janeiro, 29 de jul. de 2003. Mimeo.

BATISTA, Elisangela. *Plano Plurianual Assistência Social*. Brasília, Câmara dos Deputados, 2003. Mimeo.

BEHRING, Elaine Rossetti. *Brasil em contra-reforma — desestruturação do Estado e perda de direitos*. São Paulo: Cortez, 2003.

_____. *Planos Plurianuais de FHC e Lula*: o lugar da seguridade social. Trabalho apresentado ao 11º Congresso Brasileiro de Assistentes Sociais, Fortaleza, out. 2004. Rio de Janeiro. Mimeo.

_____ e BOSCHETTI, Ivanete. Seguridade Social no Brasil e perspectivas do governo Lula. *Universidade e Sociedade*. Brasília, Andes, n. 30, jun. 2003.

BOSCHETTI, Ivanete. *Assistência social no Brasil*: um direito entre originalidade e conservadorismo. 2. ed. Brasília: 2003.

CÂMARA DOS DEPUTADOS. *A saúde no PPA 2004-2007*. Exame preliminar para subsidiar os trabalhos da Comissão de Seguridade Social e Família. Estudo Técnico, n. 61. Brasília, 2003. Mimeo.

CARBONARI, Paulo César. *Documento para discussão*: O Plano Plurianual e os direitos humanos — Contribuição provisória ao debate, 2003. Mimeo.

CONGRESSO NACIONAL. *Aspectos e parâmetros básicos acerca do projeto de lei do Plano Plurianual para o período 2004-2007* (PL n. 30/03, CN). Brasília, Nota Técnica Conjunta 08/03 — COFF/CONORF, 17/09/2003.

DOWBOR, Ladislau. *Comentários sobre o Plano Plurianual 2004-2007*. Jun. 2003. Mimeo.

FIORI, José Luís. *Notas para um debate democrático sobre o Plano Plurianual 2004-2007*. 2003. Mimeo.

FOLHA DE S. PAULO. *Gasto social não aumenta com Lula*. São Paulo, 11 abr. 2004.

HELLER, Agnes. *Teoria de las necesidades en Marx*. Barcelona: Península, 1998.

INESC. *Relatório da Primeira Oficina de Articulação para Intervir no PPA*. INESC, Brasília, mar. 2003.

_____ et al. O *PPA no governo Lula: participação e controle social*. Relatório do Seminário. Brasília, 2003. Mimeo.

_____ et al. *Carta de Brasília*. Brasília, 2003. Mimeo.

_____. *O novo superávit primário*. Nota Técnica n. 78. Brasília, junho de 2003.

_____. *O PPA e o novo modelo de desenvolvimento*. Nota Técnica n. 78. Brasília, jun. 2003.

_____. *A fragilidade do FNAS no PLOA 2004*. Nota Técnica n. 85. Brasília, dez. 2003.

LADEIRA, Silvia Cristina Guimarães. Relatório das reportagens dos jornais *Folha de S. Paulo* e *Valor Econômico*, maio e jun. 2003. Mimeo.

LADEIRA, Silvia Cristina Guimarães. Relatório das reportagens dos jornais *Folha de S. Paulo* e *Valor Econômico*, jul. 2003. Mimeo.

MARX, Karl. *O 18 de Brumário de Luís Bonaparte*. Portugal: Editorial Estampa, 1976.

MINISTÉRIO DA FAZENDA. *Política econômica e reformas estruturais*. Brasília, abr. 2003. Mimeo.

MOPG. *Plano Plurianual 2004-2007 — Orientação estratégica de governo um Brasil para todos: crescimento sustentável, emprego e inclusão social*. Brasília, 2003.

PEREIRA, Potyara A. P. *Necessidades humanas: subsídios à crítica dos mínimos sociais*. São Paulo: Cortez, 2000.

PIETRICOVSKY, Iara. Os desafios do Plano Plurianual. *Correio Brasiliense*, 3 maio 2003.

PONTUAL, Pedro. *Algumas notas sobre o documento Plano Plurianual 2004-2007* (contribuição aos Fóruns de Desenvolvimento, participação e inclusão). 2003. (Mimeo.)

PRIMO, Wagner. *Plano Plurianual Previdência Social*. Brasília: Câmara dos Deputados, 2003.

A política de geração de trabalho e renda no marco assistencial de Angra dos Reis no período de 1997-2000

Flávia de Almeida Alves Lopes

Este artigo tem como objetivo contribuir para o debate sobre a política de geração de trabalho e renda implementada em administrações democráticas populares nas esferas municipais. Tal reflexão constitui uma síntese das principais idéias trabalhadas na minha dissertação de mestrado,[1] que trata da política pública de desenvolvimento econômico e social com geração de emprego e renda no município de Angra dos Reis.

A cidade de Angra dos Reis foi escolhida para ser investigada, sobretudo por ter sido gerida pelo Partido dos Trabalhadores por três gestões consecutivas. Nesse sentido, analisar as políticas sociais no âmbito do poder local, os espaços geográfico e socioeconômico dinamizados pelos seus atores (poder local e sociedade civil) possibilitou realizar uma crítica sobre tais políticas, principalmente das políticas assistenciais e de geração de trabalho e renda.

---

1. Dissertação intitulada *A questão do desemprego e a política de emprego e renda: uma análise da experiência do município de Angra dos Reis de 1997 a 2000*, orientada pela Dra. Silene Freire e defendida em 03/07/2002, no PPGSS da UERJ.

Angra dos Reis já teve anos de otimismo com relação ao crescimento do município, devido à grande arrecadação de impostos que esta região obtinha do estaleiro Verolme, dos *royalties* que a Petrobrás pagava à prefeitura e da construção da usina nuclear. A arrecadação proveniente dessas três empresas fez com que a cidade crescesse e investisse em programas e projetos de infra-estrutura para a população.[2] Porém, na década de 1990, o fechamento da Verolme, o fim das alíquotas sobre o terminal do petróleo[3] e a finalização da obra da usina nuclear e de Angra II fizeram com que diminuísse a arrecadação de impostos no município e, automaticamente, houvesse retração de recursos em investimentos nas políticas públicas e em projetos de infra-estrutura.

O grande desafio para a cidade de Angra dos Reis hoje é fazer com que o município cresça social e economicamente com os parcos recursos atuais e com boa parte da população economicamente ativa desempregada, devido ao fechamento do estaleiro e à finalização da construção da Usina Nuclear de Angra II.

Além das centenas de trabalhadores da construção civil que foram jogados ao desemprego com o término da construção supracitada, existe um crescente contingente de jovens que se lança no mercado de trabalho anualmente e que não encontra trabalho para absorvê-los. Este é o quadro que o município vem enfrentando. A alternativa que vem sendo desenvolvida para a cidade é o investimento no setor de serviços, investimento que também vem sendo adotado em larga escala por todo o Brasil.[4]

Isto posto, podemos dizer que a prefeitura do Partido em tela de Angra dos Reis, ao planejar e efetivar seus planos de desenvolvimento, deu respostas não muito diferenciadas das que os governos conservadores deram no contexto da política neoliberal. Pois, o que a prefeitura propôs foi o fortalecimento do setor de serviços, mais precisamente do turismo, pela

---

2. A prefeitura do município esteve há 12 anos, ou seja, durante três mandatos, sob o governo do Partido dos Trabalhadores, investindo na área de saneamento básico, asfalto, construção de escolas, de postos de saúde e em concursos para compor o quadro técnico de pessoal qualificado.

3. Na metade da década de 1990, Angra só teve direito aos *royalties* de petróleo, antes acoplado a um percentual destinado ao município, devido à cidade ter um terminal da Petrobrás.

4. Esta tendência não é apenas adotada para o Brasil, mas uma tendência internacional, sobretudo nos países com pouca competitividade internacional no campo científico-tecnológico.

compreensão do talento geográfico que a região possui. Ou seja, o projeto que as forças mais progressistas[5] da região defenderam foi o receituário que o modelo político-econômico implementado pelo governo federal recomenda, que é a intensificação do setor terciário.

Cabe ressaltar que a questão da empregabilidade na área de serviços não é simples; não são poucas as análises econômicas que afirmam que o setor de serviços está inchado, devido ao pouco investimento no setor produtivo, trazendo como conseqüência a não absorção de grande parte da mão-de-obra sobrante. Com esses dados, é preocupante que o governo municipal tivesse apenas essa diretriz de crescimento e desenvolvimento socioeconômico, pois é notório que a aplicação de recursos em larga medida neste setor não dá sustentação econômica para a cidade.

Por outro lado, se a proposta de crescimento centrada na esfera dos serviços não fugiu à regra da agenda neoliberal, não podemos negar que a efetivação deste modelo de crescimento em Angra dos Reis teve um impacto mais "suave" do que em outros municípios do Estado do Rio de Janeiro, uma vez que a cidade tinha um governo que, ao longo de três mandatos consecutivos — apesar dos entraves conforme já mencionados — buscou ampliar a esfera das políticas sociais.[6]

No entanto, o fato de um município ter sido gerido por um partido democrático popular não foi condição suficiente para que o mesmo aprofundasse os principais nexos que as metamorfoses da questão social estavam apresentando sob a égide do processo de mudanças no "mundo do trabalho" no sistema socioeconômico em vigor. Assim, com base nas observações e análises das fontes utilizadas neste estudo, verifica-se que o Partido dos Trabalhadores em Angra dos Reis iniciou a implantação de políticas públicas de geração de trabalho e renda, pautada, na sua grande parte, na informalização do mercado de trabalho, sobretudo nos segmentos que

---

5. O que queremos dizer aqui é que o governo do PT em Angra dos Reis termina por investir no setor terciário, afinado, então, com as práticas que a diretriz da esfera federal vem implementando.

6. Em todo o Estado do Rio de Janeiro, Angra dos Reis foi o único município que conseguiu que o Partido dos Trabalhadores fosse eleito por três mandatos consecutivos. Isso significou que durante mais de uma década Angra foi governada por um partido de esquerda.

buscavam na Secretaria de Habitação e Desenvolvimento Social, serviços essenciais para a sua reprodução.[7]

Pensar sobre uma cidade em sua dimensão espacial e, sobretudo, dos cidadãos que ali habitam é refletir sobre que tipo de direitos os mesmos possuem dentro desta extensão; é, ainda, observar as clivagens profundas criadas na mesma. Em Angra dos Reis, tal fosso é verificado como em quase todas as cidades brasileiras: espaço farto com serviços a serviço de quem pode pagar por tais, e entorno mal abastecido de rede de saúde e vulnerável à violência que constantemente seus habitantes são submetidos.

Conjugando o espaço urbano desta cidade com a peculiaridade ecológica que a mesma possui, observamos que Angra dos Reis é quase que o lugar perfeito, principalmente se compararmos o drama que as grandes metrópoles vivenciam com a poluição do ar, da água e do solo, fatores esses que esta localidade ainda está longe de experimentar. No entanto, mesmo com as vantagens derivadas da natureza, a pobreza ainda continua preponderante com matizes sutis: o mar ainda está limpo para a pesca de subsistência e ainda há solo, não para todas as culturas, mas para algumas que possam, em pequena proporção, atender a alguma necessidade dos cidadãos.

Para alguns especialistas,[8] o município de Angra dos Reis também poderia explorar as potencialidades naturais de sua região, desde que não causasse efeitos destrutivos ao ambiente natural. Essa alternativa poderia reverter de forma satisfatória para o desenvolvimento econômico da população angrense. Como diz Benjamin (1998), pensar uma alternativa é, antes de tudo, reabrir a questão dos fins aos quais nossas instituições e nossa economia devem servir. E mais,

> O Brasil é campeão em biodiversidade, tendo em seu território 36% de florestas tropicais remanescentes. Entre os ecossistemas de grandes dimensões existentes no mundo, elas formam o mais complexo. Abrigam mais de 60 mil espécies vegetais superiores, 2,5 milhões de espécies de artrópodos, 2 mil espécies de peixes, 300 espécies de mamíferos etc. Muitas sequer

---

7. O público a que nos referimos é aquele que freqüentemente utiliza os serviços da rede pública para atender às suas necessidades elementares, tal como a de se alimentar.

8. Referimo-nos aos profissionais e estudiosos do ambiente ecológico nas suas diversas áreas.

foram descritas, e milhões de espécies de microorganismos são completamente desconhecidos, ignorando seu potencial de farmacologia, a engenharia genética, a agricultura etc. Estamos muito longe de entender com clareza as interações que se estabelecem nesse ambiente, envolvendo seres vivos, energia e matéria inanimada. (Benjamin, 1998: 168)

Em Angra dos Reis, não é diferente, o município possui uma enorme área de Mata Atlântica, abriga comunidade indígena no distrito de Ariró e Bracuí, localizada a 30 km do centro, que, em decorrência do empobrecimento, direcionara-se ao centro do município, ora vendendo os seus produtos artesanais, ora pedindo esmola.[9]

Vale chamar a atenção para o fato de que o município também possui um potencial ligado ao setor produtivo,[10] tal como o plantio e, colheita da banana, e intensificação do setor de pesca e cultivo de mexilhão, para abastecimento do setor interno ainda pouco explorado. Quanto ao primeiro, Angra dos Reis possui solo favorável para tal cultivo, mas ainda é feito de forma rudimentar; o segundo é realizado para abastecer a metrópole e o terceiro para exportação e o consumo dos restaurantes voltados para o turismo, de forma bastante tímida.

Frente a um quadro nacional desanimador, o governo municipal de Angra dos Reis convocou a comunidade para criar alternativas para a cidade, através das Conferências Municipais de Assistência, convidando os cidadãos para participarem do Orçamento Participativo, cuja proposta foi de alocar R$ 60 mil para o ano de 2000 — através do orçamento participativo —, para os programas sociais "casados" com programas de geração de trabalho e renda desenvolvidos pela Secretaria Municipal de Habitação e Desenvolvimento Social, como forma de tentar minimizar as demandas de pobreza nas comunidades mais carentes do município.

Cabe salientar que a referida secretaria também buscou assessoria de órgãos não-governamentais, para que a orientasse no que tangia ao melhor aproveitamento dos recursos e que possibilitasse atingir o máxi-

---

9. Isso também aconteceu na Ilha Grande, onde pescadores tinham suas terras e foram expulsos, pois a terra havia sido comprada "ilegalmente", sendo expulsa, então, parte dessa comunidade.

10. O cultivo da banana é realizado em satisfatória proporção no município de Paraty, que possui similaridades de recursos naturais.

mo de eficácia nos projetos que estavam em fase de término de elaboração e início de implantação naquele momento.

Essas medidas tiveram como objetivo a maior distribuição de renda e expansão de políticas públicas, para que a maior parcela da população de Angra dos Reis tivesse o direito de usufruir dos recursos revertidos para os programas sociais de geração de trabalho e renda.[11]

Como afirmamos anteriormente, medidas isoladas como estas, ou seja, sem investimento crescente na agricultura e pesca, com industrialização e ampliação de emprego, tendem a não conseguir sobreviver ou ter forças suficientes para se manterem. Porém, são instrumentos valiosos, pois aglutinam e sensibilizam a população para a questão não somente da empregabilidade, mas da tomada de consciência dos rumos políticos, econômicos e sociais da sociedade, a partir da democratização da tomada de decisões pelos diversos segmentos da população local.

Destarte, o fator importante para discutir e analisar a questão do financiamento de políticas públicas para a área de geração de trabalho e renda tem como base a democratização por meio do orçamento participativo, em que a sociedade amplia a sua esfera de participação como forma de direcionar os recursos públicos.

No interior deste debate, Francisco de Oliveira (1998) tem se destacado ao defender a importância do poder de decisão da sociedade em investir os recursos do fundo público em setores onde ela considera essencial. No caso de Angra dos Reis, não é diferente; segmentos-chave[12] da população se posicionaram em favor da alocação dos recursos para a área de desenvolvimento social por meio dos programas voltados para a geração de trabalho e renda do setor de serviços, bem como cursos de capacitação profissional também direcionados para essa área.[13]

---

11. Alguns projetos já foram implantados tal como o Projeto do Centro de Atividades Integradas em Saúde Mental, que possui oficina de confecção de camiseta com *silk screen* e confecção de tear, que são comercializados no Mercado Municipal cuja renda é revertida aos próprios usuários.

12. Estes segmentos são compostos, principalmente, por sindicatos e técnicos da área da assistência que vêm verificando aumento de imigrantes em busca de trabalho e de pessoas que foram expulsas de seus empregos, principalmente com o fechamento do estaleiro Verolme.

13. Os cursos realizados foram para recepcionista de hotel, atendimento ao cliente, cozinheira, copeiro, limpador de piscina etc.

É notório que não existe uma receita precisa para solucionar a questão da falta de trabalho regulamentado para toda a população brasileira. Desta forma, compreendemos de antemão que políticas focalistas não resolverão a questão do desemprego, principalmente porque a falta de emprego não é um fator que possa ser inserido num contexto conjuntural, mas de um rearranjo do sistema capitalista que, cada vez menos, necessita de força de trabalho para se expandir, principalmente com o crescimento do chamado capital financeiro. Assim, não basta investir em programas voltados para o mercado de trabalho para resolver a questão do desemprego, até porque este é um espaço sem uma configuração concreta. A possibilidade real de colocar o problema de forma que ele possa ser enfrentado e pensado é possível, principalmente se a esfera pública,[14] em especial, o governo, propiciar espaço para que as partes possam dialogar, ou seja, inaugurar e ampliar o debate.

Ao analisar as novas configurações que vêm se delineando no mundo do trabalho em Angra dos Reis, não podemos ignorar que este não é um fenômeno específico, mas que vem ocorrendo em quase todas as sociedades de economia capitalista de cunho neoliberal. Nesse sentido, as mudanças percebidas no curso do desenvolvimento desse sistema apontam, principalmente no final do século XX, para novas formas contratuais de trabalho, pautadas eminentemente — no caso das economias dos países periféricos — na intensa flexibilização do mercado laboral.

No Brasil, podemos observar que os governos municipais vêm maciçamente investindo no setor terciário, uma vez que o setor industrial está diminuindo o seu ritmo produtivo. Como conseqüência, está não somente demitindo trabalhadores, como não mais contratando via mercado formal de trabalho um número significativo de pessoal para este setor.

Tendo em vista este fenômeno, que já é notório nas pesquisas acadêmicas, principalmente as realizadas pelas Ciências Econômicas,[15] estas vêm

---

14. A esfera pública, conceito trazido para os estudos brasileiros de Ciência Política por Francisco de Oliveira, tem como forma explicar a transposição da arena da esfera privada, entendida aqui, nos conflitos entre capital x trabalho no interior das fábricas, para a esfera pública, em que a disputa pelos recursos, ou melhor, pelo fundo público, dá-se publicamente. Com suas palavras, "a tarefa da esfera pública é, pois, a de criar medidas tendo como pressuposto as diversas necessidades da reprodução social, em todos os sentidos". (Oliveira, op. cit.: 40)

15. Em especial o Instituto de Economia da Universidade Federal do Rio de Janeiro vem produzindo estudos sobre a temática mercado de trabalho.

tentando definir quem são os trabalhadores do setor formal e do informal, quais as suas características e sua forma de inserção no mercado de trabalho, como forma de contribuir na orientação de políticas públicas de geração de trabalho e renda.

Política de assistência social ou de trabalho?

Na última gestão do PT (1997-2000), a política de assistência[16] na região incorporou como principal objetivo a geração de trabalho e renda que, em primeira instância, ficou a cargo da Secretaria de Desenvolvimento Econômico, porém, tornou-se mais tarde responsabilidade da Secretaria de Habitação e Desenvolvimento Social (SHDS).

Muitas são as explicações para compreender o porquê da SHDS decidir "abraçar" a idéia de tal empreendedorismo. No entanto, lançamos como hipótese inicial o fato de que os recursos destinados para assistência social não eram suficientes para responder à crescente demanda gerada pelo processo de empobrecimento ampliado na região. Desse modo, incentivar a geração de trabalho e renda seria a forma de propiciar a autonomia dos assistidos dessa secretaria, tirando-os desta condição, aspecto esse já previsto na própria LOAS.[17]

Também fica claro, nesta perspectiva, o fato dos diferentes profissionais do campo da assistência estarem construindo, nos últimos anos, uma espécie de consenso em torno do fato de que algumas medidas extremamente legítimas e fundamentais desta esfera do direito possam ser confundidas com o velho assistencialismo que faz parte da cultura política brasileira. Tal fato não apenas não atinge o cerne da questão da assistência em nosso país, como também ignora que a política de geração de trabalho e renda pode vir a se configurar com uma forma perigosa de escamotea-

---

16. Política de assistência compreendida no âmbito governamental como "um conjunto de programas e projetos que põem ao alcance da população empobrecida bens e serviços sociais" (Yazbek, 1996: 58).

17. Na Lei Orgânica de Assistência Social, lei 8.742, de 7 de dezembro de 1993, já apontava uma conexão entre trabalho e assistência por meio do Artigo 2º, que define, inclusive, como objetivo da assistência social a promoção da integração ao mercado de trabalho.

mento dos verdadeiros nexos que conformam a existência da questão social.

Consideramos também que a conjuntura no plano nacional era ainda mais desanimadora, pois, neste momento o desemprego estrutural já havia sido imposto em todo o País, tendo repercussão na esfera local devido à falência do setor industrial — indústria naval — de Angra dos Reis.

Não obstante, a questão social[18] não poderia ficar sem respostas, principalmente por que era o PT o partido que estava no governo municipal, e seu maior compromisso com essa questão o diferenciava dos outros partidos. Desse modo, o poder local criou estratégias de enfrentamento da pobreza voltadas não somente para criação de empregos, mas para possibilitar a integração de trabalho, sobretudo pela informalidade. Assim, possibilitar políticas de empregabilidade pelo viés do trabalho formal, ainda, para um governo municipal, como o de Angra dos Reis, era uma tarefa que não poderia ser alcançada naquele momento, pois, fazia-se necessário alavancar os setores produtivos interessados em investir na cidade.

O objetivo estratégico que o Partido dos Trabalhadores lançou no *Programa de Governo 1997-2000* (1996) foi:

> Criar condições, a nível municipal, para facilitar a instalação de microempresas e possibilitar a instalação de novos empreendimentos que tragam recursos para o município e gere novos postos de trabalho: investindo na formação para ampliar o acesso da população a novas frentes de trabalho, desburocratizando os procedimentos administrativos para o licenciamento de micro e pequenas empresas, oferecendo infra-estrutura urbanística apropriada e mantendo os serviços básicos como qualidade e educação e saúde etc. (Op. cit.: 7)

---

18. Iamamoto (1998), ao se referir ao conceito da questão social, afirma que: "a questão social diz respeito ao conjunto de expressões das desigualdades sociais engendradas na sociedade capitalista madura, impensáveis sem a intermediação do Estado. Tem a sua gênese no caráter coletivo da produção, contraposto à apropriação privada da própria atividade humana — o trabalho —, das condições necessárias à sua realização, assim como de seus frutos. É indissociável da emergência do 'trabalhador livre', que depende da venda da sua força de trabalho como meio de satisfação das suas necessidades vitais. Esse processo é denso de conformismos e rebeldias forjados ante as desigualdades sociais, expressando a consciência e o exercício da cidadania dos indivíduos sociais." (idem: 54)

Assim, o objetivo central do programa de governo do PT na última gestão era a de geração de recursos provenientes do incentivo a instalações de empreedimentos que trariam retorno financeiro e, conseqüentemente, a geração de novos postos de trabalho no município, sem, contudo, preocupar-se com a natureza dos tipos de ocupação que as mesmas estariam gerando.

Verifica-se aqui a valorização do desenvolvimento econômico que o governo municipal sustentou como principal objetivo. Do ponto de vista dos gestores, é racionalmente uma preocupação plausível, tendo em vista o crescente desmonte que a indústria nacional vem sofrendo. A Secretaria de Desenvolvimento Econômico passa a ser protagonista nesta administração, pois o partido considerou que, com a criação desta pasta, poderia sistematizar e alavancar os projetos na área de desenvolvimento econômico que conseqüentemente — na ótica dos dirigentes partidários — promoveria a geração de novos postos de trabalho e, com isso, elevaria o padrão socioeconômico da população angrense.[19]

Desse modo, a Secretaria de Desenvolvimento Econômico teve papel de destaque na administração petista, pois foi por meio dela que foram executados alguns projetos definidos no plano de governo para o período de 1997/2000, como citado nas diretrizes gerais do último Programa de Governo.

> A secretaria de desenvolvimento econômico, criada no último governo, teve papel importante na dinâmica das atividades de turismo, do comércio e do porto, além do apoio à pequena empresa e a novos empreendimentos que se apresentaram ao município. Outra grande marca foi a coordenação dos estudos preliminares do Projeto Orla. Esta linha deve ser mantida e deve-se buscar o incremento à criação de pequenas empresas familiares ligadas às tradições culturais da região e também para tirar partido da ati-

---

19. A polêmica em torno do econômico sobreposta ao social vem sendo debatida por vários pesquisadores. No entanto, não podemos desconsiderar que um largo efeito dessa sobreposição, no caso brasileiro, esteve associado, nos anos do chamado "milagre", entre 1969 e 1973, quando ocorreu o crescimento na oferta de empregos na indústria brasileira. Porém, deve-se estar atento que a atual conjuntura econômica-política é distinta daquele tempo, principalmente se relacionarmos a abertura econômica que o País atravessou nos anos 1990, associado, inclusive, à perda da soberania. Podemos verificar esses fatos nos trabalhos de Mattoso (1984) e Cano (1995), entre outros.

vidade turística. Outra iniciativa a ser incrementada é o treinamento de mão-de-obra através de cursos de formação em conjunto com a secretaria de educação e outros organismos afins. (Op. cit.: 27)

A Secretaria Municipal de Habitação e Desenvolvimento Social de Angra dos Reis fez uso dos recursos do Fundo de Amparo ao Trabalhador para a qualificação profissional, com estudos apurados do que seria viável do ponto de vista socioeconômico para a população alvo das políticas públicas assistenciais. A temática "desenvolvimento econômico com geração de emprego" foi considerada pelo Partido dos Trabalhadores como prioritária. Se formos buscar as bases que sustentam esta "opção", podemos citar diversos autores, sobretudo os das Ciências Econômicas da escola "unicampista", a exemplo de Mattoso (1984) e Pochmann (2000), entre outros que defendem que políticas de emprego são políticas sociais.

Além da efetivação das políticas sociais voltadas para o emprego, Mattoso (1984) afirma, ainda, que não se pode deixar de criar "medidas imediatas de emergência que permitam — pelo menos — garantir as condições mínimas de subsistência para os crescentes contingentes de desempregados e subempregados" (idem: 48). Essas "medidas" afirmadas pelo autor, tão conhecidas por nós, assistentes sociais, como políticas assistenciais cujo objetivo é de garantir serviços e bens materiais para suprir as necessidades básicas do ser humano, materializadas nos programas de bolsa-alimentação, medicamentos, prótese, passagens para migrantes em busca de empregos, sopas populares etc.

Dessa forma, ao mesmo tempo em que se criam políticas sociais de emprego, não se podem excluir as políticas de assistência; só assim, pode-se ampliar a cobertura para todos os setores que necessitam de políticas sociais, sobretudo da classe-que-vive-do-trabalho.[20]

Do ponto de vista de políticas sociais para o emprego, foi criada a Comissão Municipal de Trabalho e Renda (CMTR)[21] cuja principal mis-

---

20. Esta expressão foi criada por Ricardo Antunes (1999) que tem "como primeiro objetivo conferir validade contemporânea ao conceito marxiano de classe trabalhadora". (Op. cit.: 101)

21. Diferentemente da sigla proposta pelo SETRAB que é a CME (Comissão Municipal de Emprego), a Secretaria de Habitação e Desenvolvimento Social, em consenso com a bancada que representa os trabalhadores e com a bancada do empresariado, definiram que o correto não seria uma

são foi de fazer um levantamento das necessidades para o desenvolvimento econômico do município. Esta comissão foi composta por representantes dos trabalhadores, do empresariado e do governo, conforme orientação do Conselho Deliberativo do Fundo de Amparo ao Trabalhador (Codefat).[22]

A comissão deveria não só definir cursos para qualificação profissional, mas também viabilizaria estudos e propostas para o desenvolvimento econômico sustentável para o município.

No ano de 1998, foram aprovados pela Secretaria de Estado do Rio de Janeiro os cursos de qualificação profissional com recursos do Fundo de Amparo do Trabalhador (FAT); dentre o conjunto de vagas, 40 foram destinadas para o setor de turismo. Em 1999, dobrou o número de vagas, sendo alocadas 75 para a construção civil, 70 para o comércio e 60 para os serviços coletivos. Já no ano de 2000, o número de vagas saltou para 740, tendo 40% deste montante sido reservado para o setor de serviços, seguido do turismo com 17% e 11% para a construção civil.

Assim, resta-nos uma indagação: que tipo de emprego se procurou gerar? Parece que o ocaso da industrialização em Angra dos Reis atou as "mãos" do governo municipal neste período, restando, desse modo, responder à questão social agravada pelo desemprego com políticas para o trabalho, especialmente para a informalização e o trabalho precário. Constata-se como estratégia da comissão os próprios cursos de qualificação, em que quase todos são destinados para as "novas modalidades" de trabalho que a sociedade contemporânea experimenta.

Como vimos, os cursos oriundos do Plano Nacional de Educação Profissional do governo federal foram introduzidos logo no início da última gestão municipal do PT que, a exemplo de outros municípios estimulados, também, pelas administrações federal e estadual, implementaram não só a política de qualificação profissional, mas outras, entre elas, as

---

comissão para empregos e, sim, uma comissão para o trabalho e a renda, pois eles já compreendiam que o emprego em moldes de carteira assinada, conforme previa a Legislação Trabalhista, já não era mais possível e, sim, uma comissão que procurasse criar políticas para o trabalho de forma mais abrangente, de acordo com os "novos contratos de trabalho", seja informal, seja subemprego, seja temporário.

22. Conselho Deliberativo do Fundo de Amparo ao Trabalhador, instituído em 1994.

tentativas de levar a cabo o PROGER e o PRONAF e o estímulo à criação do Centro de Oportunidades. Neste sentido, o programa de governo, cuja marca foi *Desenvolvimento Econômico com Geração de Emprego e Renda*, tentou compatibilizar a estratégia de trabalho e renda pautada no desenvolvimento econômico, surtindo efeito em outras pastas do governo municipal "petista", tal como a Secretaria de Habitação e Desenvolvimento Social que "vestiu a camisa" da geração de trabalho e renda com projetos articulados com os da assistência.

Do ponto de vista da implementação de sua marca, o programa toma contornos com a execução dos cursos como um dos eixos de uma política social voltada para o desemprego sob égide da Secretaria de Habitação e Desenvolvimento Social (SHDS), não somente no âmbito de sua execução, mas como principal articuladora de outros segmentos sociais na arena política, para obtenção de recursos para este fim. Estudando as prefeituras democráticas, Ivo Lesbaupin (2001: 67) revelou que "Angra dos Reis resolveu investir em um vasto programa de qualificação profissional, utilizando recursos do FAT. Foi dinamizada a comissão tripartite municipal, foram feitos estudos para levantar a necessidade de emprego na região".

Destarte, podemos afirmar que a gestão petista de 1997-2000 introduziu a política de geração de trabalho e renda, que, de um lado, incentivou a economia solidária, como a realização da experiência piloto no bairro Belém, como também a viabilização de postos de trabalho em moldes da informalidade cujo ponto central foi o de conter o alargamento do desemprego no município.

A qualificação profissional foi um dos principais projetos da política social de assistência "casado" com o trabalho levado a cabo. Na entrevista que a ex-secretária da SHDS me concedeu em 02/04/2001, a mesma afirmou que, a *"secretaria foi um esforço de tirar o usuário da condição de assistido"*. Desse modo, constata-se que o velho lema "não dar o peixe, mas ensinar a pescar" é levado até a sua última conseqüência. Haja vista que o público-alvo da assistência foi chamado para participar dos cursos como forma de instrumentalizá-lo e de resgatá-lo da condição de assistido.[23]

---

23. O fato do usuário das políticas da assistência ser inserido nas políticas sociais para o trabalho não provoca nenhuma indagação quanto a este procedimento técnico-político, mas, sim, de qualificar como negativo a população que busca na assistência a sua subsistência. Isso, portanto, nos leva

Verifica-se, dessa forma, a conotação negativa de assistência social que os usuários dessa política foram submetidos por alguns integrantes da prefeitura. Tal conotação, no fundo, reforça, como já mencionamos, a velha e equivocada questão de que assistência social é sinônimo de assistencialismo e não de direito como de fato o é. A política de assistência não é concebida como um direito social, mas como um instrumento para cidadãos de segunda categoria, repetindo a clássica/histórica confusão antes mencionada entre assistência e assistencialismo.[24] Nessa concepção, a integração pelo mercado de trabalho seria muito mais "ética" do que ratificar a "condição passiva de assistido".

No entanto, não se pode desconsiderar a importância das políticas voltadas para o trabalho, materializadas na introdução de cursos de qualificação e a criação de novos postos de trabalho viabilizados, resguardado seus limites, com pesados investimentos para o desenvolvimento econômico, consolidados na expansão da rede hoteleira no município. Sobre isso, o prefeito da última gestão petista afirmou que:

> Conseguimos trazer novos empreendimentos. O principal foi o Blue Tree Park que é um resort na praia do Tanguá; só ali naquele empreendimento foram 900 empregos na área da construção civil, agora na operação, na parte do projeto implementado, está gerando 400 empregos diretos, ainda ontem no Jornal do Brasil veio a notícia da rede Meliá, que é um empreendimento realizado no Pontal, que foi aprovado na nossa gestão. Eles devem começar a construção esse ano para operar em 2004. A previsão de empregos diretos da construção civil é de 600 empregos, na operação do empreendimento [gira] em torno de 350 empregos. O próprio Pirata's, que foi aberto na nossa gestão, ali está em torno de 500 empregos. Pegando a construção da nova rodoviária na praia da Chácara, foram criados 250 empregos na construção civil, é um setor que tem tido geração de emprego muito grande.

---

a crer que há um profundo desconhecimento, ou mesmo a negação da assistência como um direito social, sobre aqueles que nem sequer têm a possibilidade de vender a sua força de trabalho no circuito mercantil.

24. Essa observação serve para orientar os motivos pelos quais o PT optou como política assistencial a geração de trabalho e renda, em detrimento de outros projetos destinados à necessidades básicas e de cunho emergencial.

Contudo, a administração contou com adversidades que, em alguns casos, estavam relacionados com a sua competência, e, em outros, extrapolavam o seu controle. No que toca a sua responsabilidade, podemos dizer que ela não conseguiu viabilizar para além dos conselhos a participação dos segmentos sociais que sustentaram a sua vitória no plano executivo. Embora isso não se tenha dado na sua forma totalizante, foi verificado na desmobilização dos movimentos sociais, sobretudo das associações de moradores, por motivos não específicos,[25] todavia, certamente influenciados pelo crescente índice de criminalidade. Esta, advinda aparentemente do crescimento do tráfico de drogas no município, acabou por não respaldar este governo e fez com que o *slogan* que guiou a proposta central da prefeitura — **Desenvolvimento econômico com geração de emprego e renda** — caminhasse afastado do conjunto da população. Como fatores que independiam de seus esforços, podemos citar a não efetivação do Banco do Povo[26] que talvez pudesse reverter a posição do PT nos dias atuais,[27] principalmente porque alavancaria a política de trabalho e favoreceria àqueles que não conseguem crédito nos bancos convencionais e que, em sua maioria, são a clientela das políticas assistenciais. No entanto, empecilhos burocráticos do BNDES e a disputa no interior da prefeitura entre Secretaria de Desenvolvimento Econômico e Secretaria de Habitação e Desenvolvimento Social para assumir o banco inviabilizaram sua efetivação.

Os entraves referentes ao crédito federal têm sido criticados por diversos municípios.[28] Contudo, não existiam medidas, por parte do governo federal, que revertessem essa situação, obrigando alguns municípios

---

25. O fenômeno de desmobilização popular não é específico de Angra, ele pode ser observado em todo território nacional.

26. O Banco do Povo não é exclusividade do Brasil, já foi implementado em diversos países, tais como: Nova Zelândia, Austrália, Canadá, EUA e Itália; tem como uma característica ser uma política pública não-estatal cuja finalidade é oferecer crédito aos pequenos empreendedores.

27. O Partido dos Trabalhadores perdeu as eleições municipais de 2001 com uma margem grande, em torno de 70% de diferença em relação ao partido da atual situação.

28. No 2° Encontro das Comissões Municipais de Emprego do Estado do Rio de Janeiro, realizado em dezembro de 1998, muitos municípios que ali estiveram presentes reivindicaram desburocratização na concessão de crédito do PROGER e PRONAF, além da autonomia às Comissões, para realização de avaliação técnica/política aos projetos de empreendedorismo.

a criarem seu próprio "banco" para financiamentos de empreendimentos para setores mais carentes. Um exemplo é o próprio Portsol (Programa de Crédito Popular de Porto Alegre), criado para fomentar empreendimentos de pequeno porte dos setores formal e informal, focalizados prioritariamente para pessoas de baixo rendimento. Desse modo, a gestão municipal do PT tentou implementar em Angra dos Reis semelhante programa, mas devido às dificuldades burocráticas, não conseguiu executá-lo.

O crédito popular (Banco do Povo) vem se tornando cada vez mais uma estratégia de fomentar recursos financeiros para microempreendedores que não possuem garantias conforme os bancos tradicionais exigem. Ele também pode servir como alternativa para o alívio ao desemprego, pois possibilita "a criação de pequenos negócios, na maioria das vezes sob a forma de auto-emprego para as populações carentes", conforme sinalizam Silva e Oliva (1999: 35).

Dentro do orçamento participativo[29] para o ano de 2000, a prefeitura destinou 60 mil reais para o Programa de Geração de Trabalho e Renda, em que foi consolidado um projeto piloto com as mulheres da comunidade do Belém, bairro da periferia de Angra dos Reis. Este programa, desdobrado em dois projetos, o Filhos da Terra e o Mar de Angra, foi responsável pela implementação de uma *política social de assistência*[30] "casado" com uma *política social de corte de trabalho*. Desse modo, o primeiro produzia fertilizantes naturais e o segundo, artesanato em madeira cuja meta foi introduzir a questão do associativismo e cooperativismo como alternativa de enfrentamento à pobreza e ao desemprego. Todo esse trabalho obteve assessoria do CEDAC, que capacitou não só os usuários como também os técnicos que executaram o projeto. No orçamento, parte dos recursos foi alocada na compra de material de consumo para a produção dos produtos, bem como aluguel do espaço onde aconteciam as atividades.

---

29. O Orçamento Participativo surgiu no Partido dos Trabalhadores em Porto Alegre e depois numa série de municípios, tal como Angra dos Reis/RJ, que adotou esse método pelo fato de ser uma via de democratizar o poder público, principalmente no tocante ao orçamento, fato quase que inconcebível por administrações municipais conservadoras.

30. Quando nos referimos à política social de assistência, imediatamente nos remetemos à garantia dos mínimos sociais. Assim, o casamento entre política social de corte assistencial e de trabalho, na ótica do governo local, seria de superar a condição de assistido do usuário, pois o mesmo se integraria ao mercado de trabalho e por conseguinte obteria o *status* de trabalhador.

Por meio desse projeto social, ancorado na política de geração de trabalho e renda do município de Angra dos Reis, foi possível verificar o resultado do trabalho com a população usuária, que transcendeu esta temática, abordando questões referentes à cidadania e direitos humanos, especialmente no tocante à violência doméstica, pois o público-alvo, em sua maioria, foi o conjunto de mulheres da comunidade de Belém que mais tarde formou a Associação de Mulheres do Belém, criada em agosto de 2001.

Verifica-se que a implementação de tal política realizada com o segmento social acima exposto engendrou um grupo mais organizado e consciente dos seus direitos sociais e de cidadania. Numa entrevista coletiva com as mulheres[31] da associação anteriormente referida, no dia 17/12/2001, foi descrita a gênese e o funcionamento dessa organização:

> A associação tem seis meses de funcionamento e é uma instituição autônoma, proveniente do projeto [Mar de Angra e Filhos da Terra] da Secretaria de Habitação e Desenvolvimento Social. Temos ainda parceria com o CEDAC. Quando surgiu o projeto, tinha-se como objetivo atingir o público da assistência social, população de baixa renda e ligada à periferia do município [como no caso do Belém]; a partir dos indicadores que tínhamos, começamos a desenvolver um projeto específico para a área, que era propiciar a geração de trabalho e renda de construir uma identidade para as mulheres com relação ao local, tendo a oportunidade de estar trabalhando a autonomia e sua condição de mulher.

Desse modo, a tônica econômica da política de geração de trabalho e renda passou a não ser mais primordial, pois apareceram outras necessidades que estavam ocultas até a implementação do projeto. Por intermédio da questão do trabalho e da renda, outras variáveis surgiram, tal como a melhoria da qualidade de vida dessas mulheres, bem como propiciar a criar uma identidade sociocultural com o bairro Belém.[32]

---

31. Cabe destacar que participam desta associação duas assistentes sociais da prefeitura, que após terminado o projeto (por questões político-partidárias) se integraram à associação.

32. O bairro Belém é um local com índice de pobreza acentuado e inserção do crime organizado. No entanto, foi um bairro em que nas administrações do PT sempre recebeu atenção, vide a construção de casas populares, de posto de saúde e escola fundamental.

É importante assinalar que não são poucas as experiências gestadas no campo da implementação dos programas de geração de trabalho e renda nos municípios de nosso país, que acabaram atingindo, sobretudo e principalmente, as mulheres. Temos como hipótese que esse fato não ocorre por acaso: é o gênero feminino no Brasil, sem dúvida, que carrega uma aptidão maior para atividades de artesanato, de alimentos, de corte e costura e outras que são desdobramentos da esfera doméstica. Além do que também é assustador o crescimento das mulheres que sustentam suas famílias no plano nacional, com destaque para o Estado do Rio de Janeiro. Em suma, as mulheres sempre estiveram mais próximas da informalidade do que os homens.

Cabe ressaltar que a criação deste projeto foi de extrema importância, embora numericamente ele não tenha um alto impacto. No entanto, no tocante ao aspecto qualitativo, verifica-se que ele suscitou a participação coletiva dessas mulheres, que não se tinha em outro momento, especialmente da elevação do grau de consciência política conquistada, transformando positivamente as suas relações sociais no cotidiano.[33]

Isto posto, também podemos perceber que a política social implementada no município, por meio da conjugação trabalho e assistência, pode vir a inovar na forma de como dar respostas à questão social no município, questão esta que foi ampliada com o fechamento do estaleiro Verolme — quando 3500 trabalhadores perderam seus empregos —, associada à crise do setor portuário e intensificada com o término da obra da Usina Nuclear de Angra II. É utópico pensar que essa política sozinha conseguiria conter a explosão de desempregados que se avolumara. Contudo, foi necessário, como exposto anteriormente, investimentos que atraíssem capitais para injetar na economia local, e isso se deu na órbita do turismo, que *a priori* engendraria novas ocupações na área da construção civil,[34] bem como no aparecimento de postos de trabalhos que não se tinha no passado, quase todos para atender à fatia da indústria do lazer.[35]

---

33. Pode-se visualizar este fato na própria inserção dessas mulheres no mercado de trabalho como artesãs, da participação nos fóruns sobre economia solidária e nas conferências municipais.

34. Não se pode perder de vista que os trabalhos gerados pela construção civil são ocupações temporárias, não resolvendo a questão do desemprego a longo prazo.

35. É claro que ela pode ser analisada pelo viés de um crescimento subordinado se traçássemos um paralelo com a integração da economia em nível global. No entanto, a administração resguardou

Nesse sentido, houve preocupação de otimizar recursos como forma de consolidar uma política eminentemente de desenvolvimento econômico com geração de trabalho e renda. Desse modo, nos últimos quatros anos que o governo local esteve com o PT, não foi possível obter os resultados desses investimentos no momento em que realizamos esta reflexão, pois ainda é muito recente para avaliar o impacto de tal política no plano socioeconômico.

No entanto, esforçamo-nos em desenhar as linhas que o partido democrático popular na cidade angrense optou para governá-la. Dentro desta opção, estava a defesa da construção da Usina Nuclear Angra III, cujo projeto está até hoje em estudo pela Câmara Federal e Estadual, além da revitalização do Porto, bem como investimentos na retomada da produção do estaleiro da Verolme.[36]

Outro objetivo da política de geração de trabalho e renda foi a implementação do centro de oportunidades, onde as pessoas se dirigiam em busca de trabalho, ou seja, este centro tem a função de ser uma espécie de balcão de emprego. Embora não estivesse diretamente relacionado com a SHDS, esta teve papel primordial para introdução deste serviço no município, principalmente porque os recursos para a infra-estrutura básica eram provenientes da Secretaria do Estado de Trabalho do Rio de Janeiro e do Ministério do Trabalho, cabendo à prefeitura a destinação de recursos humanos.[37]

Não obstante, embora não seja nosso objetivo aprofundar aqui o porquê do PT não ter sido bem-sucedido nas últimas eleições municipais[38]

---

projetos na área coletiva que já haviam sido implementados, tal como a rede de saneamento básico e atenção à saúde mental, realizada no Governo do Luiz Sérgio, no alargamento na área de educação iniciado na gestão do Neiróbis Nagae. Portanto, na concepção do PT, foi coerente o investimento na área do desenvolvimento econômico, não só pela concretização de outras políticas, mas considerando a adversidade do momento conjuntural, que foi do crescente desemprego.

36. *Angra dos Reis*: bases sólidas para o futuro. Revista de divulgação. Angra dos Reis/Rio de Janeiro, dez. 2000.

37. Em nossa pesquisa, não conseguimos obter os dados de quantas pessoas passaram no Centro de Oportunidade para conseguir o emprego; não conseguimos também os dados de quantas pessoas conseguiram um emprego via esse serviço.

38. Digo sem sucesso, porque o PT perdeu com uma margem muito grande de votos, ou seja, chegando a quase 70% de diferença. Nem sequer foi uma derrota em que 50% da população estava insatisfeita, mas um número muito superior, o que requer uma análise por parte do próprio partido.

de 2001, achamos importante ressaltar que nem o próprio partido no município tem uma visão clara sobre esse evento, o que detectamos pelas entrevistas que realizamos. Várias são as opiniões, sem o devido aprofundamento. Alguns membros dessa administração relacionaram a derrota à ausência de uma política de alianças, bem como o "golpe" dado pelo governador do Estado do Rio de Janeiro, Anthony Garotinho, que apoiou o candidato de oposição ao PT nas eleições municipais, uma vez que sua vice, naquela ocasião, era membro do Partido dos Trabalhadores.

Por outro lado, deve-se investigar mais profundamente o processo de recuo e falência dos movimentos populares que deram sustentação na vitória para o governo municipal em 1988, que não foi um movimento particular de Angra dos Reis. Tentando reconstituir os fatos, nesse período, o estaleiro da Verolme estava "a todo vapor", bem como o Terminal Petrolífero e a Usina Nuclear, o que garantiu, de certa maneira, o apoio dos sindicatos filiados à CUT ao Partido dos Trabalhadores nas duas eleições ganhas por este partido. Já no período de 1996 a 2000, as instituições representativas dos trabalhadores nestas empresas se encontraram fragilizadas. Nas eleições municipais para 2001, por exemplo, o Sindicato dos Eletricitários da cidade estava sob direção do Partido Comunista do Brasil, partido que fez aliança com o Partido Socialista Brasileiro, de Garotinho, que, por conseguinte, apoiou a aliança partidária de oposição ao PT na cidade angrense.

Pode-se também levantar como hipótese o apoio dos religiosos evangélicos do município ao principal partido de oposição ao PT, além das dificuldades de inserção do Partido nos distritos da periferia da cidade, decorrentes do tráfico de drogas e do crime organizado. No entanto, atribuímos como forte determinante para a derrota do Partido, o distanciamento das bases que o elegeram nos mandatos anteriores. Este fato foi expresso pelos técnicos da assistência, bem como por alguns líderes das Associações de Moradores.

A derrota do Partido dos Trabalhadores, depois de doze anos governando o município de Angra dos Reis, deixa apenas pistas para refletir como um partido democrático popular permaneceu por um tempo tão longo, justo num Estado em que grande parte de sua história foi gerida por governos de cunho populistas. A nosso ver, suspeitamos que o distanciamento das bases, somado à opção exclusiva de desenvolvimento econômico levado a cabo, tenham contribuído para tal evento.

Queremos deixar claro que a nossa reflexão não tem a intenção/pretensão de analisar e tão pouco avaliar todos os fatores que poderiam ter influenciado a derrota do Partido após mais de uma década no poder. Entretanto, sentimo-nos compelidas a registrar as dificuldades de entendimento, por parte dos setores sociais mais democráticos da nossa sociedade, das conseqüências geradas pelo processo de reestruturação produtiva que nos atingiu recentemente. Melhor dizendo, nós ainda não temos o saber acumulado para criar propostas e estratégias de enfrentamento neste novo cenário que agravou enormemente as mazelas já conhecidas pelas camadas subalternizadas de nosso país. São ainda poucas e recentes as propostas que têm ultrapassado esses limites, como é o caso de Porto Alegre, com a experiência de Orçamento Participativo e outras experiências que ultrapassaram o limite acanhado deste estudo. No entanto, o desafio não só permanece como se amplia.

Esse município conheceu, de forma cruel, o ocaso de sua industrialização por meio da falência de suas grandes indústrias, o que mexeu diretamente com seus indicadores sociais e econômicos. Angra dos Reis ficou conhecida no Rio de Janeiro pela mobilização de sua população que elegeu por vários anos um governo democrático e popular, o que demonstrava uma consciência política diferenciada dos demais municípios do Estado. Tal consciência, sem dúvida, foi fruto da existência de um proletariado típico e de sindicatos fortes, como os dos metalúrgicos, eletricitários e petroleiros.

Tudo isso acabou deixando um vazio que se expressou também num vazio de propostas. Esse vácuo foi preenchido por propostas que saíram do governo federal, como é o caso da política de geração de trabalho e renda, e foi ocupado por concepções restritas/limitadas da assistência social. Tudo isso teve um ônus muito evidente em toda a região, expresso na pobreza e na desmobilização, que só poderá ser ultrapassada quando avaliarmos essa experiência recente na história angrense e formos capazes de enfrentar os temas que nos foram impostos pela cruel agenda neoliberal, articulando os mesmos com a experiência específica que cada "espaço social" representou.

A esquerda brasileira tem o desafio de dar respostas à pobreza e à exclusão, sem ter visível os paradigmas que emergiram da compreensão do capitalismo nos seus moldes clássicos. Ou seja, como trabalhar com os "pobres" e "desfiliados" (ou se preferir, o *excluído socialmente*), com as políticas de geração de trabalho e renda, sem aprofundar e reproduzir a subalternidade.

Referências bibliográficas

ALENCAR, C. Sobre o PT: sobra PT? In SADER, E. (org.). *Idéias para uma alternativa de esquerda à crise brasileira*. Rio de Janeiro: Relume Dumará, 1993.

ANGRA DOS REIS: bases sólidas para o futuro. Revista de divulgação. Angra dos Reis/Rio de Janeiro, dez. 2000.

ANTUNES, R. *Os sentidos do trabalho*: ensaio sobre a afirmação e a negação do trabalho. São Paulo: Boitempo, 1999.

BARCELLOS, J. e BELTRÃO, R. Instituição Comunitária de Crédito Portsol: construindo uma economia solidária. In.: SINGER, P.; SOUZA, A. (Orgs.) *A economia solidária no Brasil*: autogestão como resposta ao desemprego. São Paulo: Contexto: 2000.

BENJAMIN, C. *A opção brasileira*. Rio de Janeiro: Contraponto, 1998.

BRASIL. MTB. *Emprego no Brasil: diagnósticos e políticas*. Brasília: MTb, assessoria especial do ministro, 1998.

CANO, W. *Reflexões sobre o Brasil e a nova (des)ordem social internacional*. 4. ed. Campinas, São Paulo: Editora da Unicamp; São Paulo: FAPESP, 1995.

CASTEL, R. *As metamorfoses da questão social*. Petrópolis: Vozes, 1998. p. 415-593.

FREIRE, S. Estado, democracia e questão social no Brasil. In: BRAVO e PEREIRA (Org.) *Política social e democracia*. São Paulo: Cortez; Rio de Janeiro: UERJ, 2001.

IAMAMOTO, M. *O Serviço Social na contemporaneidade: trabalho e formação profissional*. São Paulo: Cortez, 1998. p. 27-42 e 83-122.

LESBAUPIN, I. *Poder local x exclusão social*: a experiência das prefeituras democráticas no Brasil. 2. ed. Petrópolis: Vozes, 2001.

MATTOSO, J. Para Onde Vamos? Emprego e Crise no Brasil. *Presença* — revista de política e cultura, n. 2, fev. 1984.

MELO, C. *A inserção da Política da Assistência Social no marco do desenvolvimento local: estratégias e limites* — Em foco: a realidade do município de Angra dos Reis. Angra dos Reis/RJ, 1999. (Texto digitado)

OLIVEIRA, F. *Os direitos do antivalor*: A economia política da hegemonia imperfeita. Petrópolis: Vozes, 1998.

OLIVEIRA, Etelvina. *A organização da assistência social no município de Angra dos Reis*: um balanço da gestão do partido dos trabalhadores de 1989 a 1994, UERJ, 1995. Monografia (Especialização em Políticas Sociais).

POCHMANN, M. *O trabalho sob fogo cruzado*: exclusão, desemprego e precarização no final do século. 2. ed., São Paulo: Contexto, 2000.

PREFEITURA MUNICIPAL DE ANGRA DOS REIS. *Programa de Governo 1997/ 2000 — Diretrizes gerais*. Rio de Janeiro: Angra dos Reis, nov. 1996. (Texto digitado)

MACHADO, Lia. Angra dos Reis: por que olhar para o passado? In *PROJETO MATA ATLÂNTICA. Relatório final*. Rio de Janeiro: Furnas/UFRJ, 1995.

SILVA, H. & OLIVA, S. Crédito e Financiamento para a criação de pequenos negócios no Brasil: Análise institucional e proposições de mudanças. In SIQUEIRA e CARLOS (coordenadores). *Geração de emprega e renda no Brasil*: Experiências de Sucesso. Rio de Janeiro: DP&A, 1999.

SPOSATI, A. Políticas sociais nos governos petistas. In: TREVAS, V. et al. (Orgs.). *Governo e Cidadania*: balanço e reflexões sobre o modo petista de governar. São Paulo: Fundação Perseu Abramo, 1999.

SOARES, L. *Os custos sociais do ajuste neoliberal na América Latina*. São Paulo: Cortez, 2000. (Coleção Questões da Nossa Época, vol. 78).

YAZBEK, C. *Classes subalternas e assistência social*. 2. ed., São Paulo: Cortez, 1996.

Parte III
Trabalho e questões de nosso tempo

A intervenção social das empresas no Brasil*

Monica de Jesus Cesar

Introdução

Este texto trata da intervenção social do empresariado no Brasil que, principalmente nos anos 1990, vem sendo difundida como prática integrante do exercício da "responsabilidade social", por parte das corporações capitalistas, reforçando o reordenamento das esferas pública e privada na prestação de serviços sociais, condizente com o movimento de "desresponsabilização do Estado".

A intervenção social do empresariado é considerada, neste ensaio, um dos elementos potencializadores da hegemonia burguesa na sociedade brasileira, frente às novas formas de organização da produção capitalista e do mercado mundial e à desarticulação do padrão histórico de resposta às seqüelas da questão social, via contra-reforma do Estado brasileiro. Tal intervenção faz parte da rearticulação do empresariado no bojo do processo de reestruturação capitalista, sob uma conjuntura política diferenciada, face à restauração da ordem democrática no Brasil, que redefiniu as práticas sociopolíticas e impôs a necessidade de funda-

---

* Este texto sintetiza as principais idéias trabalhadas na Tese de Doutorado intitulada *"Empresa-cidadã": uma estratégia de hegemonia*. Rio de Janeiro: UFRJ/CFCH/ESS, 2005.

mentos legitimadores, baseados na busca do consenso e em novas alianças de classes.

A "responsabilidade social" das empresas surge, portanto, num contexto marcado por uma maior organização do empresariado e pela ampliação de sua intervenção na sociedade, formulando e disseminando propostas abrangentes, capazes de dotar a cultura empresarial de novos componentes, cuja dimensão política se articula a um projeto de desenvolvimento e de inserção subordinada do país na economia mundial. Nessa direção, as reflexões tecidas buscam apontar que a "reciclagem" da cultura empresarial, as alocuções e práticas a ela concernentes, devem ser consideradas expressões do processo constitutivo da hegemonia burguesa no Brasil.

1. A "responsabilidade social" do empresariado brasileiro

No decorrer dos anos 1990, a idéia da "responsabilidade social corporativa" ganhou consistência no meio empresarial, sendo traduzida como o conjunto de atividades que a empresa realiza para atender, internamente, às necessidades dos seus empregados e dependentes e, externamente, às demandas das comunidades, em termos de assistência social, alimentação, saúde, educação, preservação do meio ambiente e desenvolvimento comunitário, dentre outras.

Essas práticas passaram a ser, cada vez mais, evidenciadas nos Relatórios Anuais, publicados de maneira obrigatória pelas companhias de capital aberto, ou nos Balanços Sociais, publicados espontaneamente e divulgados amplamente na mídia, por empresas que sustentam seu desempenho e resultados em critérios éticos e sociais, enaltecendo, assim, sua chamada "inserção cidadã". Tal inserção tornou-se objeto de inúmeras modalidades de premiação e certificação, que buscam valorizar e divulgar as atividades sociais do empresariado. Por sua vez, as empresas que aderem às campanhas criadas por diversas entidades, utilizam os respectivos selos sociais, ecológicos e de qualidade em seus produtos e *logos*. Com isso, buscam ser revestidas de uma áurea de "responsabilidade" que, por si só, parece propiciar um diferencial frente à concorrência no mercado.

A propagação e a disseminação dos valores relativos à unidade de conduta ética e social que as empresas devem possuir, interna e externamente, vêm sendo assumidas por um conjunto de instituições consideradas catalisadoras e orientadoras das ações sociais do empresariado. As principais instituições são: Associação dos Dirigentes Cristãos de Empresas do Brasil (ADCE), Conselho Empresarial Brasileiro para o Desenvolvimento Sustentável (CEBDS), Fundação Instituto de Desenvolvimento Empresarial e Social (FIDES), Grupo de Institutos, Fundações e Empresas (GIFE) e Instituto Ethos. Tais instituições assessoram, motivam, informam, analisam e mensuram o conjunto de ações no campo da "responsabilidade social empresarial".

A visibilidade que a intervenção social do empresariado vem adquirindo, no cenário nacional, motivou a realização de uma série de estudos que compõe a "Pesquisa Ação Social das Empresas", por parte do Instituto de Pesquisas Econômicas Aplicadas — IPEA. Duas grandes pesquisas foram efetuadas em 1999 e 2003. Seus objetivos foram traçar e acompanhar o envolvimento empresarial no campo social, definindo os contornos de sua ação[1].

No relatório da primeira pesquisa, cujo título, *"A Iniciativa Privada e o Espírito Público"*, é bastante sugestivo, os dados levantados são considerados reveladores de uma grande injeção de recursos na área social de origem privada, porém, "com fins públicos". Segundo o relatório, isso é indicativo de que a sociedade tem buscado os seus próprios caminhos para enfrentar a exclusão social, frente aos limites gerenciais e financeiros do Estado, demonstrando a existência de uma "teia de proteção social". Sendo assim, "o espaço público não é mais exclusividade do Estado. Ele também pertence às esferas mercantis e não-mercantis da sociedade. O reconhecimento dessa realidade contribuirá para redefinir os papéis dos principais atores responsáveis pelo resgate da dívida social do país" (IPEA, 2000: 23).

No relatório da segunda pesquisa, este posicionamento se mantém, uma vez que os dados confirmam "que o setor privado lucrativo vem ganhando cada vez mais espaço no cenário nacional no que se refere ao combate à pobreza e à miséria. Anualmente, milhares de empresas aplicam milhões, quando não bilhões, de reais na realização de atividades

---

1. Os resultados destas pesquisas podem ser acessados pelo site www.ipea.gov.br.

sociais para além de seus muros" (IPEA, 2004: 36). Para tornar essas atividades mais eficazes, é necessário, então, uma estratégia mais integrada de enfrentamento dos problemas sociais, ou seja, a formação de "parcerias público-privadas", que represente uma articulação efetiva de esforços.

O debate sobre a ação social empresarial, colocado nestes termos, conflui com o ideário neoliberal da "Reforma do Estado" brasileiro, que aponta a existência de um "espaço público não-estatal" como sendo a base de uma suposta "nova ordem social". Sob este ângulo, a dinamização deste espaço é justificada, em primeiro lugar, pela falta de condições do Estado "enxuto" em confrontar os desafios do desenvolvimento eqüitativo e sustentável. Em segundo lugar, pela quebra da dicotomia entre as esferas privada e pública, em que a primeira significa "negócios e lucro" e a segunda "Estado e governo". Assim, o chamado "Terceiro Setor" aparece como um espaço apropriado para a canalização das expectativas de melhores serviços sociais, que antes eram direcionadas para o Estado provedor e regulador.

A "Reforma do Estado", defendida por Bresser Pereira (1998), parte do pressuposto de que em várias áreas, inclusive a social, o Estado poderia ser mais eficiente, caso utilizasse estratégias gerenciais e estabelecesse parcerias com organizações públicas não-governamentais, para executar os serviços por ele apoiados. No campo dos serviços considerados "não-exclusivos" do Estado, portanto, as atividades passaram a ser exercidas por organizações sociais, entidades de direito privado e de caráter "público não-estatal". Cabe, então, ao Estado prover os recursos básicos de seu funcionamento, incentivando, porém, a captação de outros recursos no mercado, para a auto-sustentabilidade dos serviços.

A transformação dos serviços "não-exclusivos" do Estado em propriedade "pública não-estatal" teve como lócus privilegiado o Programa Comunidade Solidária que, na lógica da privatização das áreas de ação social, reforçou a transferência das responsabilidades do Estado para o mercado ou para a "sociedade civil"[2]. Conclamou-se, assim, a participação de "todos" na gestão das políticas sociais, sob a justificativa de am-

---

2. A concepção neoliberal, norteadora da "Reforma do Estado", faz a apologia de uma "sociedade civil" despolitizada e transmutada num "terceiro setor", supostamente neutro e falsamente situado para além do Estado e do mercado, esvaziando o significado do conceito gramsciano. Isto significa que, longe de representar o momento das relações ídeoculturais e políticas, da luta de classes

pliar o caráter democrático da esfera pública, uma vez que as mediações que o Estado fez, no curso do desenvolvimento capitalista, são apontadas como medidas intervencionistas que restringem a liberdade de mercado. Como contratendência às conquistas sociais que o capital foi obrigado a aceitar, no processo histórico de embates classistas pela ampliação da cidadania, a "Reforma do Estado" assume, então, o caráter de uma contra-reforma (cf. Behring, 2002).

Na falácia desta "nova ordem social", o cidadão, frente à ausência de um Estado que assegure seus direitos, pode contar com os serviços comunitários e com uma extensa rede de solidariedade social, na qual se incluem várias instituições, todas elas integradas no conceito difuso de "Terceiro Setor"[3]: entidades filantrópicas, entidades de direitos civis, movimentos sociais, organizações não governamentais, instituições religiosas, agências de desenvolvimento social, órgãos autônomos da administração pública descentralizada, fundações e institutos sociais de empresas.

Nesse sentido, a chamada "inserção cidadã" do empresariado corrobora com as medidas governamentais de fortalecimento das iniciativas da "sociedade civil", considerada parceira indispensável do Estado na mobilização de recursos humanos e materiais, para o enfrentamento de desafios nacionais, como o combate à pobreza e à desigualdade social. Sua potencialidade e notoriedade serviram de "fonte inspiradora" do Programa Comunidade Solidária do Governo FHC.

Cabe destacar, no entanto, que a crítica ao modelo estatal de gestão social é bem mais contundente por parte do empresariado. Na literatura empresarial existente sobre o tema da responsabilidade social[4], em geral,

---

pela hegemonia, da direção e do consenso, tal como proposto por Gramsci, esta concepção mitificada da "sociedade civil" traduz-se na cidadania de "livres" possuidores/consumidores e conforma um espaço privilegiado para as mobilizações solidárias, pautadas nas negociações pactuadas, que se desenvolvem dentro de uma perspectiva integradora à ordem, despolitizando os conflitos de classes e as lutas sociais travadas.

3. Para Montaño, o conceito de Terceiro Setor, "mais do que uma 'categoria' ontologicamente constatável na realidade, representa um constructo ideal que, antes de esclarecer sobre um 'setor' da sociedade, mescla diversos sujeitos com aparentes igualdades nas atividades, porém com interesses, espaços e significados sociais diversos, contrários e até contraditórios" (2002: 57).

4. As principais referências tomadas neste estudo são: Ashley (2002), Neto e Froes (1999), Pinto (2002) e Srour (1998).

acrítica e apologética, é recorrente a idéia de que, diante da incompetência do Estado na busca de soluções inovadoras para os problemas sociais, os empresários, mais confiantes em suas capacidades de decisão e ação, chamaram para si o exercício da responsabilidade social. Nessa perspectiva, o Estado aparece como malfeitor e culpado pela destruição dos alicerces econômicos.

Para Srour (1998), o fiscalismo exacerbado desestimulou os investimentos privados, esmorecendo os novos empreendimentos. A eficiência e a competitividade foram solapadas pelos altos custos dos encargos sociais e pela rigidez das relações de trabalho. A amplitude e a diversidade das funções assumidas pelo Estado levou a uma grave crise fiscal, exigindo o seu enxugamento. Além disso, o custeio dos programas sociais estancou o crescimento econômico e, com isso, constituiu uma legião de desempregados. Por todos esses motivos, o modelo de gestão estatal foi posto em questão e novas propostas surgiram, visando imprimir traços gerenciais e empresariais à gestão pública.

Nessa retórica ultraliberal, a empresa surge como o "arquétipo" da eficiência administrativa, articulando sua dimensão econômica-social e desempenhando múltiplas funções integradas. Um conjunto de ações destina-se a remunerar o capital investido pelos seus acionistas; outro visa atender às expectativas dos trabalhadores, clientes, fornecedores e da comunidade onde atua; e há, também, aquele que prioriza a preservação do meio ambiente e o desenvolvimento sustentável. Assim, a atuação empresarial não incide apenas sobre a reprodução da força de trabalho ativa, para o aumento da produtividade, mas também sobre os contingentes "excedentes" em situação de "risco social" ou marginalizados econômica e socialmente, penetrando no terreno das funções sociais assumidas pelo Estado com o ingresso do capitalismo no estágio monopolista (cf. Netto, 1992).

Considerando que a intervenção do empresariado tende a extrapolar as iniciativas nas unidades de produção e no cotidiano da vida do trabalhador, por meio dos serviços sociais geridos pelas próprias empresas ou pelos grandes complexos assistenciais corporativos. Ao passar, também, a abarcar uma gama de programas sociais, dirigida às parcelas da população que não estão engajadas diretamente no processo produtivo, é possível afirmar que isso reflete nos modos de tratamento conferidos, historicamente, pelos empresários às expressões da questão social no País.

2. O percurso da ação social das empresas no Brasil

O modo específico de desenvolvimento capitalista no Brasil provocou uma revolução econômica que impulsionou a industrialização e a universalização do trabalho livre, porém marcada pela ausência de compromisso com qualquer direito dos trabalhadores, por parte das elites dominantes, prevalecendo a dimensão autocrática do exercício do poder político. Baseado, doutrinariamente, nos pressupostos do liberalismo clássico, o processo de construção do Estado nacional teve como um de seus pontos nodais a exclusão das classes subalternas, às quais não interessava incorporar a cidadania.

Todavia, o avanço da produção capitalista, ao elevar o grau de exploração da força de trabalho e ao intensificar a subsunção do trabalho vivo ao capital, levou a classe trabalhadora a ampliar os espaços coletivos de defesa de seus interesses, irrompendo na cena histórica, por meio de suas lutas reivindicatórias. Esta irrupção marca o deslocamento da "questão social" para o epicentro das contradições que atravessam a sociedade capitalista. A "questão social" passa, então, a se constituir no cerne da contradição entre capital e trabalho e, em torno dela, as diversas frações das classes dominantes e o Estado são impelidos a se posicionarem[5].

Assim, a posição do empresariado com relação à "questão social" variou no curso do processo de desenvolvimento do capitalismo no Brasil. O pêndulo dessas variações se move a partir do extremo liberalismo, contrapondo-se a qualquer iniciativa de implementação da regulamentação trabalhista e social. Depois passa a uma incorporação "restrita" da intervenção estatal, para a qual foram canalizados os "dilemas nacionais", e chega à defesa da participação ativa da empresa na realização do "bem

---

5. Segundo Iamamoto e Carvalho (1998), a evolução histórica da questão social apresenta duas faces indissociáveis. Uma delas se configura pela situação objetiva dos trabalhadores, frente às mudanças no modo de produção e de apropriação do trabalho excedente e à capacidade de organização e luta na defesa de seus interesses de classe. A outra se expressa pelas diferentes formas de interpretá-la e agir sobre ela, propostas pelas classes dominantes, apoiadas no e pelo poder do Estado.

comum" como parte de sua função social que, atualmente, é reatualizada pelo arcabouço da "responsabilidade social corporativa".

No período conhecido como Primeira República, os empresários recusavam a regulação do Estado e tratavam os movimentos operários com repressão, mobilizando o aparato policial para combatê-los (cf. Vianna, 1978). Paralelamente a essa repressão policial, procuravam desenvolver ações assistencialistas no âmbito fabril. As empresas prestavam serviços assistenciais aos seus trabalhadores, sob a forma de vilas operárias. Essas iniciativas eram atravessadas por um paternalismo autoritário e normativo, pautado na reciprocidade submissa e devedora dos empregados à benevolência e ao jugo dos patrões. Assim, este tipo de "proteção social" conferia ao empresário o controle sobre os operários e, por seu intermédio, o patronato pôde adaptar o comportamento operário no início da industrialização e realizar a disciplina do e para o trabalho (cf. Ramalho, 1989).

Durante o Estado Novo, esses serviços se expandiram, a fim de consolidar uma alternativa à regulamentação dos direitos do trabalhador. As ações assistenciais do empresariado, entretanto, foram inscritas no corporativismo da Era Vargas. Nesse período, o Estado assumiu um papel central, atuando como condutor e indutor do capitalismo, dentro de uma concepção de Estado forte e intervencionista, que engendrou um novo tratamento para a questão social. A questão social, então, deixou de ser tratada como um "caso de polícia" para se tornar um problema a ser enfrentado pelo Estado, que passou a intervir nas suas manifestações, por meio das políticas trabalhista, sindical e previdenciária, porém, sob a ótica de uma "cidadania regulada" (cf. Santos, 1987).

Nesse contexto, os empresários demonstram capacidade de articulação e organização, atuando no sentido de dinamizar o modelo de desenvolvimento capitalista que vinha sendo implantado no país, mas sendo tributários da ação estatal. O empresariado adensou a "via assistencialista" e unificou as iniciativas existentes em várias empresas, com a criação dos grandes complexos assistenciais, como o SESI-SENAI, sob o amparo da regulamentação do Estado. Isso se deu, sobretudo, em função das novas estratégias do capitalismo no pós-guerra e também pela conjuntura política do país, com a ascensão dos movimentos sindical e popular, a partir da desagregação do Estado Novo. Sob o apanágio da "paz social", o empresariado procurou canalizar as tensões sociais e neutralizar a organização autônoma dos trabalhadores, frente à ampliação das liberdades democráticas.

No período que se abre com o Golpe Militar de 1964, há a consolidação do capitalismo monopolista no Brasil, pela via da modernização conservadora, com a intensificação do teor coativo da dominação de classe, configurando a autocracia burguesa no País (cf. Fernandes, 1987). O processo de modernização tornou imperativa a constituição de uma força de trabalho moderna, adequada aos novos ritmos do desenvolvimento capitalista. Para isso, entretanto, era necessário detectar as tensões provenientes da intensificação do trabalho e do movimento de resistência dos trabalhadores que, mesmo sufocados pela institucionalização do Estado de Segurança Nacional, mantinham focos de oposição e táticas de defesa.

Nessa conjuntura, houve a expansão seletiva das políticas sociais, num movimento duplo de inclusão e expulsão dos trabalhadores do sistema de proteção social. Ao criar condições para institucionalizar a cobertura de trabalhadores que até então haviam ficado "de fora", o Estado promoveu a privatização dos serviços sociais, lançando os trabalhadores assalariados, de melhor poder aquisitivo, para o mercado de planos de saúde e previdência complementar (cf. Mota, 1995). Seguindo essa dinâmica, as empresas passaram a oferecer um "pacote" de serviços sociais aos seus empregados, com base nos mecanismos de renúncia fiscal. Há, portanto, uma combinação de repressão e assistência, que se volta tanto para favorecer os investimentos privados no campo social, tornando-o lucrativo, quanto para subordinar os trabalhadores aos requisitos de produtividade das empresas.

Com o esgotamento do crescimento nutrido pelo milagre brasileiro e a crise econômica, em meados dos anos 1970, acirram-se as divergências entre as frações da burguesia e deflagra-se um novo processo de organização política das classes subalternas, por meio da ação dos movimentos sindicais e populares. Há, em decorrência, uma recomposição da prática político-organizativa dos empresários e uma redefinição de suas relações com o Estado e com os trabalhadores.

Numa conjuntura marcada pela ampliação dos espaços de conflitos de classe, o empresariado redimensiona sua intervenção sóciopolítica e busca reciclar as bases de constituição de sua hegemonia, tentando compatibilizar os vários interesses em jogo e formar uma plataforma comum de ação, para encontrar alternativas de superação da crise e de retomada do crescimento econômico, mediante a reconfiguração da inserção da economia brasileira no mercado mundial.

Então, na transição dos anos 1980-90, a burguesia, premida pela nova correlação de forças e pela crise econômica, volta a buscar formas consensuais para consolidar sua dominação, colocando em pauta o "colaboracionismo entre as classes", e passa a adotar uma agenda que inclui a redefinição do Estado e de seu papel, a efetivação das reformas estruturais (tributária, trabalhista, previdenciária, administrativa etc.), a flexibilização das relações de trabalho e o combate à pobreza.

Nesse contexto, a rearticulação do poder e domínio burgueses, sob a égide do neoliberalismo, assenta seu projeto na relação entre reformas estruturais e programas sociais, uma vez que o agravamento da pobreza passa a ser reconhecido não só como um entrave à modernização da economia e à sua conversão tecnológica, mas também como fator de instabilidade política. Assim, seja para adequar a força de trabalho às novas exigências do processo de produção, seja para obter condições de estabilidade política, a agenda de reformas volta a colocar as expressões da "questão social" num lugar de destaque entre as preocupações dos empresários.

3. A emergência da "empresa-cidadã" no cenário nacional

A partir da segunda metade da década de 1970, verifica-se o surgimento de um novo processo de luta entre as classes fundamentais no Brasil, que rompeu com os parâmetros de organização vigentes desde 1964. O processo de construção autônoma das diferentes forças sociais, que passaram a utilizar novos instrumentos de organização das massas, redefiniu e complexificou as práticas sóciopolíticas, estabelecendo uma ruptura com a ordem tutelada, que norteou as relações entre Estado e sociedade ao longo do processo de modernização capitalista.

Este processo foi demarcado pelo aprofundamento da chamada "crise da dívida", em meio ao movimento de recomposição da economia capitalista mundial, decorrente das recessões generalizadas em meados dos anos 1970 e no início dos anos 1980 (cf. Mandel, 1990). Como parte deste movimento, foram desencadeadas medidas de ajuste e planos de estabilização, tendo por base o reordenamento das relações entre os países centrais e periféricos do mundo "globalizado", potencializado pela derrota do chamado "socialismo real".

As mudanças no processo global de acumulação, articuladas à reestruturação capitalista em escala mundial, aos mecanismos integrados de ajustes macroeconômicos e à rearticulação da hegemonia burguesa, sob a influência do neoliberalismo, determinaram as estratégias de enfrentamento da crise. Deste modo, a difusão das idéias neoliberais e dos conteúdos lesivos da reestruturação produtiva, incidiu no mundo do trabalho e nos mecanismos de regulação estatal, numa lógica predatória e retrógrada. Nesta dinâmica, o "desmonte do Estado" e o ataque aos direitos sociais no Brasil, conquistados na Constituição de 1988, entraram na ordem do dia do Governo Collor de Mello e Cardoso, bem como na agenda do empresariado.

Capitalizando a crescente perda de credibilidade das instituições públicas em geral, face aos resultados inócuos na administração da crise econômica e social do país, o discurso empresarial sobre o tratamento dado às "disparidades sociais" passou a adquirir os contornos das políticas de ajuste "recomendadas" pelas agências multilaterais como o Banco Mundial, Fundo Monetário Internacional e Organização Mundial do Comércio. Tais contornos evocam a participação de todos, na busca do "desenvolvimento sustentável" e na "administração da pobreza", frente à suposta diminuição da capacidade de intervenção do Estado e o enfraquecimento de seu papel regulador, provenientes da sua crise fiscal.

O empresariado que, historicamente, não se "sentiu" responsabilizado pelos "problemas sociais" do país, priorizando manter serviços sociais destinados aos seus próprios empregados, passou a conferir, na transição dos anos 1980-90, um outro tratamento às seqüelas da questão social. Propondo-se a atuar diretamente sobre estas, adotou uma modalidade de intervenção pautada nos projetos focalizados na pobreza e nas chamadas redes de proteção social. Assim, se no pós-1945 o empresariado definiu suas iniciativas assistenciais, sob os preceitos da "paz social", agora, ele as reatualiza e amplia, sob os postulados da "responsabilidade social".

Considerando a ação política das classes dominantes no Brasil, marcada pelos "arranjos de cúpula" e pela defesa de interesses particularistas e imediatistas, é possível afirmar que, na transição dos anos 1980-90, o empresariado expandiu sua intervenção na sociedade. Ao contrário de utilizar a via coercitiva e autoritária dos pactos "pelo alto", a burguesia brasileira, para realizar-se como classe dirigente na ordem democrática, passou a reciclar suas lideranças e seus órgãos de representação, e procurou renovar seu pensamento e suas bases conceituais para obter a adesão em torno do seu projeto social. Para isso, tornou-se fundamental influir, de forma expressiva, na busca de novos caminhos para o capitalismo brasileiro, quer pela formulação de estratégias e políticas alternativas, quer pela adoção de uma perspectiva de cunho social.

Apesar disso, os empresários mantiveram pouca abertura para o enfrentamento das questões ligadas à redução da desigualdade por meio da distribuição da riqueza e acesso aos benefícios gerados pelo desenvolvimento econômico. Deste modo, as demandas relativas às reformas sociais e os direitos constitucionais foram enquadrados sob a ótica do aumento dos custos das atividades empresariais ou do chamado "Custo Brasil", face ao caráter emergencial da crise e aos novos desafios competitivos postos no mercado globalizado[6].

Isso não significa, entretanto, a negação das políticas sociais como meios necessários ao "resgate da dívida social" do país, mas, sim, a eliminação de uma política social, pública e imperativa, que tenha como suposto um Estado capaz de impor limites políticos democráticos à dinâmica voraz do capital, ou seja, que tenha como eixo uma função democrático-reguladora em face do mercado (cf. Netto, 1999). Permaneceu, assim, uma exigência contínua de materialização, nas ações do Estado, dos anseios do empresariado que, todavia, já não podia mais ignorar os interesses das outras classes. Tornou-se necessário, então, organizar o consenso, para exercer sua capacidade dirigente no contexto democrático.

Somam-se, nesta conjuntura, os movimentos sociais de natureza policlassista, que buscavam denunciar a barbárie social do país e, ao mesmo tempo, mobilizar a sociedade no seu enfrentamento. Além da emergência das organizações não governamentais (ONGs) sociais, ambienta-

---

6. Tanto a plataforma de ação do empresariado articulada pela União Brasileira de Empresários – UBE, durante a Assembléia Constituinte, quanto a mobilização da Ação Empresarial para a aprovação das reformas constitucionais pelo Congresso, são exemplos da ofensiva do empresariado contra a ampliação dos direitos.

listas e ecológicas, destaca-se "o Movimento pela Ética na Política", que se desdobrou na campanha "Ação da Cidadania, contra a Fome, a Miséria e pela Vida", liderada pelo sociólogo Herbert de Souza que, à época, presidia o Instituto Brasileiro de Análises Sociais - IBASE. Foi lançada, nesse cenário, uma ampla campanha nacional, convocando as empresas a se engajaram no combate à pobreza e, também, a publicarem o Balanço Social.

Na esteira desta mobilização, várias entidades passaram a incentivar e auxiliar as corporações a gerirem seus negócios, de modo "ecológica e politicamente correto". Com isso, as empresas intensificaram suas críticas à ineficiência do Estado na administração da crise econômica-social, reconhecendo a sua incapacidade de responder sozinho aos graves problemas que assolam o país. Assumiram um discurso colaboracionista no "resgate da dívida social" que, de forma progressiva, vem ganhando corpo com a propagação da "responsabilidade social corporativa", em sintonia com o "antiestatismo" das reformas neoliberais.

O empresariado buscou, então, não só reestruturar a produção e o processo de trabalho, para adequar-se às exigências do "capitalismo restaurado" no globo, mas também reorientar a atividade de organização das relações gerais, exteriores à empresa, a fim de expandir sua intervenção na sociedade e afirmar-se como classe dominante e dirigente. Trata-se, portanto, de um movimento que busca redirecionar a atuação do empresariado, para que este possa responder não só aos requisitos da redefinição do processo de produção de mercadorias, como também ao rearranjo do conjunto de práticas, que se desenvolvem para além do espaço da empresa.

Este redirecionamento, todavia, não implicou numa adesão dos empresários às reformas sociais, já que não inflexionaram sua posição conservadora, sendo contrários aos direitos trabalhistas e sociais, instituídos pela nova Constituição, reforçando sua postura anti-reformista. No entanto, procuraram refuncionalizar as demandas sociais postas no "jogo democrático" e resolveram, "por fora" da idéia de consolidação de uma seguridade social pública e universal, criar uma outra arena de intervenção, voltada para aqueles que estão fora do mundo estrito da produção.

Buscaram seguir, assim, as orientações para a "administração da pobreza", dadas pelas agências financeiras internacionais, "preocupadas" em justificar e atenuar a dinâmica predatória do capitalismo contemporâneo, ou seja, um capitalismo que desencadeia novos processos de espoliação e, ao mesmo tempo, se mostra pouco passível às reformas sociais e resistente a qualquer ganho real para os trabalhadores. Enfim, um capitalismo que busca flexibilizar brutalmente as relações de trabalho e os direitos trabalhistas conquistados, expulsar o trabalho vivo dos ordenamentos jurídicos e limitar os graus de liberdade das cidadanias formais para potenciar ao máximo sua intervenção na história (cf. Dias, 1999).

Por isso, alguns autores como Rico (2001), Garcia (2002) e Beghin (2005), qualificam as ações sociais desenvolvidas pelos empresários para "os pobres", na atualidade, como "filantropia empresarial". Contudo, é necessário precisar o sentido da "volta ao passado" desta "refilantropização". Kameyama (2000) aponta que, nesta seara, houve uma evolução dos donativos, sob a forma de caridade, para doações estruturadas, sob a forma de investimento social. Estas iniciativas empresariais, então, se amoldam ao conjunto das novas estratégias econômicas e políticas.

Assim sendo, as atuais ações sociais do empresariado, somente podem ser comparadas com a filantropia, propriamente dita, se tomada a verossimilhança de seus objetivos. Isso significa que tanto a "filantropia empresarial", baseada em doações assistenciais feitas pelo empresário "altruísta e comiserado", quanto a moderna "responsabilidade social" das empresas são formas de escamotear "as novas estratégias de exploração, negando as contradições, na medida em que a consciência e a sociabilidade que se constroem na esfera da produção deslocam-se para a esfera da reprodução ou do consumo" (idem: 203).

Cabe destacar que o discurso da "responsabilidade social corporativa" procura distanciar-se da idéia de caridade, na mesma proporção, em que busca aproximar-se da noção de cidadania. Porém, esta noção aparece difusa e abstrata no discurso empresarial e, muitas vezes, sequer traduz a concepção de cidadania clássica, ou seja, como um conjunto de direitos universalizados e assegurados pelo Estado, por força da lei, sob os postulados da igualdade jurídica formal. A esta noção de "cidadania genérica" é adicionada a palavra "solidariedade", concebida "como a abertura voluntária das empresas privadas ao extravasamento da imensa carência dos pobres brasileiros, ligada, portanto, à prevenção do futuro e respondendo às demandas da reinserção social" (Paoli, 2003: 386).

Além disso, soma-se à "solidariedade" a palavra "consciência". Isso significa que é fundamental criar uma "consciência de cidadania" no empresariado, de modo a incentivá-lo a envolver-se em programas sociais, que compensem a "ineficiência do Estado" e sua progressiva retração no âmbito das políticas sociais. Com efeito, os empresários devem sair de uma postura passiva e assumir uma consciência ativa, no contexto em que atuam, a despeito de silenciarem quanto às "fontes" de produção da miséria. As ações sociais da "empresa-cidadã" passam, então, a integrar um suposto campo "neutro", gerencial e pragmático, tomado pela expressão "sociedade civil". Desse modo, "todas estas palavras, juntas, parecem configurar um apelo à responsabilidade dos empresários sobre a própria base social da vida pública, algo realmente inédito na história do país" (idem: 396).

Verifica-se, assim, que o ideário da "empresa-cidadã" busca incorporar os conteúdos progressistas dos movimentos sociais da década de 1980-90. Tais conteúdos, como a defesa da cidadania, da participação popular e do controle social, são transmutados, refuncionalizados e destituídos de seus componentes mais críticos, em prol de uma sociabilidade "harmoniosa", do desenvolvimento sustentável e da união de esforços indiferenciados no combate à pobreza. Trata-se de uma "velha" concepção das "classes produtoras" que busca apregoar a conjugação harmônica de interesses particulares com interesses comuns e, com isso, apagar as diferenças, os antagonismos, as contradições, e ocultar os conflitos e as lutas de classes (cf. Bernardo, 2004).

Saindo deste campo "semântico" cabe, também, sinalizar que a "responsabilidade social" se adapta às condições de realização do lucro das empresas. Em primeiro lugar, destaca-se a questão do marketing social, por meio do qual a ação social do empresariado se tornou "um diferencial de competitividade" no mercado. De fato, é necessário reconhecer que o "marketing social" faz parte do conjunto das estratégias de "gestão empresarial", a fim de "agregar valor" à marca e à imagem institucional das corporações, criando condições de legitimidade para sua atuação no mercado e na sociedade, como demonstram as campanhas na mídia.

Em segundo lugar, observa-se a proliferação de várias instituições especializadas neste campo de atividade, transformando-o num nicho de mercado lucrativo (cf. Paoli, 2003). Diversas consultorias e assessorias procuram produzir um conhecimento específico sobre a "gestão social" e se tornam concorrentes na busca de "novos clientes", que queiram se tornar "socialmente responsáveis". Certamente, este aspecto é relevante, uma vez que as empresas procuram, por meio dos serviços prestados por essas instituições, aperfeiçoar suas ações e projetos sociais, dotando-lhes da racionalidade técnica e administrativa própria ao "mundo dos negócios", na perspectiva de produzir resultados efetivos.

Em terceiro lugar, a "responsabilidade social" se articula com as práticas do mercado de capitais, denominadas *corporate governance*. Por meio destas práticas, as empresas são compelidas a apresentarem bons indicadores de sustentabilidade, para captarem recursos e parceiros para seus processos econômicos e, com isso, galgarem novos patamares de rentabilidade, valorizando seus ativos e minimizando os riscos das suas aplicações (cf. Chesnais, 1998). Assim, os empresários unem o "útil ao lucrativo" na dinâmica rentista do mercado mundial e, ainda, capitalizam seus investimentos na privatização e na comercialização dos serviços sociais.

Incorporando os fatores expostos e ampliando o foco da análise para os determinantes de natureza política, é possível inferir que, atualmente, as ações sociais desenvolvidas pelos empresários, no Brasil, integram as estratégias potencializadoras de hegemonia burguesa, num contexto em que a relação entre as formas mercantis e o aparato estatal, que lhe legitima e sustenta, é reconfigurada no movimento de resposta do capital às suas crises.

Disto decorre que o investimento do empresariado em programas de "responsabilidade social" deve ser considerado uma expressão da atual intervenção social do Estado, sob a égide das reformas neoliberais, e um componente constitutivo da hegemonia burguesa no país, articulando um conjunto de práticas, valores e ideologias, que buscam afirmar a centralidade da empresa como ator capacitado a assumir o desafio de conjugar, estrategicamente, o desempenho econômico com o desenvolvimento social.

Considerações finais

No decorrer do trânsito 1980-90, a burguesia percebeu que para construir a hegemonia não basta o controle sobre o poder estatal, com base numa aglutinação mecânica de interesses econômico-corporativos. É necessário transformar tais interesses em "interesses comuns", através de um conjunto de novas alianças de classe. Ou seja, é preciso construir um projeto integrador que possa articular, em diferentes níveis, classes dominantes, camadas intermediárias, intelectuais, classes subalternas – o todo social. A hegemonia se constitui, então, na medida em que, uma classe, para realizar os seus interesses de forma ampla e universalizada, busca absorver as demandas do conjunto das outras classes, desfigurando-as[7].

Dessa forma, o projeto burguês requer que sejam incorporados os interesses e as tendências dos grupos sobre os quais a hegemonia é exercida, porém esta incorporação, atualmente, não repousa no compromisso com as reformas sociais e com a ampliação dos direitos. Ao contrário, está ancorada na idéia da liberdade de mercado e no "desengessamento" das condições de acumulação, como prerrogativa para o desenvolvimento econômico e social. O discurso neoliberal articula, assim, uma alternativa de resposta às expressões da questão social, que tem como atores estratégicos o mercado e a "sociedade civil".

Esta alternativa contra-reformista encontra esteio na afirmação da responsabilidade do empresariado, que compõe um dos pilares da negação da responsabilidade do Estado. Tem-se, então, a tentativa de redefinir um padrão de intervenção social, capaz de angariar vantagens econômicas e políticas, para fazer valer os interesses das grandes corporações capitalistas. Para levar o projeto de hegemonia do capital adiante, portanto, é necessário consolidar sua supremacia, justificando sua riqueza e seu poder, frente às profundas desigualdades presentes na periferia da economia capitalista e, em particular, na sociedade brasileira.

---

7. Como afirma Dias, "o campo de ação das classes e dos seus Estados passa necessariamente pela questão da hegemonia: ampliação da esfera de classe, absorção da sociedade, momentos concretos da identificação da classe dirigente/dominante com a sociedade. Hegemonia: projeto que permite expressar o programa, o horizonte ideológico, no qual as demais classes devem se mover. Horizonte que, ao proceder à padronização, ao conformismo, desorganiza, inviabiliza, ou tenta, os projetos das demais classes. Desorganiza ativa ou passivamente: ativamente ao sobrepor seu projeto aos demais e, assim, descaracterizá-los; passivamente, pela repressão pura e simples sobre os demais projetos. Horizonte que é estruturação do campo de lutas, das alianças, do permitido e do interdito. Racionalidade de classe que se faz história e que obriga às demais classes a pensar-se nessa história que não é a delas" (1999: 39).

Referências bibliográficas

ASHLEY, Patrícia. *Ética e responsabilidade social nos negócios*. São Paulo: Saraiva, 2002.

BEGHIN, Nathalie. *A filantropia empresarial: nem caridade, nem direito*. São Paulo: Cortez, 2005.

BEHRING, Elaine Rossetti. *Brasil em contra-reforma: desestruturação do Estado e perda de direitos*. São Paulo: Cortez, 2003.

BERNARDO, João. *Democracia totalitária: teoria e prática da empresa*. São Paulo: Cortez, 2004.

BRESSER PEREIRA, Luiz Carlos. *Reforma do Estado para a cidadania. A reforma gerencial brasileira na perspectiva internacional*. Rio de Janeiro: Fundação Getúlio Vargas, 1998.

CHESNAIS, François (org.). *A mundialização financeira: gênese, custos e riscos*. São Paulo: Xamã, 1998.

DIAS, Edmundo Fernandes Dias. *A liberdade (im)possível na ordem do capital. Reestruturação produtiva e passivização*. Campinas, IFCH/UNICAMP, 1997.

FERNANDES, Florestan. *A revolução burguesa no Brasil*. Rio de Janeiro: Editora Guanabara, 1987.

GARCIA, Joana. *O negócio do social*. Rio de Janeiro: Jorge Zahar Ed., 2004.

GRAMSCI, Antonio. *Maquiavel, a política e o estado moderno*. Rio de Janeiro: Civilização Brasileira, 1991.

IAMAMOTO, Marilda Vilela e CARVALHO, Raul de. *Relações sociais e serviço social no Brasil*. São Paulo: Cortez, 1998.

IPEA. *A iniciativa privada e o espírito público: um retrato da ação social das empresas no Sudeste brasileiro*. Brasília: IPEA, março/2000.

____. *A iniciativa privada e o espírito público: a evolução da ação social das empresas privadas nas regiões Sudeste e Nordeste*. Brasília: IPEA junho/2004.

KAMEYAMA, Nobuco. Filantropia empresarial e entidades da sociedade civil. In: *Capacitação em serviço social e política social, módulo 4*. Brasília: UnB/CEAD, 2000.

MANDEL, Ernest. *A crise do capital*. Campinas, UNICAMP/Ensaio, 1990.

MONTAÑO, Carlos. *Terceiro setor e questão social: crítica ao padrão emergente de intervenção social*. São Paulo: Cortez, 2002.

MOTA, Ana Elizabete. *Cultura da crise e seguridade social: um estudo sobre as tendências da previdência e da assistência social brasileira nos anos 80 e 90*. São Paulo: Cortez, 1995.

NETO, Francisco Paulo de Melo e CESAR, Froes. *Responsabilidade social e cidadania empresarial*. Rio de Janeiro: Qualitymark, 1999.

NETTO, José Paulo. *Capitalismo monopolista e serviço social*. São Paulo: Cortez, 1992.

_____. FHC e a política social: um desastre para as massas trabalhadoras. In: LESBAUPIN, Ivo (org.) *O desmonte da Nação. Balanço do governo FHC*. Petrópolis: Vozes, 1999.

PAOLI, Maria Célia. Empresas e responsabilidade social: os enredamentos da cidadania no Brasil. In: SANTOS, Boaventura de Sousa (org.). *Democratizar a democracia: os caminhos da democracia participativa*. Rio de Janeiro: Civilização Brasileira, 2003.

PINTO, Luiz Fernando da Silva. *Gestão-cidadã: ações estratégicas para a participação social no Brasil*. Rio de Janeiro: Editora FGV, 2002.

RAMALHO, José Ricardo. *Estado-patrão e luta operária: o caso FNM*. Rio de Janeiro: Paz e Terra, 1989.

RICO, Elizabeth de Melo. O empresariado, a filantropia e a questão social. In: *Revista Serviço Social & Sociedade*. São Paulo: Cortez, nº 58, nov. 1998.

SANTOS, Wanderley Guilherme dos. *Cidadania e justiça: a política social na ordem brasileira*. Rio de Janeiro: Campus, 1987.

SROUR, Robert Henry. *Poder, cultura e ética nas organizações*. Rio de Janeiro: Campus, 1998.

VIANNA, Luiz Werneck. *Liberalismo e sindicato no Brasil*. Rio de Janeiro: Paz e Terra, 1978.

Enfrentamento do desemprego/ subemprego — alternativas de trabalho/ renda na atual conjuntura brasileira

Rose Serra

Este ensaio propõe-se a discutir as alternativas de trabalho/renda utilizadas por segmentos da população, como formas de enfrentamento da conjuntura de desemprego e emprego precarizado que são vivenciadas de maneira mais abrangente desde meados da década de oitenta do século passado.

Tal problemática exige que se examine, anteriormente, alguns aspectos determinantes de tal conjuntura e, em especial, as características do mercado de trabalho brasileiro desse período para cá.

Primeiro, tratarei brevemente da crise capitalista dos anos 1970 e suas implicações, arcabouço básico de referência econômico-política deste artigo.

Nos anos 1974-1975, instala-se uma nova crise capitalista, ou seja, uma nova "onda longa recessiva" como quer Mandel (1985). Tal crise expressa o esgotamento do período de expansão e desenvolvimento capitalista, a partir do final da Segunda Guerra Mundial, tendo como base o modelo de produção fordismo-taylorista e a regulação estatal fundamentada nas idéias keynesianas.

O reordenamento do capital na área da produção e no âmbito da circulação, tendo em vista a busca de maiores taxas de lucro, objetivando o enfrentamento dessa crise, resultou na reestruturação produtiva que modificou os processos de produção e o trabalho, alterando suas formas, condições e relações de produção. No âmbito da inserção no mercado de trabalho, alteraram-se os regimes e contratos de trabalho, com a substituição, em grande monta, do emprego formal pelo emprego em tempo parcial, temporário, subcontratado e terceirizado — processo de substituição de tipo de emprego aplicado em escala mundial. Instala-se, portanto, o trabalho precarizado como opção majoritária do capital. Ao lado dessas ocorrências, também registra-se o aumento do contigente do exército industrial de reserva, a exclusão precoce de trabalhadores do mercado de trabalho, considerados "velhos" pelo capital, a baixa absorção de jovens e a inserção cada vez mais cedo de crianças no mercado de trabalho. Por outro lado, a forte incorporação da mulher nesse mercado de trabalho tem provocado o crescimento da população economicamente ativa, PEA, pressionando as taxas de desemprego.

A composição da força de trabalho, resultante das alterações na estrutura do emprego, distribui-se, segundo Harvey (1993: 43-4) em dois grupos distintos: a) o *centro*, formado por trabalhadores em tempo integral, com perspectiva de longa permanência nas organizações, com salários bons, com contratos formais e com características de adaptabilidade, mobilidade e flexibilidade; b) a *periferia,* composta por dois subgrupos. O primeiro é formado por trabalhadores em tempo integral, com habilidades disponíveis no mercado e com alta taxa de rotatividade. O segundo grupo, com maior crescimento em vários países, são trabalhadores com vínculos em tempo parcial, temporários, em tempo determinado, subcontratados e com menos segurança e proteção social que o primeiro grupo.

Em síntese, os efeitos da implantação desse novo modelo de produção, associado às políticas neoliberais estatais, atingem todos os ângulos e dimensões da vida social.

A partir do rápido panorama aqui traçado sobre as alterações no mundo do trabalho, abordarei, especialmente, o rebatimento das mesmas sobre a questão do emprego no Brasil. É fato que está ocorrendo, em escala mundial, desde a década de 1980 para cá, um processo de substituição dos empregos formais por novas modalidades de inserção no mercado de trabalho, conforme sinalizei anteriormente. Também é verdadeiro que tal processo guarda suas diferenças e peculiaridades entre os países centrais e o resto do mundo, os chamados países periféricos, como o Brasil.

Sem dúvida, é corrente admitir-se uma correlação entre nível de emprego e crescimento econômico. Tal relação fica demonstrada no Brasil, ao longo das décadas de 80 e 90 passadas e primeiros anos do século XXI, ou seja, a oferta de emprego retraiu-se à medida que os índices de crescimento da economia diminuíram. O que se observa, principalmente em torno dos últimos 15 anos, é a relação de falta de emprego com a implantação do processo de reestruturação produtiva, provocando o desemprego estrutural, resultante da implantação do novo padrão produtivo, bem como a crescente diminuição de oferta de postos de trabalho em todos setores da economia. Uma das principais alterações advindas dessas transformações técnico-produtivas recai sobre a estrutura e composição do emprego. "O Brasil [...] apresenta alta concentração de trabalhadores nas ocupações profissionais inferiores e baixa concentração nas ocupações profissionais intermediárias e superiores" (Pochmann, 2001: 53).

Em que pese a ocorrência do aumento dos postos de trabalho no mercado de serviços na década de 1980 e grande parte da década de 1990, é fato que tais postos continuam dependendo muito do setor industrial, ainda que de forma indireta, uma vez que muitos dos novos serviços estão ligados às empresas de transformação. Portanto, há uma relação direta entre os setores secundário e terciário no tocante à oferta de postos de trabalho. Para que se tenha uma apreensão adequada da situação ocupacional brasileira, reafirmo, é mister registrar que o Brasil tem diferenças marcantes, se comparada sua situação com a dos países desenvolvidos. Devido ao seu ingresso tardio na fase de industrialização, não obteve os efeitos positivos ocorridos naquelas sociedades, daí a forte presença de ocupações no setor primário e depois, cada vez maior, no setor terciário da economia.

A partir de 1990, o Brasil passou a registrar novas tendências nas ocupações profissionais, como resultado do processo de reconversão econômica.

Daí que compreender a questão do emprego no Brasil exige, necessariamente, que se proceda uma análise do tipo de ocupação. A década de

1990 sinaliza "uma ruptura do antigo paradigma do mercado de trabalho. O número de empregos com carteira assinada [...] teve uma queda de 26% (1991-00)". A partir de 1986, a categoria "conta própria" é o principal gerador de postos de trabalho, chegando a 68% acima da década de 1980, cabendo aí vários tipos de trabalhadores desde taxistas, ambulantes até profissionais liberais" (Dupas, 2001: 47). De outra parte, os trabalhadores sem carteira ganharam 45% de postos de trabalho, tendo um perfil mais homogêneo, neles se incluindo empregados domésticos e trabalhadores da pequena indústria e serviços (ibid.: 148).

A grande alteração foi a dramática queda de empregos industriais e o forte crescimento de postos de trabalho nos serviços, setor em que o informal é mais típico.

De acordo com Mattoso (1999: 17-8), o Brasil perdeu 3,3 milhões de postos de trabalho formais numa realidade de cerca de 18 milhões de assalariados num total de 70 milhões de população economicamente ativa.

A principal conclusão é que, numa década, houve uma alteração da ocupação do mercado de trabalho, do tipo formal para o tipo flexível, havendo uma explosão do trabalho informal ou flexível nas metrópoles brasileiras.

Na década de 1990, os serviços passaram a absorver mais postos de trabalho, configurando já a alteração no setor industrial, em termos de seu encolhimento inicial. Atualmente, início do século XXI, o aumento do desemprego aberto refletiu justamente a incapacidade da economia brasileira de gerar expressivos postos de trabalho, não obstante o setor de serviços continuar absorvendo uma parte dos trabalhadores que anualmente ingressam no mercado de trabalho ou que são demitidos dos setores industrial e agropecuário. Para Pochmann (2001: 60-1):

> A classe de serviços que aumentou fundamentalmente a sua participação relativa no Brasil foi a de distribuição, já que os serviços sociais mantiveram sua participação relativa e as classes de produção e de serviços pessoais regrediram relativamente [...] na classe de serviços de produção, que deveria expressar os esforços de adoção do novo paradigma técnico-produtivo, há queda na participação ocupacional. Isso parece ocorrer fundamentalmente porque o enfraquecimento do setor industrial, com a desin-

tegração e desnacionalização de algumas cadeias de produção, inviabiliza o avanço dos serviços de produção.

No Brasil, por ser ainda um país pouco desenvolvido e dependente do grande capital externo, a implementação de uma política nacional de bem-estar social possibilitaria a ampliação da renda e do emprego. Ainda segundo Pochmann (ibid.: 129), a ampliação dos serviços sociais de boa qualidade influenciaria a elevação dos empregos no setor público (não necessariamente estatal) e nas comunidades de assistência e de prestação de serviços. São exemplos de atividades com potencial de desenvolvimento, no âmbito do serviço social, os programas de trabalho, de utilidade coletiva, uma espécie de regime mínimo de emprego urbano como forma de geração de renda para aqueles que se encontram excluídos do mercado de trabalho por muito tempo (e com dificuldade de obter um novo emprego) e para aqueles que disputam seus primeiros empregos (sem quase nenhuma experiência anterior).

É nessa perspectiva que se pode verificar a funcionalidade das instituições do chamado Terceiro Setor no mercado de trabalho do setor de serviços. Tais organizações atuam, em sua grande maioria, em atendimento a segmentos pobres, desenvolvendo programas de assistência social, saúde, educação e geração de renda.

Sobre essa questão, utilizo, a seguir, a análise de Antunes (1999: 12):

> Tem ocorrido também uma expansão do trabalho no denominado "terceiro setor" [...] entre outros, assumindo uma forma alternativa de ocupação, em empresas de perfil mais comunitário, motivadas predominantemente por formas de trabalho voluntário, abarcando um amplo leque de atividades, sobretudo assistenciais, sem fins diretamente lucrativos e que se desenvolvem um tanto à margem do mercado. O crescimento do "terceiro setor" decorre da retração do mercado de trabalho industrial e também da redução que começa a sentir o setor de serviços, em decorrência do desemprego estrutural.

Partilho da posição de Antunes de que esse " Terceiro Setor" cumpre uma funcionalidade significativa, ao absorver uma parcela de desempregados expulsos do setor produtivo e dos novos segmentos da PEA, colocados no mercado todo ano, em busca de emprego, mas não apresenta potencial para se constituir uma alternativa substantiva de absorção de mão-de-obra. Essa posição conflita com a daqueles autores que atribuem ao "Terceiro Setor" uma funcionalidade muito importante, capaz de se constituir uma real alternativa na lógica do capital e do mercado "como se, por meio da expansão da economia solidária, pela franja do sistema, se pudesse reverter e alterar substancialmente a essência da lógica do sistema produtor de mercadorias e da valorização do capital" (Antunes, 1999: 113).

Para Jeremy Rifkin, na compreensão de Dupas (2001: 193):

> as soluções seriam dadas pela reengenharia da semana de trabalho, pelo fortalecimento do terceiro setor (um novo contrato social) e pela globalização da economia social [...]. Ao desaparecerem as funções do Estado, somente o terceiro setor poderia assumi-las: passaríamos de um *Welfare State* a um *welfare* da cidadania. Além disso, para se fortalecer o terceiro setor, a relação entre renda e trabalho deveria ser rompida como nos afirma Rifkin (1995): [...] o trabalho comunitário é uma alternativa revolucionária às formas tradicionais de trabalho". Ele preconiza, ainda, a necessidade de que a redistribuição tributária reverta o *status quo*, priorizando os setores menos favorecidos e o fortalecimento do terceiro setor e das ONGs, situadas na interseção do público e do privado. Trata-se de uma das instâncias que, através de trabalhos comunitários, poderia restaurar redes sociais abaladas, bem como abrir perspectivas de geração de novos postos de trabalho.

Faz-se necessário situar, nesse momento, a concepção de "Terceiro Setor", como fundamento para essa abordagem, aqui posta, acerca do mesmo. Para Leilah Landim (1999: 61), pesquisadora dessa temática, "Terceiro Setor" é: "um termo importado que recentemente começa a ser utilizado no Brasil para designar fenômenos e questões referidas a um universo de organizações da sociedade civil". Rose Serra (2003: 77) afirma que "o chamado Terceiro Setor é uma expressão de origem norte-americana, carregada do sentido que ali tem o associativismo com uma cultura política e cívica centrada no individualismo liberal, com uma clara precedência da sociedade civil sobre o Estado. Tal expressão começou a ser utilizada no Brasil a partir de meados das década de 1990 para cá". Resumindo, o "Terceiro Setor" é o setor privado que presta serviços sociais fora do âmbito do Estado e, segundo Landim e Beres (1999: 12), suas principais características são: é formado por organizações formalmente constituídas e institucionalizadas, que "não integram o aparelho governamental", que se auto-gerenciam, que "não têm como razão primeira a geração de lucros, que envolvem em algum grau a participação voluntária".

A polêmica maior sobre essa questão diz respeito ao significado dessa nominação "Terceiro Setor", uma vez que, o mesmo presume a existência de três setores distintos: o primeiro, o Estado, o lugar da política; o segundo, o mercado, o lugar da economia, do lucro; e o terceiro ou sociedade civil, o lugar do social, da solidariedade. Como se vê, tal posição está carregada de uma visão dicotomizada e despolitizada da realidade, o que não se coaduna com uma leitura acerca da mesma, sob o enfoque da teoria crítica.

Retomando a discussão acerca da funcionalidade do "Terceiro Setor" no mercado de trabalho, convém apontar que Rifkin integra o grupo de autores que rejeitam a centralidade do trabalho e, portanto, a lógica que a constitui é página virada na atual era pós-moderna que apregoam. Para esses autores, "o fim dos empregos" é uma realidade incontestável, traduzindo-se como "o fim do trabalho", e atribuem ao "Terceiro Setor" uma fonte de emprego para os segmentos expulsos do setor produtivo ou aqueles não incorporados no mercado formal de emprego. Conforme nos aponta Montaño (2002: 170-171):

Assim, as organizações do chamado "terceiro setor" serviriam como contratendência ao desemprego e subemprego gerado a partir da reestruturação produtiva. Eles apareceriam, agora, como constituindo um movimento social que visa também responder o problema do emprego. Uma solução "não-capitalista" para um problema capitalista, uma solução na "sociedade civil" para um problema do mercado e da produção.

Evidentemente, a posição de Rifkin e seus pares não se fundamenta nos fundamentos teóricos marxistas para a explicação do desemprego e do emprego precarizado; estes, na verdade, resultantes da implantação do novo modelo de produção, a reestruturação produtiva, a resposta econômica do capital à crise capitalista, iniciada nos anos passados de 1979, cujo epicentro foi a diminuição das taxas de lucro do capital. Portanto, para a reversão desse quadro, só com a opção governamental por políticas nacionais de desenvolvimento, objetivando o incremento da atividade produtiva, principal geradora de emprego formal que, de fato, propicie o aumento não só de postos de emprego como também da remuneração do trabalho, o que provoca, conseqüentemente, a melhoria das condições de vida dos trabalhadores.

Faz-se conveniente também analisar a outra funcionalidade que exercem hoje essas atividades do "terceiro setor", desencadeada com a desmontagem do *Welfare State* dos países centrais e dos Estados dos países periféricos, inspirados nesse modelo de regulação, que estão cumprindo o papel de substituição das funções sociais do Estado na prestação de serviços sociais ou desenvolvendo tais atividades com subsídios estatais. Nesse particular, os governos neoliberais têm a sua cota de participação no incremento do desemprego atual por meio da redução ou extinção de políticas públicas que requerem, em contrapartida, a diminuição do efetivo da força de trabalho estatal.

Conforme as observações de Pochmann (2001: 130):

> No Brasil há menos de 10% da população economicamente ativa empregada no setor público, enquanto nos países capitalistas avançados essa ocupação varia de 16 a 33% da ocupação total. Portanto, o emprego público poderia aumentar, melhorando paralelamente a qualidade e a eficiência dos serviços oferecidos no Brasil.

Com o governo Lula, há a expectativa de alteração desse panorama, a partir da retomada de crescimento econômico já apresentando os primeiros sinais de mudança neste segundo semestre de 2004 quando escrevo este artigo. No entanto, embora se anuncie o aumento de postos de trabalho no setor produtivo em 2004, responsável mais diretamente pela sustentação desse aumento, ainda é prematuro para chegar-se a qualquer conclusão mais sustentada dessa mudança, principalmente porque o aumento de postos precisa estar acompanhado de crescimento da renda do trabalho, este, sim, um quadro muito difícil de reversão, porque implica alterar os índices alarmantes da desigualdade social brasileira, o que abarca muitos aspectos, não só econômicos, mas fatores de ordem política, cultural e institucional. Dados do Cadastro Geral de Empregados e Desempregados (CAGED) do Ministério do Trabalho e Emprego — MTE, de âmbito nacional, que só mede o emprego com carteira assinada, e da Pesquisa Mensal do Emprego do IBGE, em seis regiões metropolitanas, que capta também o emprego informal, ambas realizadas em agosto, apontam que dos postos de emprego abertos de janeiro a julho de 2004, cerca de 1,2 milhão de empregos com carteira assinada foram de até três salários mínimos (R$ 780,00), atestado pela primeira pesquisa, a do MTE, e que a diminuição da taxa de desemprego deu-se pelo crescimento das ocupações precárias, dado aferido pelo IBGE, o que comprova a recuperação do emprego apenas na quantidade e dessa maneira.

Por outro lado, há ainda uma informação complementar nessa mesma fonte do MTE: desses 1,2 milhão de supostos empregos novos, cerca de 405 mil vagas não eram propriamente novas, mas apenas a formalização em carteira de postos de trabalhos já existentes, resultante da efetiva ação dos fiscais do trabalho do MTE. Tal informação altera o índice de vagas abertas para 831 mil, e o índice de ocupação real que foi menor.

A partir desse panorama de trabalho/emprego, tratarei das alternativas de trabalho/renda empreendidas pelos segmentos populares, cujas denominações são as mais diversas, entre elas, economia solidária, economia popular, economia submersa, economia informal, economia associativa, economia de solidariedade e trabalho, economia de sobrevivência etc.

O primeiro aspecto a ressaltar é que as experiências de economia desse modo de produção, secundariamente importando, a meu juízo, a sua forma de trabalho, não surgiram recentemente. O que se presencia das duas últimas décadas para cá são experiências com roupagens um pouco diferenciadas, em consonância com as transformações societárias no mundo do trabalho e da nova regulação estatal.

Paul Singer, um dos mais importantes autores envolvidos com essa questão, concebendo-a tão somente enquanto uma forma de produção não capitalista, não trata de nenhuma tipificação a respeito, o que implica em compreender-se que, para ele, trata-se de economia solidária enquanto tal, não importando a forma particular que possa assumir. Segundo Singer (2002), o que se denomina economia solidária data do início do século XIX, pouco depois do capitalismo industrial, na Inglaterra, como uma maneira de enfrentar as condições de exploração do trabalho daquela época, resultando na criação daquilo que se chamou de cooperativa, com o empenho e liderança de Robert Owen, proprietário de um complexo têxtil e de seus seguidores. Mas, de que se trata a economia solidária? Na verdade, é um modo de produção e distribuição alternativo ao capitalismo, cuja unidade típica é a cooperativa de produção:

> [Seus] princípios organizativos são: posse coletiva dos meios de produção pelas pessoas envolvidas na produção; gestão democrática da empresa; repartição da receita líquida entre os cooperadores por critérios aprovados por todos; destinação do excedente anual [denominado "sobras"] também por critérios acertados em comum acordo. A cota básica do capital de cada cooperador não é remunerada e somas adicionais emprestadas à cooperativa proporcionam a menor taxa de juros do mercado." (Singer e Souza, 2000: 13).

A economia solidária engloba um amplo leque de empreendedores, desde empresas diversas como cooperativas de produção industrial, seja as com maior volume de capital ou as menores, como aquelas que produzem pequenos produtos como as associações de trabalhadores, incluindo aqueles marginalizados ou pessoas estigmatizadas como ex-detentos, ex-dependentes de drogas, deficientes físicos, moradores de rua etc. Também existem as cooperativas de venda de serviços de limpeza, manutenção, reparação, jardinagem, vigilância, táxi e microtransporte e outras similares, cujos serviços são prestados nos locais e com meios dos compradores. Ainda existem os clubes de troca, formados por pequenos produtores de mercadoria, que emitem uma moeda própria que viabiliza a troca entre os seus integrantes.

Uma indagação que se coloca para esse tipo de economia é se ela pode se estender para todos os ramos da atividade econômica. Os seus defensores advogam essa possibilidade, mas definem algumas base de sustentação para tal possibilidade. Ainda é Singer (2002: 23) quem nos indica tais requisitos: há necessidade de "fontes de financiamento, redes de comercialização, assessoria técnico-científica, formação continuada dos trabalhadores e apoio institucional e legal por parte das autoridades governamentais". Esse autor ressalta que tais apoios são prestados às empresas capitalistas como bancos comerciais e de fomento, e cadeias atacadistas e varejistas, por exemplo. Por que então não poderia efetivar-se para a economia solidária?

É importante sinalizar nessa análise outro aspecto diferenciador entre a economia capitalista e a economia solidária, que é o modo como são administradas as empresas, isto é, o seu sistema de gestão. A primeira utiliza a heterogestão com administração hierarquizada, em que existem níveis sucessivos de autoridade e a exigência do máximo de trabalho e eficiência dos empregados, em função da extração da mais-valia. Ao contrário, a empresa solidária pratica a autogestão e administração democrática, com decisões deliberadas em assembléias nas empresas menores ou por meio do sistema de delegação em empresas maiores, estabelecendo-se hierarquias de coordenadores e gestores que são eleitos por prazo determinado, permanecendo sob controle dos cooperativados.

No Brasil, o cooperativismo teve efetivamente presença no começo do século XX, trazido pelos emigrantes europeus, formando-se principalmente as cooperativas de consumo nas cidades e por empresa e as cooperativas agrícolas no campo. O surgimento das redes de supermercados provocou a derrocada dessas cooperativas, que não suportaram a competitividade. Por outro lado, as cooperativas agrícolas transformaram-se em grandes empreendimentos agroindustriais e comerciais. Para Singer (2002), nenhuma dessas experiências de cooperativas, do tipo consumo ou agrícola, era ou foi autogestionária, uma vez que tanto a direção como as pessoas que as operavam ou operam são assalariadas, não podendo ser consideradas como economia solidária, tendo em vista que um dos seus princípios básicos é o não assalariamento.

A economia solidária propriamente dita (re)surge aqui no Brasil de forma esparsa na década de 1980, e, de maneira mais crescente, a partir da metade da década de 1990, desencadeada pela crise do emprego, com a implantação do novo modelo produtivo, já tratado no início deste trabalho. A seguir, utilizarei as informações de Singer (2000 e 2002), com a relação de algumas experiências e organismos dessa modalidade de economia no Brasil, consideradas como referências para os seus adeptos e defensores:

São eles: a) *Projetos Alternativos Comunitários*, financiados pela Cáritas, órgão ligado à Conferência dos Bispos do Brasil — CNBB, na década de 1980, objetivavam gerar trabalho e renda, de forma associada, para moradores de periferias pobres de metrópoles e da zona rural de várias regiões do País; b) *Cooperativas Autogestionárias,* formadas na década de 1990 por trabalhadores de empresas falidas ou em vias de falência, que se apoderaram das mesmas, transformando-se em seus próprios patrões. Dessa iniciativa, resultaram duas associações, a Associação Nacional de Trabalhadores em Empresas de Autogestão e Participação Acionária — ANTEAG, que foi fruto do movimento com a falência da empresa de calçados Makerli de Franca, em São Paulo, que alcançou, em 2002, mais de cem cooperativas a ela associadas e a União e Solidariedade das Cooperativas do Estado de São Paulo-UNISOLl; c) *Sistema Cooperativista dos Assentados,* criado entre 1989 e 1990 pelo Movimento dos Sem-Terra — MST, que conta hoje com quase cem cooperativas em vários Estados brasileiros, sob três formas: Cooperativas de Produção Agropecuária, de Crédito e de Prestação de Serviços; d) *Incubadoras Tecnológicas de Cooperativas Populares — ITCPS,* de Universidades, formadas por professores, alunos e funcionários de vários cursos que dão formação em cooperativismo e economia solidária, com apoio técnico e jurídico a grupos comunitários que desejam realizar empreendimentos autogestionários. As ITCPS constituíram uma rede desde 1999 e filiaram-se à Fundação Unitrabalho, que reúne mais de 80 universidades e presta serviços, nas mais diferentes áreas, a comunidades carentes e operárias; e) *Agência de Desenvolvimento Solidário — ADS,* criada pela Central Única dos Trabalhadores — CUT, pelo Departamento Intersindical de Estatísticas e Estudos Socioeconômicos — DIEESE e pela Unitrabalho, que difunde conhecimento sobre a economia solidária entre lideranças sindicais e militantes de entidades de fomento dessa economia, através de cursos de pós-graduação em várias universidades; f) *Rede Brasileira de socioeconomia Solidária,* lançada no Fórum Social Mundial, em 2001, em Porto Alegre, é uma rede eletrônica que promove intercâmbio de notícias e de intercâmbio comercial entre cooperativas e associações produtivas e de consumidores.

Para outros autores, essa forma de economia não capitalista apresenta uma tipificação, a partir de alguns princípios próprios e características diferenciadas. É o caso de Aníbal Quijano (2002: 489-491), que considera que há duas vertentes, a saber:

a) A que é chamada de Economia Solidária, que tem na cooperativa a sua modalidade principal, que possue como características, entre alguns aspectos: geralmente cobrem um determinado setor da economia; as relações entre seus membros não são predominantemente primárias; requerem uma divisão do trabalho e uma gestão eficaz; rejeitam qualquer forma de salariarismo; sua principal diferença com a empresa capitalista é que há uma identificação com um sistema de autogestão dos trabalhadores, de sua força de trabalho, dos instrumentos de produção, dos meios de produção e dos produtos e a distribuição dos bens, produtos, serviços e benefícios é feita de acordo com a vontade e em favor dos trabalhadores.

b) A que é identificada como Economia Popular, que é composta de: instituições e atividades heterogêneas; agrupamentos pequenos e relações mais primárias entre as pessoas; não há sempre entre os seus membros uma auto — identificação ideológica e política; composta por segmentos populares da sociedade; organização social numa lógica comunitária em torno da reciprocidade e da vida social, ou seja, da comunidade.

Outra autora que admite formas diferentes de economia não capitalista é Lia Tiriba (1998), que faz uma discussão muito interessante acerca das possibilidades para além de uma prática de economia popular. Ela consiste em que esse tipo de vivência possibilite gestar novas relações e "uma nova cultura do trabalho que possa desencadear um projeto nacional de desenvolvimento desse novo setor da economia, tendo em vista os interesse dos setores populares" (idem: 198). Ela não diz, mas a minha leitura é que tal aspiração representaria um novo modo de produção, portanto, a substituição do modo capitalista, o que, a meu ver, é uma visão idealista de tais experiências econômicas populares. A autora faz um paralelo com a economia solidária, afirmando:

> Como Razeto, acreditamos que nem toda economia popular é de solidariedade, uma vez que nem sempre está presente o fator C — [...] é a inicial de palavras como cooperação, companheirismo, colaboração, comunidade, coletividade [...], valores que caracterizam uma ação conjunta e solidária. Do mesmo modo, nem toda economia de solidariedade é economia popular, uma vez que é possível encontrar elementos de solidariedade em outras organizações e em outras atividades econômicas de estratos sociais não populares. (idem: 199)

Com tais pressupostos, Tiriba (1998) considera a experiência de economia popular de solidariedade como um ponto de interseção entre a economia popular e a economia de solidariedade, sendo "as organizações econômicas populares, a modalidade que representa um modo de produzir, distribuir bens e recursos alternativos ao capital" (idem: 199)

Ainda destaco a classificação feita por Razeto, citado por Tiriba, acerca dos tipos de atividades das diversas modalidades da economia popular:

> Dependendo do grau da estabilidade e permanência que estas alternativas econômicas tenham no tempo, ou dependendo do valor que seus protagonistas lhe atribuam, Razeto distingue três níveis de atividade: a) estratégias de sobrevivência: emergencial ou transitória; b) estratégias de subsistência: satisfação de necessidades básicas, não sendo possível nenhuma forma de acumulação ou crescimento e c) estratégias de vida: valorização da liberdade, companheirismo, autogestão, preferência por trabalhar por conta própria ou porque consideram fechadas as formas tradicionais de trabalho (Razeto, 1987: 36-39 apud Tiriba, ibid.: 199-200).

Finalizando o meu texto, sinalizo alguns aspectos que podem referenciar o debate sobre a questão dessas experiências de alternativas de trabalho/renda.

O primeiro aspecto é que tais iniciativas estão carregadas de um sentido novo enquanto experiências populares e solidárias no interior dos movimentos populares, sobretudo a reinvenção do cotidiano dos processos de trabalho, colocando os componentes desses processos, em particular, os meios e produtos do trabalho, a serviço dos trabalhadores e da comunidade, e criando relações de mercado solidárias que também assegurem a eficácia desses empreendimentos em termos de sucesso econômico. Não podemos esquecer que, nos anos 1970 e 1980, tais empreendimentos de ordem econômica, assumiam um lugar secundário nos movimentos populares, tendo em vista que os objetivos desses estavam voltados para a conscientização e organização política, objetivando a luta de enfrentamento do Estado militar e a reconquista da democracia política brasileira.

Outro elemento para reflexão refere-se à posição dos governos dos vários níveis e dos empresários, estimulando os trabalhadores a terem seu próprio negócio, o auto-emprego e o cooperativismo, com objetivos diferentes dos trabalhadores, ou seja, utilizam estratégias para viabilizar o ajuste do capital e/ou para neutralizar as reações dos movimentos populares frente aos efeitos negativos das políticas neoliberais por eles implantadas, que resultaram em desemprego, emprego precarizado e baixa remuneração do trabalho. Nessa perspectiva, relembre-se das investidas do governo Fernando Henrique Cardoso sobre a estimulação dos servidores públicos para a demissão voluntária, para que utilizassem a indenização e o saldo financeiro recebidos para montar seu negócio particular. Sabemos o malogro de tal experiência dos trabalhadores públicos que acreditaram nesse "canto de sereia".

O último aspecto a considerar é a contrapartida para aqueles que defendem e acreditam nesse modo de produzir não capitalista. É fundamental que tais experiências dessa modalidade de produção sejam consideradas, não automaticamente, o início da efetivação da mudança do modo de produção capitalista mas, tão somente, o horizonte dessa utopia, no sentido de que essas alternativas populares de trabalho e renda significam uma "nova instância dos movimentos populares, apresentando-se como estratégias de sobrevivência e de vida que podem conter, ainda que de forma limitada e contraditória, as sementes para a construção de uma nova cultura do trabalho" (Tiriba, 1998: 215).

Referências bibliográficas

ANTUNES, Ricardo. *Os sentidos do trabalho*. Ensaio sobre a afirmação e a negação do trabalho. São Paulo: Boitempo, 1999.

DUPAS, Gilberto. *Economia global e exclusão social*. Pobreza, emprego, Estado e o futuro do capitalismo. São Paulo: Paz e Terra, 2001.

HARVEY, David. *A condição pós-moderna*. São Paulo: Loyola, 1993.

LANDIM, Leilah. Notas em torno do Terceiro Setor e outras expressões estratégicas. *O Serviço Social em questão*, Rio de Janeiro: PUC, n. 4, 1999.

LANDIM, Leilah e BERES, Neide. *As organizações sem fins lucrativos no Brasil —ocupações, despesas e recursos*. Rio de Janeiro: Nau Editora, 1999.

MANDEL, Ernest. *O capitalismo tardio*. São Paulo: Nova Cultural, 1985.

MATTOSO, Jorge. *O Brasil desempregado*. Como foram destruídos mais de 3 milhões de empregos nos anos 90. São Paulo: Fundação Perseu Abramo, 1999.

MONTAÑO, Carlos. *Terceiro Setor e questão social — crítica ao padrão emergente de intervenção social*. São Paulo: Cortez, 2002.

POCHMANN, Marcio. *O emprego na globalização*. A nova divisão internacional do trabalho e os caminhos que o Brasil escolheu. São Paulo: Boitempo, 2001.

QUIJANO, Aníbal. Sistemas Alternativos de Produção? In: SANTOS, Boaventura de Sousa (Org). *Produzir para viver*: os caminhos da produção não capitalista. Rio de Janeiro: Civilização Brasileira, 2002.

RIFKIN, Jeremy. *O fim dos empregos*. São Paulo: Makron Books, 1995.

SERRA, Rose. O "Terceiro Setor em debate". *Revista Resgate*. Campinas: Unicamp, n. 12, 2003.

SINGER, Paul. *Introdução à economia solidária*. São Paulo: Fundação Perseu Abramo, 2002.

SINGER, Paul; SOUZA, André Ricardo de (Orgs.). *A economia solidária no Brasil* — a autogestão como resposta ao desemprego. São Paulo: Contexto, 2000.

TIRIBA, Lia Vargas. Economia popular e produção de nova cultura do trabalho: contradições e desafios frente à crise do trabalho assalariado. In: FRIGOTTO, Gaudêncio (org.). *Educação e crise do trabalho*: perspectivas de final de século. Petrópolis: Vozes, 1998.

Um certo olhar sobre o desemprego na cidade do Rio de Janeiro

Uma análise provisória sobre o desenvolvimento de uma pesquisa na área

Maria Helena Tenório de Almeida

Este texto ganha significado no âmbito de um projeto de pesquisa em desenvolvimento na Universidade Estadual do Rio de Janeiro — UERJ — cujo título é Percursos e Astúcias da Desigualdade. Tal projeto nasce da perplexidade com a crise do"Padrão sistêmico de Integração social" (M. Pochmann, 1999), que ganhara forma no pós segunda guerra e que vinha atingindo a todos de forma irreversível, embora incidisse,de modo mais contundente, sobre os países do terceiro mundo. No caso do Brasil, em especial, essa contundência advinha não apenas dos problemas colocados pela reestruturação produtiva mesmo, mas da orfandade a que éramos submetidos pela ausência de referência que ela provocara; orfandade porque, se não tivéramos aqui uma sociedade salarial nos padrões dos chamados países de primeiro mundo, essa forma de sociedade conformara-se historicamente como horizonte, organizando de algum modo a reflexão da realidade e ajudando a problematizá-la. Assim, mesmo se essa perspectiva só começa a ganhar relevância prática com a Constituição de 88, é certo, como dizem vários estudiosos, que podemos falar de uma dinâmica societária que ganha fôlego nos chamados "ciclos desenvolvimentistas" que acenaram com possibilidades de integração no mercado e de cidadania social para parcelas significativas da população (Cocco, 2000).

Posteriormente, a convicção era de que nos defrontávamos com a ausência de medida e de referências para pensar a realidade do pós neoliberalismno (Negri, 1998), o que nos fazia lembrar um verso do poeta Manoel de Barros que dizia: " Para enxergar as coisas sem feitio é preciso não saber nada." Essa forma de ver as coisas ajudava a pensar o fato de que vivíamos em uma sociedade capitalista que, se tinha feito do trabalho assalariado a forma predominante de inserção social e de acesso a renda, descartava agora essa forma de vida, desobrigando o Estado como forma política de operar o disciplinamento do capital e de garantir a sua reprodução pelo concurso do trabalho. Quer dizer, o capital parecia se libertar do trabalho, atualizando de algum modo a idéia de "superfluidade dos homens" (Arendt, 1993; Castel, 1998; Mészáros, 2002), bem expressa no desemprego estrutural.

Análises de estudiosos brasileiros indicavam, de alguma forma, que esse sempre foi um problema histórico entre nós. Quer dizer o trabalho aqui sempre foi flexível (Pochmann, 1999) enquanto a reivindicação por direitos ganhou, no tempo, sentidos diferenciados e muitas vezes divergentes, conformando uma cidadania de "geometria variável" (Teles, 1999).

Essas indicações abriam um amplo leque de alternativas de investigação com base no eixo trabalho e exclusão que se desdobravam em termos da relação trabalho x política. O acento nesse eixo obrigava a explorar o dilema criado com a sociedade industrial e hoje reaberto com o desemprego estrutural, que se definia em termos da possibilidade de transformar a capacidade de trabalho em trabalho garantindo, nesse movimento, a reprodução social.

A exploração desse eixo indicava no sentido de impasses tanto no campo teórico/metodológico como no campo da política. Uns e outros obrigavam a enfrentar o embaraço de reconhecer a fragilidade das referências e a ausência de medida para pensar e julgar as turbulências que atravessavam a relação entre o trabalho formal e o chamado trabalho informal. Notava-se aí uma incompatibilidade visceral entre altos níveis de desemprego e cidadania. Naturalizando-se a relação entre um e outro, deixou-se de indagar sobre a razão que orientava o corte entre o trabalho formal e o informal estruturando uma ambigüidade dessa relação muitas vezes expressa em termos de uma assalariação incompleta (Malaguti, 2000).

Esses e outros veios de investigação ligados ao mundo da produção/reprodução aliam-se aqueles que se definem em termos dos cortes de gênero, geração e etnia exigindo do pesquisador um olhar mais acurado sobre as relações sociais, não para ficar nos determinismos, mas para tentar descobrir, nas tramas dos determinismos, a liberdade que não pode aparecer porque o problema da escolha não se manifesta imediatamente ao nível do grupo social, mas no signo do indivíduo, do sujeito. Essa perspectiva justificou a escolha do desemprego como indicador básico das desigualdades sociais e a análise das trajetórias individuais como estratégia metodológica.

A hipótese é que a análise dessas trajetórias permite retirar da invisibilidade aqueles que, perdendo ou não tendo acesso ao emprego, perderam a voz, ficando ao mesmo tempo sem um lugar no sistema. Busca-se, com essa perspectiva, apreender o caráter multidimensional dos percursos da desigualdade que emergem nos deslocamentos de um emprego à outro, ou de um trabalho à outro, para garantir a sobrevivência e reagir a situação de isolamento a que foram condenados no desenvolvimento do processo produtivo.

Sob esse ângulo o problema que se colocava de saída era o de perceber, *quem são como vivem e quais são as perspectivas* dos setores de população que estão jogados na dramática situação de desemprego. Com essa perspectiva descartava-se a idéia de um quadro seguro de análise marcado pela precisão estatística (Santos, J. B. F., 2000; Salama e Destremau, 1999; Minayo, 1999) em favor da imponderabilidade da análise qualitativa sem entretanto perder de vista o signo quantitativo. A relação entre os dois signos sustentava-se na perspectiva bem expressa na idéia de que, se a ação humana não pode ser compreendida independente do significado que o autor lhe atribui, também não pode se dobrar apenas a interpretação que ele faz dela (Minayo, 1999).

Essa escolha metodológica fundava-se, assim, no clássico juízo segundo o qual as palavras podem servir para velar e revelar... sob esse ângulo confiar nelas, para dar voz aos que não têm voz, é um risco menor que se corre no sentido de incrementar a ação, uma vez que se acredita que falar é agir (Arendt, sobretudo 1993).

Se isso estiver certo, as palavras podem mesmo realçar os efeitos da estrutura social aliados aos condicionantes psíquicos e sociais que dizem respeito às trajetórias particulares, nos espaços sociais em que os entrevistados se movimentam (Bourdieu, 1997).

Essas convicções serviram de referência para a escolha do instrumento de investigação que se definiu nos termos da entrevista semi-estruturada. Sob a forma de roteiro aberto a entrevista foi aliada ao diário de campo, potencialmente capaz de por em prática uma "escuta ativa e metódica", o que, supunha-se, facilitaria tanto a não intervenção da entrevista como o dirigismo do questionário (Bourdieu, 1995).

A isso seguiu-se o treinamento dos pesquisadores e o levantamento dos Bancos de emprego existentes no Rio de Janeiro o que revelou não só um grande número deles mas, também, uma configuração diferenciada que ganhava expressão nas fronteiras dos âmbitos público e privado. Tal característica,[1] aliada a pequena quantidade de recursos humanos disponíveis na etapa exploratória da pesquisa,[2] condicionou a natureza do Banco a ser abordado e o número deles; atendendo a esses requisitos elegeu-se, para o desenvolvimento dessa etapa, apenas o Banco de Emprego gerido pela Central de Atendimento ao Trabalhador — CAT, quando foram entrevistados vinte e quatro (24) desempregados abordados, de modo aleatório, na fila do Banco mencionado.[3]

É possível dizer já, que um dos principais obstáculos a informação está sendo a situação da pesquisa. A realização das entrevistas nas filas dos Bancos não favorece a relação pesquisador pesquisado e faz da pesquisa uma aventura bem mais difícil, sobretudo quando ela dá ênfase aos aspectos qualitativos e tem como mão-de-obra alunos de graduação que, alem de tudo são em grande parte voluntários.

---

1. O desenvolvimento da pesquisa não comprovou essa hipótese, mas essa questão é assunto para a segunda etapa da investigação atualmente em processo. No momento cerca de setenta (70) entrevistas já foram aplicadas e procede-se a um delineamento do perfil dos entrevistados.

2. Contava-se então com apenas dois bolsistas de Iniciação Científica e alguns alunos voluntários com pouca disponibilidade para o trabalho de campo.

3. Essa forma de abordagem deveu-se à interdição dos dados produzidos pelos bancos.

Seja como for os resultados, mesmo ainda preliminares, revelam que o espaço e o tempo da pesquisa foram bem aproveitados pelos alunos e pelo professor que, juntos, estão experimentando a aventura do conhecimento.

Um desenho parcial das trajetórias dos desempregados entrevistados

Para além do desenho objetivo do desemprego, o que se trata aqui, dando cumprimento a parte dos objetivos do Projeto "Percursos e Astúcias da Desigualdade", é de tentar, pelo menos de forma preliminar, interpretar os modos como a população investigada vivencia a situação de desemprego em suas trajetórias.

Em primeiro lugar, e de modo geral, pode-se dizer que reflui dos depoimentos colhidos um sentimento meio indefinido que pode ser traduzido como próprio àqueles que não se sentem em casa no mundo.

Essa metáfora bem conformada por H. Arendt na figura do paria que atravessa os séculos XVIII e XIX, constituindo-se objetivamente no século XX com a sua expulsão do mundo real pelo regime totalitário (1973, 1976, 1993, 1994), reflui dos depoimentos dos entrevistados que falam de suas experiências de trabalhadores sem trabalho como que pedindo tradução. Desempregados hoje, todos dizem ter-se inserido no mercado de trabalho no registro formal deslocando-se, no percurso de suas vidas, para o campo da informalidade.

Um olhar mais perscrutador sobre as narrativas demonstra, entretanto, que os depoimentos ao indicarem apenas o deslocamento do trabalho formal para o informal, deixam na sombra os percursos feitos pelos entrevistados, não apenas na passagem de uma forma de trabalho à outra, mas no interior de cada uma dessas formas de trabalho. Nesse sentido, ao tempo em que eles são um recurso no entendimento da problemática, dão também os limites da razão formal para ordenar as trajetórias das populações em busca de inserção no mercado formal de trabalho. Furtando-se a critérios de ordenação racional, essas trajetórias são quase inapreensíveis. O são, em primeiro lugar, porque é muito difícil saber quando a maioria dos entrevistados começa a trabalhar. Percebendo, o trabalho como emprego, eles naturalizam suas experiências anteriores, recusando-se a descrevê-las em sua inteireza. Nesse sentido observa-se que o ingresso dessas populações no mercado de trabalho é precedido por uma série de relações com o trabalho que, se indicam uma proliferação de formas precárias de trabalho insinuam também uma naturalização dessas formas de trabalho e uma percepção/redução da idéia do trabalho ao trabalho assalariado. Sob esse ângulo, pode-se dizer que elas funcionam como uma espécie de "rito de passagem" necessário ao ingresso no misterioso e quase inacessível mundo do trabalho.

Em segundo lugar é importante dizer que as trajetórias das populações investigadas não se tornam apreensíveis com a sua ascensão ao mundo do trabalho. Aí chegados, eles são aprisionados em uma rede de subcontratações quase indecifrável. Quase porque é difícil saber a natureza dos trabalhos que cada um faz e onde faz, assim como os momentos de demissão e contratação. E mais: preenchendo o intervalo entre um acontecimento e outro com a aventura de pequenos negócios, no sentido da obtenção de alguma renda, o trabalhador só consegue descrever com clareza o momento atual de desemprego.

Essa impossibilidade que os entrevistados demonstram de distinguir de forma clara os tipos de serviços e contratos definidores de suas trajetórias pode ser ponderavelmente atribuída ao fato da totalidade deles terem se inserido no Mercado Formal no setor de serviços. É sabido que esse setor se constitui em complementação com o setor industrial, abrangendo um leque de atividades que vão desde as mais especializadas às de menor especialização. Alem disso, entre umas e outras é possível observar ainda uma modulação de funções e tarefas que dão ao setor de serviços uma abertura que lhe permite abrigar uma série de outras não previstas formalmente. Essa abertura costura, por assim dizer, uma linha tênue entre o trabalho formal e o informal estruturando quer uma convivência entre um e outro, quer um deslocamento de um para outro.

Tais características do setor de serviços parecem explicar a absorção de uma mão de obra que, ou não tem perfil para se inserir no ramo industrial ou não está preparada para tal. Entende-se que, se é verdade que determinantes estruturais como a ampliação do setor de serviços e crescimento da informalidade no período (Pochmann, 1999; Dupas, 1999), puderam influenciar as "escolhas" de inserção de mão-de-obra no mercado, por certo não se pode atribuir a questão apenas a esse fenômeno.

Essas "escolhas" parecem orientadas mais pelas características dessa mão-de-obra que embora demonstre, em sua maioria, um nível de instrução médio e para além de médio, não consegue se adequar às exigências do mercado; quer dizer, independente do fato de mais de 50% dos entrevistados possuírem nível médio e/ou do mesmo percentual ter algum curso de especialização ou mesmo de alguns terem feito curso superior, a sua inserção no mercado, de modo geral não corresponde aos seus níveis de qualificação.

Seria fácil dizer que o fenômeno se deve a tendência seletiva do mercado cuja dinâmica hoje, foge aos níveis formais de especialização e qualificação. À prudência, entretanto, aconselha a aprofundar mais o problema para chegar a alguma explicação. Enquanto isso não acontece há indicações sugerindo que alguns entrevistados só adquiriram os níveis de instrução revelados depois de estarem trabalhando; fica assim a suposição de que a instrução não determinou as suas inserções no mercado de trabalho.

Seja como for é importante sublinhar que, apesar dos níveis de instrução demonstrados, essa mão de obra vem sendo absorvida em trabalhos de escritório de menor qualificação e ou em serviços domésticos como, portaria, vigilância, limpeza e outros assemelhados. De qualquer forma, seja ou não esse modo de absorção o resultado de critérios excessivamente rígidos por parte do mercado, o fato é que ele favorece a convivência entre o trabalho formal e informal assim como o deslocamento rápido do primeiro para o segundo.

Tal convivência, ao permitir uma interferência entre uma forma e outra de trabalho, contribui sem dúvida para obscurecer as fronteiras entre o trabalho legal e o ilegal e, conseqüentemente, para conferir forte nível de ilegibilidade as trajetórias analisadas. Sob esse ângulo, pode-se notar uma certa naturalização do trabalho ilegal como se ele já fizesse parte de um modo de vida ao qual não se pode fugir, uma vez que, se uns não se submetem a essas "regras" ou à falta delas, outros o fazem facilmente, premidos que são pela necessidade da sobrevivência.

A se confirmar essa tendência, estará se dando, mesmo, uma instrumentalização do Direito aos objetivos do mercado e do trabalho, como um recurso humano ajustável aos imperativos do mercado. Ora, se é assim, o problema é: como repensar as relações entre lei e convenção, entre direito negociado e direito imposto.

Algumas ilações para além da exploração das trajetórias dos entrevistados

De forma preliminar, é possível dizer que a identificação entre trabalho e emprego que de alguma forma aparece no item anterior, satura o discurso dos entrevistados confirmando estudos na área.

Esse discurso funda-se na convicção de que só o trabalho "seguro", "estável" é fonte de segurança, o que confirma a identificação trabalho-emprego. Assim é o emprego que tem no salário um retorno imediato que "... permite ao indivíduo assumir a família e pagar as contas" (arquivo da pesquisa).

Ora essa visão da relação emprego-salário, sugere a sobrevivência de um horizonte do trabalho que, embora sem ganhar maior atualidade entre nós, modela o tipo de operário fordista dominante na segunda metade do século XX, como analisam alguns estudiosos da área (sobretudo Castel, 1998).

É surpreendente a manutenção desse horizonte em uma população que ingressa no mercado formal de trabalho, a partir dos anos 80, quando ele já começa a se desmoronar. Se se considera que 50% dos entrevistados foram rapidamente deslocados paara a informalidade no decorrer de suas trajetórias, a surpresa e serve para dimensionar a força simbólica que a chamada sociedade salarial (ibid.) ainda exerce sobre os trabalhadores brasileiros.

Essa força é melhor comprovada ao se notar a relação que os entrevistados estabelecem entre trabalho e direito. Esse registro funciona como chave heurística forte, no sentido do entendimento da força da sociedade salarial para essa mão de obra desempregada. Vendo na carteira de trabalho o símbolo dessa sociedade, a **falta** dela dá os limites de sua exclusão, limites esses bem consignados na perda de direitos; "sem a carteira eu fico prejudicado nos meus direitos..." (...) "não posso comprovar que trabalhei" (arquivo da pesquisa).

Vinculando a perda de direitos ao trabalho precário não muito bem caracterizado, os entrevistados reiteram a insegurança com a perda do vínculo legal, deixando no ar um certo mal-estar bem definido com o argumento, "... não tenho a quem recorrer" (arquivo da pesquisa).

Observa-se que reflui desse discurso um certo "isolamento" próprio de quem fica entregue aos "acasos da existência" (Santos, 2000), ou de quem é subtraído de uma forma de sociabilidade, só palpável a quem valoriza a experiência de pertencimento. Frustrada com a perda do direito que a carteira de trabalho permite, esse pertencimento aparece sob o signo de uma **falta** que não pode ser preenchida pelo trabalho precário.

Nesse momento é no registro do trabalho precário e na crítica a ele que a noção de pertencimento pode ser qualificada. Nebulosa, quando inscrita nos limites da "ascensão social" dados na **falta** do trabalho formal, essa noção ganha alguma legibilidade na crítica ao trabalho precário como trabalho ilegal. Aí a noção de lei como elemento vinculante, parece significar; "... trabalhar sem carteira é ilegal e ninguém deve aceitar um trabalho assim..."(arquivo da pesquisa).

Nota-se que, sem qualificar o efeito vinculante da lei que funda a idéia de pertencimento com base no direito, essa perspectiva ressurge do discurso sem ganhar muita precisão, talvez porque a força da necessidade funcione como interdito a uma real compreensão do que é ter direito.

Seja como for é bom acrescentar que a ausência da carteira de trabalho, vulgarizada no país (mais de 40% dos trabalhadores trabalham sem carteira assinada), aliada a crítica ao trabalho precário, remete muitos dos entrevistados ao trabalho informal, retratando a insegurança e validando quase, o trabalho ilegal. Esse é o "nó" que parece dá lugar a uma visão valorativa do trabalho que, enquanto alia a noção de trabalho a de pertencimento social, desloca o trabalho para o campo da ética; "... o trabalho precário não é digno de um homem"(arquivo da pesquisa).

Agora, é no signo da dignidade que os entrevistados operam a crítica à força desorganizadora do mercado formal de trabalho. Para além da palavra da lei que sublinha a ilegalidade como destruidora da noção de pertencimento, a **falta** de trabalho passa a ser também configurada no campo da ética. A articulação desses dois registros reflui dos depoimentos aqui e ali, dando talvez razão àqueles para quem, se os trabalhadores do século XIX fizeram da exploração no trabalho o mote de suas lutas (Luiz Carlos Robortella, 2002), os do final do século XX e começos do XXI, engrossam o tom de sua crítica ao trabalho flexível, precário, imprimindo ao seu discurso uma certa "melancolia," bem encontrada entre os indivíduos que vivem a experiência da **falta**. O argumento que segue explica isso: "O cara desempregado não tem moral para nada. O emprego traz saúde e harmonia para dentro de casa..." (...) "... sem ele a vida do casal estraga" (arquivo da pesquisa).

Reitera-se aqui uma estreita vinculação entre trabalho e emprego que requalifica o trabalho no campo mesmo da moral e põe no centro do debate a questão da relação familiar.

É verdade que esse discurso parece explicar-se como força reativa à "ética flexível", articulada em base as atuais mutações operadas no mundo do trabalho. Surgindo nos depoimentos de forma reincidente esse discurso deriva-se em adjetivações que esclarecem os pontos de vista, a exemplo do fragmento que segue: "o trabalho é muito importante na formação do caráter do ser humano". Pelo trabalho é que "... a pessoa se torna responsável" (arquivo da pesquisa).

Se o trabalho é fonte de formação do caráter e responsabilidade, a **falta** dele incide em uma deterioração da pessoa como "pessoa responsável" (arquivo da pesquisa).

É bom dizer que a ênfase nesse signo reitera a importância do trabalho para a manutenção da qualidade da relação familiar; ... o pai e a mãe que deixam o filho solto na rua ele não pode crescer responsável..."(arquivo da pesquisa).

A visão disciplinar do trabalho ressurge no discurso, de forma sutil, como mecanismo de formação do caráter e de responsabilidade. Pode-se dizer que é mesmo o eco da velha ética do trabalho que ressoa no discurso de parte dos entrevistados para denunciar uma "espécie de corrosão do caráter" (Sennet, 1999) que advém da **falta** de trabalho dada nas mutações do mundo do trabalho.

O impacto do trabalho flexível sobre essa mão-de-obra que encontra dificuldade em transformar a sua capacidade de trabalho em trabalho, ganha em muitos exemplos um caráter contundente para denunciar uma **falta** maior não muito bem definida. Essa **falta**, ao se desdobrar na **falta** de vínculo, na **falta** de segurança e na **falta** de valorização da pessoa, desemboca nas noções de caráter e responsabilidade, vinculando uma visão social do trabalho à uma visão ética que recupera o traço tradicional da ética. Traduzido em uma espécie de desejo que funciona, ponderavelmente, no registro da ética flexível desenhada no campo do negócio (Lipovetsky, 1994), o sentido ético ou mesmo moral que ressurge dos dados coletados, parece explicar-se na relação entre o social e o cultural, indicando, nessa chave, na direção do aprofundamento da investigação.

É verdade que, subjacente a esse discurso, pode estar o medo da criminalidade que transpira em todos os poros da vida social, mas também parece certo que a idéia do trabalho como mecanismo disciplinar caminha no sentido de formar "indivíduos responsáveis", tão próprio à ética tradicional: "... o desempregado não tem moral (...) o trabalho forma o caráter, faz do homem uma pessoa responsável..." (arquivo da pesquisa).

Essa perspectiva é desdobrada na importância que os entrevistados conferem a educação. Contribuindo com a família para estimular o senso de responsabilidade nas novas gerações, o sistema de educação continua a ser percebido, quer como meio complementar de formação do caráter, quer como veículo principal de ascensão social e de formação do caráter, sobretudo para os seus filhos.

Observa-se que essa apreciação da educação não é feita com base na analise de suas experiências na área, mas, no valor que os entrevistados conferem a educação nos dois casos. Seja como for, nota-se uma ambigüidade no discurso que se traduz em uma série de explicações. De forma resumida, ou são os seus níveis de instrução e especialização que não contribuem para determinar uma melhor integração no mercado, ou são as dificuldades da vida que lhes impedem de alcançar uma especialização de acordo com os requisitos do mercado. Entre, um registro e outro a "responsabilidade" parece ser mais atribuída ao indivíduo que não soube superar as suas dificuldades no enfretamento da questão.

Embora essa ilação careça de aprofundamento, pondera-se que a idéia da **falta** aparece também aqui. Nebulosa, ela ganha expressão, ora neste ou naquele curso que um teve de abandonar para poder trabalhar, ora no trabalho que outro precisou renunciar para se preparar para o mercado, ora na frustração de alguns que, ao se dobrarem às experiências de funções incompatíveis com suas habilidades e aspirações, levaram a perda de tempo.

Essa falta desdobra-se em outras que, condensadas na "falta de direitos" e na falta de valorização da pessoa, abandona os indivíduos aos "acasos da existência" e a um "sistema de poder ilegível" que parece ir desconstruindo a frágil relação entre trabalho e direito.

É bom dizer que essas análises devem ser tomadas apenas como indícios a serem melhor averiguados no desenvolvimento da pesquisa.

Principais impasses do desemprego na conjuntura brasileira atual

A vivência dos desempregados entrevistados deixa na sombra os problemas específicos à área econômica que conferem ao desemprego um caráter estrutural e seletivo. Nesses registros, o desemprego fartamente discutido por teóricos da área econômico/política, compõe a agenda dos governantes aqui e alhures sem, entretanto, encontrar a solução desejável.

O problema é que, entre o desejo e a possibilidade de realizá-lo, existe uma pedra no caminho, para usar uma chave poética de Carlos Drummond de Andrade. Essa pedra pode ser traduzida no polêmico **ajuste fiscal**. Bicho papão que ataca o cenário mundial, com ênfase nos países periféricos entre eles o Brasil, o ajuste fiscal, aliado à política monetária, não deixa muitas esperanças em termos de investimento econômico, requisito básico para uma melhora significativa nas taxas de desemprego. A manutenção, ou mesmo o aumento do rigor fiscal, bem evidente na tendência de redução gradual das taxas de juros, acirradamente contestada pelos críticos da dita política de transição do novo Governo, não abre brechas no sentido de uma injeção maior de recursos na economia. Ao contrário, as incertezas, tanto internas como externas crescem, afastando a possibilidade de investimentos de longo prazo em toda a América Latina.

É verdade que a percepção de que esses países são pouco confiáveis, em termos de investimento, tem sido modulada historicamente, não só pelo perfil ideológico do governo da hora, mas pela conjunção de forças abertas à realização de medidas disciplinadoras do FMI e aos anseios do chamado mercado. De qualquer forma, é bom dizer que ela não vem mudando muito, mesmo com os elogios do economista chefe do FMI,

Kenneth Rogof (*JB*, Economia, 10/04/03) à posição do governo atual de manter como requisito da agenda social, o cumprimento das metas fiscais e a manutenção da estabilidade. Assinale-se, nessa mesma linha, o fato de a leitura do Governo Lula, pelas forças do chamado mercado, ser muito mais favorável do que aquela dos impasses do final do Governo FHC, o que dá a medida do comprometimento desse governo com as autoridades monetárias. Essa tendência pode ajudar a reduzir as incertezas do mercado, mas não supera a vulnerabilidade externa que esteve na origem do nosso modelo de desenvolvimento e que aumenta com a globalização e com a manutenção da política fiscal.

A manter-se essa situação, a retomada dos investimentos no Brasil parece ficar entre parênteses. Como sublinham analistas de tendências diversas, se a situação está sob controle, a retomada do crescimento está mesmo em xeque, embora uma estudiosa como Maria da Conceição Tavares, entre outros, afirme que já existem as condições para a retomada do crescimento (*Carta Capital*, 2005). Ela mesma reconhece, entretanto, que isso só é possível com a baixa da taxa de juros, o que, além de vir ocorrendo de forma muito gradual, pode, segundo outros, estar chegando ao fim, pelo menos por esse ano (Gavia, Michael. In Márcia Pinheiro, *Carta Capital*, 07/06/2006).

Tal situação pode se agravar se a tendência à elevação das taxas de juros dos Estados Unidos se mantiver, como ocorreu neste junho de 2006. Quer dizer, a sensibilidade do país à política externa não vem apresentando mudanças consideráveis ao longo do governo de Luis Inácio da Silva, demonstrando, como dizem os estudiosos da área, que, em um cenário internacional de volatilidade, é difícil às economias nacionais se protegerem do mundo externo.

Destarte, a sensibilidade do país às condições financeiras externas, conduz o governo à manutenção das taxas de juros, variável que interfere no crescimento do país e, conseqüentemente em um aumento pouco significativo dos postos de trabalho.

Somando-se a essa política a manutenção do rigor fiscal (vive-se hoje "o maior rigor fiscal da história") para controlar a rolagem da dívida, é difícil prever um estímulo à economia capaz de retomar o crescimento e abrir perspectivas reais às políticas de emprego. Ao contrário, tudo leva a crer que o governo vai permanecer no campo do conservadorismo na área das políticas monetária e fiscal, imprimindo tal selo às reformas da previdência e tributária, ambas extremamente polêmicas na base social e política do governo, devido a sua função fiscalista.

Se o governo continuar a justificar tudo isso pela necessidade de recuperar a "confiabilidade dos investidores e de manter a inflação sob controle", conforme declarações do Presidente a F.S.P. em 2003, ou se a manutenção de regras fiscais rígidas e de uma política monetária perversa são parte da "solução" para o País, o problema é: onde encontrar o caminho para a retomada do crescimento?

Pode-se dizer que, falar de retomada de crescimento no caso do Brasil é uma falsa questão. Indicações confiáveis dão conta de que há cerca de vinte anos — exatamente quando esse modelo econômico aprofundava-se com o processo de globalização —, o Brasil não cresce, ou apresenta um crescimento quase nulo de renda por habitante (*JB*, C. Economia, 5/01/03).

Observa-se assim que a inscrição do crescimento no negativo não é, no Brasil, um problema novo. Quer dizer: o Brasil não tem conseguido fazer uma poupança capaz de dar margem ao crescimento, de onde advém a necessidade de apelar para a poupança externa — cerca de 3 a 4% em relação ao PIB (VVAA. "Agenda Perdida", documento elaborado por 17 economistas e cientistas sociais, de correntes diversas no momento da campanha presidencial em 2002, com acesso pelo *link* www.iets.inf.br).

É bom dizer que apesar da liquidez internacional de que se orgulha o atual governo, evocando uma relação dívida externa-PIB de 1,1% para demonstrar uma menor vulnerabilidade externa (Tavares, idem), no momento, o capital que entra no país continua sendo o de curto prazo, mesmo se isso é acompanhado da crítica de alguns dos seus membros (Camargo, M.L., *JB*. Economia, 07/09/2003, Kischinhevsky, M.).

Ora, isso obriga o país a uma atitude de espreita permanente da próxima crise, embora um economista da Fundação Getúlio Vargas como Paulo Nogueira Batista Junior sublinhe que a situação, diferente de 2002, é preocupante, mas não é alarmante. De todo modo, a fuga do capital especulativo é uma variável sempre esperável, o que deixa na pauta o problema da vulnerabilidade externa. Se a isso acrescentar-se a manutenção da dívida e as altas taxas de juros têm-se mesmo o anel de ferro que, se não impede, pelo menos, obstaculiza, no mesmo movimento, o crescimento e o emprego.

Este não é um juízo de economistas e setores radicais da sociedade; ele foi observado, há alguns anos, no interior do fórum mundial de Davos, que reuniu especialistas, autoridades governamentais e grandes investidores, a exemplo de Soros. Para este, a política fiscal e monetária do governo Lula eram, já, muito restritivas. Nessa chave ele chamava a atenção para a alta taxa de juros observada no Brasil, quase denunciando o zelo excessivo do governo em ganhar a respeitabilidade do mercado financeiro e garantir o *superávit* fiscal, em detrimento de uma política de crescimento favorável ao emprego.

Seja como for, como não cessam de dizer os críticos nacionais, a verdade é que, sem crescimento econômico, o problema do desemprego agrava-se (com o crescimento à parte dos indicadores de criminalidade) jogando para o mundo da informalidade uma parte da população que, além de excluída da chamada sociedade salarial, deixa de arrecadar para a previdência contribuindo para aguçar a crise na área.

Não cabe entrar aqui na história residual da sociedade salarial no Brasil nem no efeito distributivo do que Tavares chama de "previdência generalizada para os velhinhos" (idem); do que se trata é de pensar como o desemprego foi e continua a ser um dos principais desafios do governo atual. Para enfrentar esse desafio, precisaria ser incrementado um crescimento de 5 a 6% ao ano (Pochman, 2004), índice até hoje — junho de 2006 — não alcançado, como sublinha o professor do Instituto de economia da Universidade Federal do Rio de Janeiro, João Sicsu.(In, Márcia Pinheiro, *Carta Capital*, p. 37). Ora, se isso não acontece como romper o dique entre a esperança e o medo que vem tomando conta da sociedade brasileira?

A complexidade do problema coloca no centro da discussão a modulação da relação capital-trabalho, no bojo da qual cresce a deformação da lei. Nesse registro "as leis em vigor incentivam a informalidade e aumentam a possibilidade de evasão de impostos" (VVAA. Agenda Perdida, 2002).

Sem entrar no âmago desse problema, é importante sublinhar como ele reitera a centralidade do desemprego como ponto fundamental para a agenda do governo e como a variante do emprego informal conforma-se como desestruturadora do tecido jurídico político, responsável pela inserção no mercado de trabalho e pela instituição da cidadania social no mundo moderno.

Essa centralidade, bem patente nos resultados de pesquisas realizadas no início de 2003, continua a pressionar a sociedade, embora o desemprego tenha alcançado uma certa estabilidade nos final de 2005. Tal estabilidade, entretanto, não parece confiável; dados recentes publicados pelo IBGE indicam que, após oito meses abaixo de 10%, a taxa de desemprego subiu em fevereiro de 2006 para 10,1%, contra 9,2% em janeiro. Embora os economistas expliquem o fenômeno com base em informações positivas sobre a economia, que levam os trabalhadores a saírem em busca de vaga no mercado, para o coordenador da Pesquisa Mensal de Emprego do IBGE, Cimar Azeredo, o mercado de trabalho deve ficar em alerta, pois a taxa de desemprego cresceu, de janeiro para fevereiro, 0,9%, taxa superior à registrada em anos anteriores. Em contrapartida, ele sublinha que os postos de trabalho atuais apresentam melhor qualidade. Quer dizer, são vagas formais e se caracterizam por um aumento na renda que alcançou 2,5% em relação a fevereiro de 2005 (Luciana Rodrigues, Jornal *O Globo*, Economia, março de 2006). Tavares (idem) qualifica mais a questão, indicando que essas vagas foram destinadas a assalariados que ganham em torno de um salário mínimo, o que, segundo ela, provoca alterações na pirâmide dos salários.

Isso, entretanto, não diminui os desafios ao governo no sentido de criar alternativas de política na área. Nessa chave, é importante considerar que, se tivemos, historicamente, um crescimento econômico solidário com o desemprego, (Pochmann, 2000), o problema é como se deslocar de um modelo de desenvolvimento dependente e concentrador de renda para outro, em que não se perca de vista o caráter social, ou a transferência de renda dos mais ricos para os mais pobres.

Esse parece ser o maior desafio que o governo brasileiro atual tem de enfrentar para preencher o descompasso entre a simbologia da mudança vitoriosa na campanha eleitoral e as amarras à política do Ministério da Fazenda.

Preocupados com o problema, analistas políticos de diversas correntes chamam a atenção para o papel dos intelectuais e de todos que trabalham com as palavras, para a importância de encontrar uma teoria de saída do neoliberalismo e um formato político capaz de vencer as cadeias do economicismo as quais se prendem as propostas governamentais.

Referências bibliográficas

ALMEIDA, Maria Helena Tenório. A Relação Igualdade x Desigualdade — Um sonho em eclipse. In: SERRA, Rose (org). *Trabalho e Reprodução — Enfoques e abordagens*. São Paulo: Cortez; Rio de Janeiro: PETRES-FSS/UERJ, 2001.

_____. *O Espaço Público em Hannah Arendt — uma visão normativa da política*. Tese de Doutorado apresentada à PUC-SP, 1997.

_____. A Esfera Pública em Movimento. In: *Revista de Políticas Públicas*/Universidade Federal do Maranhão, Unidade de pós-graduação em Ciências Sociais, Programa de pós-graduação em Políticas Públicas, v. 6, n. 2, 2002.

_____. Caminhos e Descaminhos da Reprodução Social. In: *Revista do Programa de Pós-graduação em Serviço Social* PUC/RIO, v. 8, n. 8, Rio de Janeiro, 2002.

ARENDT, Hannah. *As Origens do Totalitarismos; imperialismo, a expansão do poder*. Rio de Janeiro: Ed. Documentário, 1976.

_____. *A Condição Humana*. Tradução Roberto Raposo, Posfácio Celso Lafer, 6 ed., Rio de Janeiro: Forense Universitária, 1993.

AVRITZER, Leonardo e DOMINGUES, José Maurício (orgs). *Teoria Social e Modernidade no Brasil*. Belo Horizonte: Ed. UFMG, 2000.

BOURDIEU, Pierre et. al (coord). *A Miséria do Mundo*. Petrópolis: Vozes, 1997.

CAMARGO, José Márcio (org.). *Flexibilidade do Mercado de Trabalho no Brasil*. Rio de Janeiro: Editora Fundação Getúlio Vargas, 1996.

CASTEL, Robert. *As metamorfoses da questão social. Uma crônica do Salário*. Tradução Iraci D. Poleti. Petrópolis: Vozes, 1998.

COCCO, Giuseppe. *Trabalho e Cidadania — Produção e direitos na era da globalização*. São Paulo: Cortez, 2000.

CODO, Wanderley et alii. *Indivíduo, Trabalho e Sofrimento. Uma abordagem interdiscip*linar. Petrópolis: Vozes, 1993.

DAGNINO, Evelina (org.). *Anos 90: política e sociedade no Brasil*. São Paulo: Brasiliense, 1994.

DUPAS, Gilberto. *Economia Global e Exclusão Social - Pobreza, Emprego, Estado e o Futuro do capitalismo*. São Paulo: Paz e Terra, 1999.

ELIAS, Norbet et all. *Logiques de L'exclusion*. Paris: Fayard, 1997.

GAVIA, Michael. "De Volta à Era da Incerteza". In PINHEIRO Márcia, *Revista Carta Capital*, Ano XII, n. 396, 7/06/2006.

GENTILI, Pablo (org) . *Globalização Excludente. Desigualdade, exclusão e democracia na nova ordem mundial*. Petrópolis: Vozes, 2000.

HELLER, Agnes et. al. Uma crise global da civilização: os desafios futuros. In *A Crise dos Paradigmas em Ciências Sociais e os Desafios para o século XXI*, Agnes CORECON, Rio de Janeiro: Contraponto, 1999.

KISCHINHEVSK, Y. M. *Jornal do Brasil*, Caderno Economia, 7/09/1993.

KRAYCHETE, Gabriel, LARA, Francisco e COSTA, Beatriz (orgs). *A Economia dos Setores Populares: entre a realidade e a utopia*. Petrópolis: Vozes; Capina; Salvador: CESE: UCSAL, 2000.

LIPOVETSKY, Gilles. *O Crepúsculo do Dever. A Ética Indolor dos Novos Tempos*. Trad. Fatima Gaspar e Carlos Gaspar. Lisboa: D. Quixote, 1994.

MALAGUTI, Manoel Luiz. *Crítica à Razão Informal: A imaterialidade do Assalariado*. São Paulo: Boitempo; Vitória: EDUFES, 2000.

MÉSZAROS, István. *Para Além do Capital*. São Paulo: Ed. Unicamp/Boitempo, 2002.

MINAYO, Maria Cecília. *O desafio do conhecimento*. 6.ed. São Paulo / Rio de Janeiro: Hucitec/Abrasco, 1999.

NASCIMENTO, Elimar Pinheiro do. A Exclusão Social na França e no Brasil: situações (aparentemente) invertidas, resultados (quase) similares? Trabalho apresentado no XVII Encontro Anual da ANPOCS – 22-25 de outubro de 1993. Caxambu: MG, 1993.

OLIVEIRA, Francisco e PAOLI, Maria Célia (orgs.). *Os Sentidos da Democracia – Políticas do dissenso e hegemonia Global*. Petrópolis: Vozes; Brasília, NEDIC, 1999.

OLIVEIRA, Francisco. *Os Direitos do Antivalor. A economia política da hegemonia imperfeita*. Petrópolis: Vozes, 1998.

OLIVEIRA, Luciano. "Os Excluídos 'existem'? Notas sobre a elaboração de um novo conceito". In: *Revista Brasileira de Ciências Sociais*, n 33, ano 12, fevereiro de 1997.

_____. A metamorfose da Questão Social e a Reestruturação das Políticas Sociais. In: *Crise Contemporânea Questão Social e Serviço Social*. Brasília: CEAD, 1999.

POCHMANN, Marcio. *O Trabalho sob Fogo Cruzado. Exclusão, desemprego e precarização no final do século*. São Paulo: Contexto, 1999.

_____ (org.). *Reestruturação Produtiva. Perspectivas de Desenvolvimento Local com Inclusão Social*. Petrópolis: Vozes, 2004.

PÉREZ, José Luis Monereo. *Derechos Sociales de la Ciudadania y Ordenamento Laboral*. Consejo Economico y Social. In: REVISTA IDÉIAS. Dossiê: Os Movimentos Sociais e a Construção Democrática. Revista do Instituto de Filosofia e Ciências Humanas, Campinas: s/d.

RODRIGUES, Luciana. Jornal *O Globo*, Caderno Economia, p. 25. Rio de Janeiro, Março 2006.

SALAMA, Pierre e DESTREMAU, Blandine. *O Tamanho da P]obreza*. Tradução Heloísa Brambatti. Rio de Janeiro: Garamond, 1999.

SANTOS, João Bosco Feitos dos. *O Avesso da Maldição do Gênesis: A saga de quem não tem trabalho*. São Paulo: Anablume; Fortaleza: Secretaria da Cultura e Desporto do Governo do Estado do Ceará, 2000.

SILVA, Josué Pereira da. Cidadania e ou Trabalho: O Dilema da Questão Social Neste Final de Século. In: IDÉIAS, Revista do Instituto de Filosofia e Ciências Humanas, ano (5)6(1) 1998/1999.

SENNETT, Richard. *A corrosão do caráter: conseqüências pessoais do trabalho no novo capitalismo*. Tradução de Marcos Santarrita. Rio de Janeiro: Record, 1999.

SICSÚ, João. "De Volta a Era da Incerteza". In PINHEIRO, Márcia, *Revista Carta Capital*, p. 36-37, ano XII, n. 396. 07/06/2006.

TAVARES, Maria da Conceição."Sem o Garrote do FMI". In DIAS, Amaurício, *Revista Carta Capital*, p. 22-25, ano XII, n. 374, 8/12/2005.

TELLES, Vera da Silva. *Direitos Sociais Afinal do se Trata?* Belo Horizonte: Ed UFMG, 1999.

_____. "Brazilian New Social Matter or how the figures of our delay have become the symbols of our modernity". In: CADERNO CRH — Revista Semestral do Centro de Recursos Humanos. UFBa, n. 30/31 — jan./dez. 1999.

VVAA. Agenda Perdida, 2002, www.iets.inf.br.

Propriedade intelectual ou apropriação privada do trabalho coletivo?

*Sandra Regina do Carmo**

Desde os primórdios da humanidade, o homem, para satisfazer suas necessidades, produz invenções. Inventa formas e instrumentos que facilitam a produção de valores de uso para o consumo individual. Inventa também valores de uso diferentes para satisfazer necessidades, que também são criadas a partir da evolução dos meios de produção e a partir de sua própria evolução. O homem inventa e, portanto, produz conhecimento em qualquer tipo de sociedade. A característica do ser humano que o distingue dos demais animais é ser ele um "agente ativo capaz de dar respostas prático-conscientes aos seus carecimentos" (Iamamoto, 2001: 40).

As necessidades e as invenções são determinadas historicamente em função do estágio de desenvolvimento social; assim, o que distingue as diferentes épocas, como diz Marx (1999), não é o que se faz, mas como, com que meios de trabalho se faz. A invenção é produto do trabalho humano, combinação entre trabalho morto (conhecimento acumulado) e força

---

* Este ensaio é uma versão reduzida do segundo capítulo da dissertação de mestrado *A transformação do trabalho intelectual em capital: considerações sobre o trabalho de concepção criativa*, apresentada em 2003 à UERJ, sob aprovação da banca composta por Marilda Villela Iamamoto (orientadora), José Ricardo Tauile e Lúcia Maria de Barros Freire.

viva de trabalho, que se transforma em propriedade privada por meio de registro de patente, regulamentado na lei de propriedade industrial.[1]

O inventor, quando assalariado, vende sua força de trabalho que, no caso da produção de patentes, é consumida para proporcionar ao capitalista as formas de concorrer no mercado, seja por meio da concepção de novos instrumentos e meios de trabalho, seja por meio da concepção de novos produtos. Mas nem sempre o produto das invenções humanas foi transformado em propriedade particular e nem sempre o produtor dos inventos foi assalariado. Quando, então, as invenções passam a ser patenteadas?

As descobertas do homem, em sua busca para criar meios de satisfação de suas necessidades, são incorporadas aos produtos que criam desde os primórdios da civilização. A invenção e o inventor, portanto, não são característicos do modo de produção capitalista. Porém, capital e propriedade (ou *expropriação*) são inseparáveis. A acumulação primitiva está diretamente ligada à ação de expropriar os produtores de seus meios de produção e das garantias de sua sobrevivência. A base do processo de acumulação primitiva foi a expropriação do produtor rural, do camponês, que foi privado de suas terras por meio da violência (século XV), mas "o progresso do século XVIII consiste em ter tornado a própria lei o veículo do roubo das terras pertencentes ao povo" (Marx, 1998: 838). A estratégia legal, portanto, acompanhou a violência na transformação de bens pertencentes ao povo em propriedades particulares.

> [...] o roubo assume a forma parlamentar que lhe dão as leis relativas ao cercamento das terras comuns, ou melhor, os decretos com que os senhores das terras se presenteiam com os bens que pertencem ao povo, tornando-os sua propriedade particular (Marx, 1998: 838).

A propriedade intelectual faz parte também do conjunto de expropriações necessárias ao poderio do capital. Não é por coincidência que sua origem tenha sido a mesma que acaba com as corporações de ofício.[2] No

---

1. A legislação de propriedade industrial faz parte do conjunto de leis de propriedade intelectual.

2. A lei Chapellier, de 14 de junho de 1791, declarava como um "atentado à liberdade e à declaração dos direitos do homem toda coligação de trabalhadores, definindo como punição multa de 500 francos e privação dos direitos de cidadania por um ano" (Marx, 1998).

mesmo ano da lei Chapellier (1791), a assembléia revolucionária vota leis de proteção aos autores e inventores.

> [...] argumentava-se ser a propriedade sobre o fruto do trabalho intelectual a mais sagrada das propriedades, pois não resultava da ocupação (como a propriedade sobre a terra) e o autor trazia ao mundo uma obra antes inexistente (Silveira, 2001: 1).

Na visão de Coriat,[3] "uma patente deve ser entendida basicamente como direito de exclusão, não é o direito de usar uma dada tecnologia, mas o direito de excluir os outros da possibilidade de uso de uma dada tecnologia". É o direito de obter renda com o monopólio de um conhecimento produzido coletivamente.

A propriedade intelectual, especialmente a propriedade industrial, tem estado em evidência no cenário internacional. Na explicação de Coriat, o motivo das alterações atuais nas relações internacionais, que envolve a questão das patentes, tem origem nos anos 1980, em função da decadência do poderio econômico dos Estados Unidos com a queda de sua competitividade. Aquele país, tomando consciência de que pelas regras em vigor não poderia restabelecer seu poderio econômico, a partir dos anos 1990, muda a regra do jogo quanto à regulação dos mercados financeiros e dos acordos internacionais na Organização Mundial do Comércio — OMC e no Acordo Geral de Tarifas e Comércio — GATT.

Coriat explica que as regras do jogo em termos de propriedade intelectual eram as seguintes: a pesquisa básica era tida como coisa pública, aberta à comunidade científica internacional, por meio da publicação de resultados e da troca direta de experiências, e as patentes referiam-se exclusivamente à exploração do conhecimento para coisa útil, ou seja, para a finalização industrial do conhecimento, campo em que o Japão e alguns países europeus mostraram-se mais capazes do que os Estados Unidos. No campo das tecnologias emergentes, ou seja, biotecnologia e tecnologia de informação, os americanos, então, mudaram as regras do jogo, colocando a possibilidade de patentear o conhecimento científico, fechando

---

3. Dados relativos à palestra proferida por Benjamin Coriat, no dia 25/06/2002, na Universidade Federal do Rio de Janeiro.

ao resto do mundo o acesso ao conhecimento básico para criar um espaço de monopólio para as firmas americanas. Ao garantir a exclusividade do conhecimento básico, os Estados Unidos podem produzir em qualquer lugar do mundo.

As patentes, tema das disputas internacionais, são obtidas por meio do consumo da capacidade intelectual de trabalhadores assalariados. Com o desenvolvimento do modo de produção especificamente capitalista, mais e mais cientistas necessitam receber meios de subsistência, por intermédio de salários, de capitalistas que contratam seus serviços como inventores. Que direitos, então, a legislação de propriedade intelectual garante ao produtor da patente? Qual a diferença entre os direitos garantidos ao capitalista que emprega o inventor?

Para identificar na legislação de propriedade intelectual do Brasil as manifestações das relações capital-trabalho, é necessário entender também o contexto sócio-econômico de seu surgimento e evolução.

Descoberto na época da expansão mercantil marítima, o Brasil foi colonizado com o objetivo de fornecer gêneros ao comércio de Portugal. A característica da economia do Brasil colonial era voltada para fora, para o exterior (Prado Júnior, 1999). Não havia, no Brasil, interesse político de incentivo à criação ou utilização de conhecimento. Além da precariedade com relação ao sistema educacional, eram praticamente proibidas iniciativas econômicas diferentes daqueles objetivos definidos para a Colônia. A produção, no Brasil, era feita com técnicas rudimentares, não havia bancos, o financiamento da atividade produtiva era feito por instituições religiosas e beneficentes, através de empréstimos a juros (Fausto, 2003). Em 1808, a Corte muda-se para o Brasil e altera o quadro existente. Em 28 de janeiro de 1808, os portos são abertos às "nações amigas" (na verdade, a Inglaterra). O Alvará de 1º de abril daquele mesmo ano revogou a proibição de 1785[4] para instalações de manufaturas e foi criado o Banco do Brasil.

---

4. Prado Júnior (1999) relata que, na segunda metade do século XVIII, apareceram em Minas Gerais e Rio de Janeiro manufaturas autônomas e relativamente grandes, que foram extintas pelo Alvará de 5 de janeiro de 1785.

Em 1809, surge, então, a primeira lei de patentes no Brasil.[5] Foi o Alvará de 28 de abril de 1809 que concede o privilégio de monopólio por 14 anos aos "inventores e introdutores de alguma nova máquina e invenção nas artes". A primeira lei de patentes foi feita, conforme seu texto, baseada em "princípios liberais [...] necessários para fomentar a agricultura, animar o comércio, adiantar a navegação e aumentar a povoação". Conforme mencionado no artigo "Lei de Patentes" (economianet, s/d), a lei foi criada pela "necessidade de se desenvolver uma indústria nacional porque o rei estava aqui e precisava sobreviver, cobrar impostos".

Vale ressaltar que, com a vinda da família real para o Brasil, ocorreram algumas mudanças também no seu quadro cultural. Conforme Fausto (2003), a partir daquela época, foi editado o primeiro jornal da Colônia, bem como foram abertos teatros, bibliotecas, academias literárias e científicas. O autor relata ainda que houve uma expansão da população urbana, que aumentou em 100%. Os novos habitantes eram formados, em parte, por imigrantes, o que possibilitou a constituição de uma classe média de profissionais e artesãos qualificados. Além destes, também um grupo de cientistas se estabeleceu no Brasil. Esses cientistas foram responsáveis por trabalhos considerados fonte indispensável de conhecimento da época, o que, apesar de não se ter configurado, na prática, como indicador de aumento de invenções, pode ser considerado como um cenário propício.

A segunda lei de patentes, a Lei de 28 de agosto de 1830, surge no final do Primeiro Reinado, que vai de 1822 a 1831, um período de grande instabilidade política e financeira, com uma série de rebeliões e desvalorização da moeda em relação à libra inglesa (ibid.). A Lei "concede privilégio ao que descobrir, inventar ou melhorar uma indústria útil e um prêmio ao que introduzir uma indústria estrangeira", "assegura ao descobridor ou inventor de uma indústria útil a propriedade e o uso exclusivo da sua descoberta ou invenção" que será "firmado por uma patente". (Brasil, 1830)

---

5. O Brasil, apesar de seu processo de industrialização tardio e da baixa qualidade tecnológica de sua produção, ingressa na estratégia legal de expropriação do conhecimento apenas 18 anos depois de ser votada, pela assembléia revolucionária francesa, as primeiras leis de proteção aos autores e inventores. Em matéria de legislação de propriedade intelectual, o Brasil estava, já naquela época, sintonizado com o resto do mundo, já que sua legislação não necessitou nenhuma alteração após a assinatura, em 1883, do primeiro tratado internacional, a Convenção de Paris.

Diferente do Alvará de 1809, com foco na atividade mercantil, a Lei de 1830 aproxima-se mais das características que permanecem até hoje na legislação de propriedade intelectual. O termo *patente* é introduzido nesta lei e a patente é apresentada com características de mercadoria, já que possibilita a "compra do segredo da invenção ou descoberta" pelo governo, menciona multa a ser paga ao dono da patente pelo infrator e possibilita que o seu dono "disponha dela como quiser, usando-a ou cedendo a um ou mais".

Na última década do Segundo Reinado (1840-1889), encontramos o registro da Lei do Império sobre Patentes n° 3.129, de 14 de outubro de 1882. Antes, portanto, da assinatura, em 1883, do primeiro tratado internacional sobre propriedade intelectual, a Convenção de Paris, o Brasil já tinha sua terceira lei sobre patentes.

> Quando terminaram as negociações da Convenção de Paris, já havia no Brasil uma nova lei, tão afeiçoada aos fluxos tecnológicos internacionais, que nenhuma adaptação se precisou fazer após a assinatura do tratado (Barbosa, 1997: 52).

A lei de 1882 prevê confirmação de direitos no Império para inventores privilegiados em outras nações, em substituição ao prêmio previsto na lei de 1830. Com isso, diz Barbosa (ibid.: 52), "o resultado foi imediato: enquanto nos oito anos finais da lei de 1830 foram concedidos 434 privilégios (33% para estrangeiros), nos oito anos da lei de 1882 o foram 1.178 (66% de estrangeiros em 1889)".

No século XIX, portanto, o Brasil teve três leis de propriedade intelectual. No entanto, não se verifica, em nenhuma delas, evidência relativa às relações capital-trabalho, o que não é estranho, tendo em vista o tipo de relação de trabalho e o tipo de mão-de-obra existentes no Brasil no século XIX. Com tradição escravista, o Brasil demora a ter no salariado a forma hegemônica de relações de trabalho.

Com o fim da importação de escravos, uma intensa atividade de negócios e especulação teve lugar no Brasil. Os capitais utilizados no tráfico de escravos foram direcionados para bancos, indústrias, empresas de navegação a vapor etc. Mas, mesmo após a abolição da escravatura e do incentivo à migração para resolver problemas de fluxo de mão-de-obra para atender à produção cafeeira, as relações de trabalho foram estruturadas, principalmente, pelo colonato,[6] tendo o salariado se instalado somente no século XX (Fausto, 2003 e Tauile, 2001).

Com o aumento das relações sociais capitalistas, as primeiras décadas do século XX foram marcadas por uma série de movimentos sociais e tem início uma maior organização dos trabalhadores, com reflexos legais. Em 1903, é regulamentada por lei a sindicalização rural e, em 1907, a urbana. Em 1917, é iniciada uma greve geral que reivindica direitos trabalhistas importantes. Em 1918, foi criada uma Comissão de Legislação Social da Câmara dos Deputados, que tinha o objetivo de elaborar uma legislação do trabalho.

Em 1919, mesmo ano da Criação da Organização Internacional do Trabalho — OIT, foi aprovada a primeira lei de Acidentes de Trabalho, regulamentada em 1923, ano da aprovação da Lei Eloy Chaves que cria as Caixas de Aposentadorias e Pensões para os ferroviários. Também em 1923 foi instituído o Conselho Nacional do Trabalho (CNT) para intermediar e conduzir os debates e os litígios trabalhistas com representantes de patrões e empregados. Foi também em 1923 que encontramos o primeiro registro de lei de patentes do século XX, o Decreto n° 16.254, de 19 de dezembro de 1923, também o primeiro que apresenta manifestação das relações capital-trabalho.

Na primeira manifestação das relações capital-trabalho, a lei, claramente, coloca-se em favor do capitalista, já que a figura do empregado ou operário aparece relacionada à infração, à violação da propriedade do capitalista, sendo seu envolvimento considerado circunstância agravante.

Verifica-se, na referência da lei, que a preocupação do concessionário ou cessionário do usufruto da patente não era ainda com o inventor assalariado, mas com o empregado ou operário no que se refere ao seu conhecimento sobre o uso da invenção. Provavelmente, as invenções objeto da preocupação da lei eram máquinas de trabalho, cujo manuseio era de domínio dos trabalhadores.

---

6. Fausto menciona que a fórmula adotada para resolver o problema de fluxo de mão-de-obra foi a imigração e a estruturação das relações de trabalho foi resolvida com o colonato. "O fazendeiro fornecia moradia e cedia pequenas parcelas de terra, onde os colonos podiam produzir gêneros alimentícios" (2003: 282).

Os movimentos na direção da regulação das relações capital-trabalho continuam e se acentuam no Estado Getulista, iniciado em outubro de 1930. Já em novembro daquele ano é criado o Ministério do Trabalho, Indústria e Comércio. No período de 1930 a 1943, foi elaborada toda a estrutura da Justiça do Trabalho e da legislação do trabalho. A política trabalhista do governo Vargas, conforme apontado por Fausto (2003), teve dois objetivos principais. O primeiro seria reprimir os esforços organizatórios da classe trabalhadora urbana fora do controle do Estado, o que foi feito por meio da repressão sobre partidos e organizações de esquerda. O segundo objetivo seria o de atrair a classe trabalhadora para o apoio difuso ao Governo. Em março de 1931, o Decreto 19.770 dispõe sobre a sindicalização das classes operárias e patronais, sendo o sindicato definido como órgão consultivo e de colaboração com o poder público.

No período de 1930 a 1934, foi promulgada a Constituição e vários decretos foram aprovados regulamentando direitos do trabalho. Em 1932, ocorreram: regulamentação do trabalho feminino pelo Decreto 21.471; definição da jornada de oito horas para os comerciários pelo Decreto 21.186 e dos industriários pelo Decreto 21.364; garantia de férias para os bancários pelo Decreto 23.103. No mesmo ano (1932), foram criadas as Comissões Mistas de Conciliação, órgãos conciliadores em ações coletivas trabalhistas e as Juntas de Conciliação e Julgamento, para causas individuais. Ambas, vinculadas ao poder Executivo e controladas pelo Ministério do Trabalho, só poderiam ser acessadas pelos trabalhadores sindicalizados.

Na Constituição de julho de 1934, fica estabelecido, no seu artigo 121, que a "lei promoverá o amparo da produção e estabelecerá as condições do trabalho, na cidade e nos campos, tendo em vista a proteção social do trabalhador e os interesses econômicos do país". No artigo 122, a Constituição institui a Justiça do Trabalho para dirimir questões entre empregadores e empregados, que, porém, só é criada em 1939 pelo Decreto 1.237, regulamentada em 1940 pelo Decreto 6.396 e instalada em 1º de maio de 1941. Como se vê, o governo aponta para a regulação dos conflitos, na linha do consenso entre as classes. Conforme fala do Ministro Ludolfo Collor, a função do Ministério do Trabalho, criado em 1930, seria "harmonizar as relações entre os que dão e os que recebem o trabalho, devendo na república nova, se esforçarem todos para substituir o conceito de lutas de classes pelo de conciliação" (Couto, 2003).

No Estado Getulista (1930-1945), são publicadas duas leis sobre propriedade intelectual: uma em 1934, quatro anos após o início do Governo, e outra em 1945, pouco antes de seu término. Vale ressaltar que é a partir da década de 1930 que o Brasil assiste a um acelerado movimento de transformação econômico-produtiva em direção à industrialização (Tauile, 2001: 173). Um mês antes da promulgação da Constituição de 1934 é aprovado o Decreto n° 24.507, de 29 de junho de 1934, referente a desenhos ou modelos industriais, no qual a relação capital-trabalho aparece no Art. 9°, com a seguinte redação:

> Os desenhos ou modelos preparados em oficinas ou dependências das fábricas ou usinas por desenhadores ou ornamentadores para esse fim contratados pertencerão sempre ao dono ou donos da fábrica ou usina (Brasil, 1934).

O decreto estabelece, portanto, que a propriedade da criação será sempre do capitalista e não do autor, embora, no art. 1°, esteja estabelecido que a patente será concedida ao autor. Verifica-se aí que a relação com o trabalhador que produz o objeto da propriedade intelectual aparece pela primeira vez, exatamente no período em que se intensifica a intervenção do Estado na regulação das relações capital-trabalho.

Em meio a um conturbado cenário de lutas políticas, o Golpe de Estado de 10 de novembro de 1937 instala a ditadura do Estado Novo, que permanece até 1945, no qual se consolida a política de capitalismo nacional, de substituição de importações e de sistematização de uma legislação trabalhista. Com a promulgação da Consolidação das Leis Trabalhistas — CLT,

> [...] consolidava-se de maneira sistemática um rol de direitos que orientavam o Governo Vargas no sentido de manter atrelado à sua tutela o campo dos direitos relativos ao trabalho, organizando as relações entre capital e trabalho (Couto, 2003).

Com o firme propósito de acelerar o processo de industrialização nacional, o Estado Novo foi fértil em criar organismos e leis que retratavam sua intenção. Foi nesse contexto que surgiu a legislação mais completa referente à propriedade industrial, criada em 1945, em meio a um tumultuado movimento político.

O Decreto-Lei nº 7.903 de 27 de agosto de 1945, cria o Código de Propriedade Industrial, que regula os direitos e obrigações concernentes à propriedade industrial. A concessão de privilégios desse código se dá para: patente de invenção, modelos de utilidade, desenhos ou modelos industriais e variedade de plantas; registros de marcas de indústria e do comércio, nomes comerciais, títulos de estabelecimento, insígnias comerciais ou profissionais, expressões ou sinais de propaganda e recompensas industriais, além de repressão de falsas indicações de proveniência e da concorrência desleal.

No caso de licença de exploração da patente, o artigo 60 estabelece que "caberá ao titular da patente uma quota-parte sobre os lucros líquidos obtidos pelo concessionário da licença de exploração ficando assegurado ao primeiro o direito de fiscalizar a produção da renda dali derivada e exigir a retribuição estipulada na concessão". A patente poderá ser desapropriada, mediante indenização ao seu titular, quando os interesses nacionais exigirem a vulgarização do invento ou seu uso exclusivo pela União. Como se vê, a legislação de 1945 estabelece a renda do monopólio fora dos domínios do processo produtivo do capitalista que tem o direito de monopólio sobre a patente. A figura jurídica de "licença de exploração" permite a repartição da mais-valia obtida pelo uso do conhecimento registrado na patente para mais de um capitalista.

Já com uma legislação trabalhista sistematizada, o Código de Propriedade Industrial de 1945 explicita, em capítulo específico, as relações capital-trabalho. O capítulo XIV é dedicado às "invenções ocorridas na vigência do contrato de trabalho". Vale ressaltar que o período entre 1941 e 1961 é citado por Mandel como um período em que houve um aumento de demanda por uma força de trabalho altamente qualificada, no qual o número de cientistas quadruplicou. O autor sinaliza que "a organização sistemática da pesquisa e desenvolvimento como um negócio específico, organizada numa base capitalista" e já preconizada por Marx, consolida-se a partir de meados do século XX (Mandel, 1985: 176).

Com uma política de substituição de importações, enfatizada principalmente na década de 1940, e de criação de uma indústria de base, a política de educação do governo Vargas procurou criar condições para o surgimento de verdadeiras universidades, dedicadas ao ensino e à pesquisa.

A educação voltada para o trabalho, especialmente para a indústria, desenvolve-se, tanto no ensino secundário como no superior. Em 1934 foi criada a Universidade de São Paulo (USP), que se tornou, com o correr dos anos e com o apoio da elite paulista, o principal centro de ensino e pesquisa do País (Fausto, 2003), o que é de supor que, em meados dos anos 1940, já havia um número maior de cientistas formados no Brasil.

Em meio a um cenário que apresenta uma legislação trabalhista implantada, a existência de universidades voltadas para a pesquisa científica e o interesse do governo na implantação de uma indústria de base, que requeria o conhecimento dos recursos naturais do País e a forma de explorá-los, o Estado também se manifesta na regulação do direito de propriedade sobre as invenções produzidas pelo trabalhador assalariado.

Desde seu início, a legislação concede patentes aos autores de invenção suscetível de utilização industrial. O capítulo XIV do Código de Propriedade Intelectual surgiu, evidentemente, em função de serem os autores de invenção assalariados e, por isso, se não houvesse um capítulo na legislação referente a invenções ocorridas na vigência do contrato de trabalho, toda patente deveria ser concedida aos trabalhadores, que são os verdadeiros inventores. Já considera, portanto, a contratação de cientistas, pois este capítulo inicia com a seguinte redação:

> Na vigência de contrato de trabalho, as invenções do empregado, quando decorrentes de sua contribuição pessoal e da instalação ou equipamento fornecidos pelo empregador, serão de propriedade comum, em partes iguais, *salvo se aquele contrato tiver por objeto, implícita ou explicitamente, a pesquisa científica* (Brasil, 1945).

O Código define que, se o objeto do contrato de trabalho for a pesquisa científica, o "autor da invenção" não terá direito à propriedade da patente. Porém, reconhece que, se o empregado não for contratado para pesquisa científica, não pertencerá ao empregador o produto de trabalho de concepção criativa, sendo o empregador contemplado por parte da propriedade da patente, por ter fornecido os meios e instalações necessários à invenção.

Durante o regime militar (1964-1985), o Código de Propriedade Industrial foi revisto duas vezes: em 1969, pelo Decreto-Lei nº 1.005, de 21 de outubro, e em 1971, pela Lei n° 5.772 de 21 de dezembro, ambas no governo Médici (1968-1974), exatamente no período considerado "milagre brasileiro", que vai de 1969 a 1973. Com o crescimento econômico, embora gerando aumento de empregos, o período foi caracterizado por uma política salarial desfavorável aos trabalhadores. Segundo Fausto (2003: 487), "o *capitalismo selvagem* caracterizou aqueles anos e os seguintes, com seus imensos projetos que não consideravam nem a natureza nem as populações locais".

O capítulo XIV do Código de Propriedade Intelectual de 1945 repete-se, com algumas modificações, nos Códigos de 1969 e 1971 e na Lei de Propriedade Industrial n° 9.279, de 14 de maio de 1996, atualmente em vigor.

No Código de 1969, já não se fala em pesquisa científica, mas em "atividade inventiva do assalariado". Amplia, assim, a apropriação do conhecimento produzido, antes restrito aos contratos para pesquisa científica. Também aparece explicitamente que a compensação do trabalho relativo à invenção será limitada ao salário ou à remuneração percebida pelo empregado. Outra alteração ocorrida no período, mais especificamente na década de 1970, refere-se à abrangência do prestador de serviços.

É exatamente nessa época que se amplia a participação das ocupações no setor de serviços. Conforme Pochmann (2001: 57), "entre as décadas de 1970 e 1990, (...) os serviços de produção aumentaram, em média, 50% a sua participação relativa na estrutura ocupacional". Foram também valorizados empregos em áreas como administração de empresas e publicidade (Fausto, 2003), sendo esta última caracterizada como setor de serviços e fundamental para criações, tais como marcas, incluídas como objeto da legislação de propriedade industrial e aspecto de fundamental importância no período de crescimento econômico, característico daquela época.

Nas épocas de maior impulso de desenvolvimento econômico, as leis de propriedade intelectual são alteradas. Por outro lado, na época de redução da atividade econômica não há revisão nas leis de patentes. É o caso da década de 1980, considerada a "década perdida" em função das taxas medíocres de crescimento e das oportunidades de crescimento desperdiçadas (Tauile, 2001).

A propriedade intelectual vai passar por novas alterações já no final da década de 1990, período de grandes transformações no Brasil, em função da abertura econômica, da Reforma do Estado, da flexibilização das leis trabalhistas, da predominância do discurso neoliberal e da "lógica do mercado".

As estratégias de nacionalização presentes no "senso comum" foram alteradas por uma "campanha deliberada, incessante e brutal contra os monopólios estatais movida pelos poderosos monopólios privados que dominam a mídia no país" (Fernandes, 1995: 55). O autor explica que, a partir da alteração do "senso comum", foi possível iniciar o processo de desregulamentação das atividades econômicas e sociais pelo Estado, justificada pela "superioridade da eficiência do mercado em relação ao burocratismo do Estado" (ibid.).

A Reforma do Estado, cujo Plano Diretor foi aprovado em novembro de 1995, pelo presidente Fernando Henrique Cardoso, também trouxe vários prejuízos à classe trabalhadora. No contexto da pressão da concorrência internacional, a flexibilização do trabalho surge sob a alegação de que os avanços obtidos em termos de direitos trabalhistas passam a representar maiores custos da mão-de-obra, prejudicando a competitividade das principais economias européias no plano internacional.

A "política liberalizante" propõe a idéia de redução do Custo Brasil que, em essência, significa a redução do custo do trabalho. Sob a alegação de contribuir para o aumento da competitividade da economia brasileira, propõe-se a retirada dos encargos sociais da folha de pagamento das empresas e a desregulamentação do mercado de trabalho, já desregulamentado. Comparada a outros países, a "economia brasileira é constituída pelo emprego generalizado de trabalhadores de baixa remuneração e por uma estrutura salarial fortemente marcada pela desigualdade" (Santos e Pochmann, 1996). Por outro lado, a redução dos encargos sociais no custo total do trabalho pode representar redução dos benefícios sociais, além de não representar aumento de competitividade internacional, como demonstram os autores citados acima, quando comparam países, correlacionando o sucesso na competitividade internacional com seus custos de trabalho. "O Brasil, com a opção pela manutenção de baixo custo do trabalho, não alcançou melhor situação no comércio internacional" (ibid.), o que desmonta o argumento de que, para aumentar a competitividade, é necessário flexibilizar as normas trabalhistas para redução do custo do trabalho. Conforme Santos,

> o sistema de contratação, remuneração e demissão no Brasil é bastante flexível. As condições que possibilitam uma elevada rotatividade da mão-de-obra, as facilidades de contratação e o reduzido custo de demissão são características importantes do mercado de trabalho no Brasil, que concorrem para torná-lo extremamente flexível e também precário (Santos, 1996: 241).

Com a proposta de redução do Custo Brasil, caracteriza-se que o Estado, a serviço do grande capital estrangeiro, pretende cobrar da classe trabalhadora — cujos salários representam a menor parte na massa da riqueza existente — todos os custos da crise econômica, da má administração pública e dos juros cobrados pelo capital estrangeiro. Contribui assim, mais uma vez, para o aumento da exploração do trabalho.

Foi nesse contexto que, no final da década de 1990, houve uma alteração significativa na legislação de propriedade intelectual. Além da revisão do Código de Propriedade Industrial, surgem Leis específicas (cf. INPI, s/d) para Programa de Computador (1998), Direitos Autorais (1998), Lei de Cultivares (1997), Lei da Biossegurança (1995). É importante lembrar que, na década de 1990, aumentam os contratos temporários, parciais e a terceirização. Entendemos que o capítulo XIV da Lei da Propriedade Industrial de 1996 retrata essas alterações.

Com a flexibilização nos contratos de trabalho, o vínculo empregatício passa a ter cada vez menos estabilidade, aumentando o número de trabalhadores contratados como prestadores de serviços, que são, também, incluídos/excluídos nos direitos relativos à propriedade intelectual, já que, em 1996, o disposto nos artigos referentes às invenções realizadas na vigência do contrato de trabalho é aplicado também às relações com o "trabalhador autônomo" ou o "estagiário" e entre a "empresa contratante e contratada".

Com relação ao conteúdo do capítulo XIV (Brasil, 1996), verificamos que são estabelecidas três formas de propriedade no caso de invenções realizadas na vigência de contrato de trabalho. Uma delas define a propriedade exclusiva do empregador, cabendo ao empregado inventor apenas a remuneração acordada. No segundo caso, estabelece propriedade comum, em partes iguais, para empregado e empregador. Na terceira situação, a propriedade será apenas do empregado.

É interessante observar que, no Código de 1945, o capítulo XIV inicia com artigo referente às invenções que serão consideradas propriedade comum, em partes iguais, do empregado inventor e de seu empregador, uma evolução em relação às leis anteriores (1923 e 1934) que só consideravam a patente como propriedade do empregador. Já na Lei de 1996, o capítulo XIV inicia com a invenção considerada de propriedade do empregador, tendo dois outros artigos que estabelecem quando a propriedade é do empregado (art. 90) e quando é partilhada entre empregado e empregador (art. 91). Não há, na Lei de 1996, nenhum artigo que estabelece a obrigatoriedade da empresa em mencionar o nome do inventor no requerimento da patente.

Desde o Código de 1945, as regras estabelecidas para invenções ocorridas na vigência do contrato de trabalho são estendidas para as patentes requeridas no prazo de um ano após o seu término. Na Lei de 1996, a redação é a seguinte:

> Salvo prova em contrário, consideram-se desenvolvidos na vigência do contrato de trabalho a invenção ou o modelo de utilidade, cuja patente seja requerida pelo empregado até 1 (um) ano após a extinção do vínculo empregatício.

Significa que um inventor que tenha tido um vínculo empregatício deve provar que sua invenção não tem qualquer relação com o emprego anterior para ter como sua propriedade aquela invenção.

Quanto à exploração da patente concedida como propriedade comum do empregado e de seu empregador, o direito é sempre do empregador, que deve promovê-la no prazo de 1 (um) ano, contado da data de sua concessão, revertendo a propriedade em favor do empregado, caso o prazo não seja cumprido.

Em relação ao Código de 1945, a Lei de 1996 tem as seguintes alterações:

Na questão do prazo para exploração da patente, a Lei de 1996 acrescenta uma ressalva que possibilita ao empregador justificar a falta de exploração e, dessa forma, manter sua participação na titularidade da patente. No Código de 1945, pode o empregador requerer a plena propriedade mediante indenização ao empregado. A indenização referida será "no valor que for arbitrado" em juízo. Já na Lei de 1996, o direito de exploração é do empregador e ao empregado é assegurada a "justa remuneração". Vale a pergunta: o que se entende por justa remuneração? Não há menção de "valor arbitrado", o que deixa subentendido que a remuneração que o empregado faz jus com a exploração da patente deverá ser objeto de negociação entre as partes, ou definida, unilateralmente, pelo empregador como aquela que considera "justa remuneração".

Porém, no caso de invenções consideradas como propriedade do empregador, a Lei de 1996 tem um avanço. Embora estabeleça que a "retribuição pelo trabalho limita-se ao salário ajustado", possibilita negociação para participação nos ganhos econômicos gerados pela invenção, o que está estabelecido no art. 89:

> O empregador, titular da patente, poderá conceder ao empregado, autor do invento ou aperfeiçoamento, participação nos ganhos econômicos resultantes da exploração da patente, mediante negociação com o interessado ou conforme disposto em norma da empresa.

No parágrafo único do art. 89, está estabelecido que a participação não se incorpora ao salário do empregado.

Aos funcionários de entidades da administração pública, a participação está garantida no parágrafo único do art. 93, que assegura ao inventor "premiação de parcela do valor das vantagens auferidas com o pedido ou com a patente, a título de incentivo". A esse respeito, o Decreto nº 2.553, de 16 de abril de 1998, estabelece no seu artigo 3º:

> Ao servidor da administração pública direta, indireta e fundacional, que desenvolver invenção, aperfeiçoamento ou modelo de utilidade e desenho industrial, será assegurada, a título de incentivo, durante toda a vigência da patente ou do registro, premiação de parcela no valor das vantagens auferidas pelo órgão ou entidade com a exploração da patente ou do registro.

Essa premiação, porém, não poderá exceder a um terço do valor das referidas vantagens. Porém, pode haver dificuldade em mensurar as vantagens obtidas com a patente.

Como os inventores acompanham ou cobram o cumprimento desse decreto, no que se refere ao valor da retribuição?

A partir da análise da Legislação de Propriedade Industrial, no que se refere às invenções ocorridas na vigência do contrato de trabalho, podemos concluir que, ao capitalista é garantido o direito de monopólio, ou, como diz Coriat, o direito de exclusão, de obter mais-valia com a exploração da força de trabalho, tanto na produção da patente, na qual se utiliza trabalho excedente do inventor, como na utilização da patente para a produção de mercadorias, na qual se utiliza trabalho excedente de outros trabalhadores. Também lhe é garantido o direito de dividir com outro capitalista a mais-valia obtida com o uso da patente quando da licença de concessão.

Ao trabalhador, verdadeiro produtor, a legislação garante o direito de sair do processo tal como entrou: como mera força de trabalho, que necessita, para garantir seus meios de subsistência, renovar constantemente a venda, ao capital, de sua força de trabalho.

Fica caracterizada, assim, a expropriação do produto do trabalho (no caso, o conhecimento criado) pelo capital, por meio de uma estratégia legal, que utiliza os meios jurídicos para a exploração da força de trabalho.

Por outro lado, a questão da propriedade intelectual está, hoje, envolvida numa trama internacional de alta complexidade, que pode trazer conseqüências sociais de grandes proporções. Uma questão preocupante nesse contexto é em relação às instituições públicas de pesquisa. Tendo em vista a premiação concedida pela legislação, quais as implicações que pode ter para o desenvolvimento do conhecimento?

Existe o risco de conhecimentos necessários à melhoria de vida da população, mesmo quando desenvolvidos por instituições públicas, tornarem-se mercadorias. Em matéria do *Valor Econômico* do dia 20 de maio de 2003, é demonstrada a intenção de aproximar pesquisadores das universidades brasileiras da indústria nacional. Nessa matéria, o superintendente do Instituto de Pesquisas Energéticas e Nucleares (IPEN) defende o aproveitamento do conhecimento na indústria e informa que, anualmente, são formados seis mil doutores titulados em ciências e engenharia no País, estando o Brasil entre os dez países que mais formam pesquisadores. Os índices no Brasil de cientistas que atuam em universidades e empresas privadas são inversos aos dos Estados Unidos. Aqui 73% estão em universidades, enquanto lá, 79% estão em empresas privadas (Aguilar, 2003). Mas, o que é melhor para o Brasil?

O Programa de Inovação Tecnológica é mencionado como uma forma de aproximar pesquisadores das indústrias, assim como a incubadora de empresas. Mas é preciso analisar o quanto essa aproximação vai resultar em benefícios sociais reais, ou se apenas visam à aplicação do conhecimento obtido com recursos públicos, a partir da exploração do trabalho, para a criação de mais-valia para alguns, sem nenhuma contrapartida para a melhoria do padrão de vida da sociedade como um todo.

Referências bibliográficas

AGUILAR, A. Pesquisadores e empreendedores. *Valor Econômico*, Rio de Janeiro: 20 mai. 2003. Eu&, Caderno D, p. 1.

BARBOSA, D. B. Uma introdução à propriedade intelectual. v. 1. Ed. Lumen Juris, 1997: Disponível em <http://www.denisbarbosa.addr.com>. Acesso em: 23 set. 2002.

BRASIL. Alvará de 28 de abril de 1809. Disponível em <http://www.inpi.gov.br>. Acesso em: 29 nov. 2002.

BRASIL. Decreto n. 16.254, de 19 de dezembro de 1923. Disponível em <http://www.inpi.gov.br>. Acesso em: 29 nov. 2002.

BRASIL. Decreto n. 24.507, de 29 de junho de 1934. Disponível em <http://www.inpi.gov.br>. Acesso em: 30 nov. 2002.

BRASIL. Decreto n. 2.553, de 16 de abril de 1998. Disponível em <http://www.inpi.gov.br>. Acesso em: 3 dez. 2002.

BRASIL. Decreto-Lei n. 7903, de 27 de agosto de 1945. Código da propriedade Industrial. Disponível em <http://www.inpi.gov.br>. Acesso em: 30 nov. 2002.

BRASIL. Decreto-Lei n. 1005, de 21 de outubro de 1969. Código da propriedade industrial. Disponível em <http://www.inpi.gov.br>. Acesso em: 30 nov. 2002.

BRASIL. Lei de 28 de agosto de 1830. Disponível em <http://www.inpi.gov.br>. Acesso em: 29 nov. 2002.

BRASIL. Lei de Propriedade Industrial. Lei n. 9279 de 14 de maio de 1996. Disponível em <http://www.inpi.gov.br>. Acesso em: 19 nov. 2002.

BRASIL. Lei do Império sobre patentes. Lei n 3129, de 14 de outubro de 1882. Disponível em <http://www.nepiadv.br>. Acesso em: 27 nov. 2002.

BRASIL. Lei n° 5772, de 21 de dezembro de 1971. Disponível em <http://www.inpi.gov.br>. Acesso em: 27 nov. 2002.

CORIAT, Benjamin. Transcrição de palestra proferida na UFRJ, 25 jun. 2002.

COUTO, B. R. *O direito social e a assistência social na sociedade brasileira: uma equação possível?* 2003. Tese (Doutorado em Serviço Social) — Pontifícia Universidade Católica do Rio Grande do Sul. Mimeo., 2003.

FAUSTO, B. *História do Brasil.* 11. ed. São Paulo: EDUSP, 2003.

FERNANDES, L. Neoliberalismo e reestruturação capitalista. In *Pós-neoliberalismo. As políticas e o Estado democrático.* 5. ed. Rio de Janeiro: Paz e Terra, 1995, p. 54-61.

IAMAMOTO, M. V. *Trabalho e indivíduo social.* São Paulo: Cortez, 2001.

INPI. Legislação (s/d). Disponível em: <http://www.inpi.gov.br>. Acesso em: 19 nov. 2002.

LEI de Patentes. (s/d). Disponível em <http//: www.economiabr.net> Acesso em 23/09/2002.

MANDEL, E. *O capitalismo tardio.* In Os Economistas. São Paulo: Abril Cultural, 1982.

MARX, K. *O capital.* Livro Primeiro. 16. ed. Rio de Janeiro: Civilização Brasileira, 1998, v. II.

_____. *O capital.* Livro Primeiro. 17. ed. Rio de Janeiro: Civilização Brasileira, 1999, v. I.

POCHMANN, Márcio. *O emprego na globalização.* São Paulo: Boitempo, 2001.

PRADO JÚNIOR, C. *Formação do Brasil contemporâneo.* São Paulo: Brasiliense, 1999.

SANTOS, A. L. Encargos sociais e custo do trabalho no Brasil. In *Crise e trabalho no Brasil. Modernidade ou volta ao passado?* São Paulo: Scritta, 1996, p. 221-252.

SANTOS, A. L.; POCHMANN. O custo do trabalho e a competitividade internacional. In *Crise e trabalho no Brasil. Modernidade ou volta ao passado?* São Paulo: Scritta, 1996, p. 189-220.

SILVEIRA, N. O Sistema de Propriedade Industrial Brasileiro. São Paulo, março de 2001. IBPI. Disponível em <http://www.ibpi.org.br>. Acesso em: 23 nov. 2002.

TAUILE, J. R. Para (re)construir o Brasil contemporâneo. *Trabalho, tecnologia e acumulação.* Rio de Janeiro: Contraponto, 2001.

A organização dos trabalhadores e a política na fábrica*

Elaine Marlova Venzon Francisco

Este texto tem por objetivo analisar a ação política dos trabalhadores no chão de fábrica, a partir da experiência desenvolvida pela comissão de fábrica da VW Caminhões e Ônibus, localizada no sul fluminense. É resultado de um intenso trabalho empírico realizado através de entrevistas, observação, documentos de fontes primárias e secundárias. O interesse por esta planta deveu-se à peculiaridade de sua organização da produção pelo conceito de consórcio modular. Nesse formato, os fornecedores dos subconjuntos localizam-se no interior da produção, atuando ali como parceiros e como montadores, e constituem uma unidade de negócio de suas matrizes. A VW planeja o produto e o vende após a fabricação realizada pelos parceiros sob a sua supervisão. A produção realiza-se por meio de um *just in time* exacerbado em que os subconjuntos são enviados pelas matrizes das empresas parceiras, localizadas no Estado de São Paulo, com estoques para uma semana de produção. São sete empresas parceiras, mais a VW, que, diariamente, definem volumes de produção e padrões de qua-

---

* Extrato da Tese de Doutorado *A comissão enxuta – ação política na fábrica do consórcio modular em Resende*, apresentada ao IFCS/UFRJ em março de 2004 e vencedora do Prêmio EDUSC-ANPOCS/2004.

lidade. Além das empresas parceiras, também chamadas de módulos, existem várias empresas terceiras que atuam em diferentes áreas, desde logística e manutenção até serviços, como bombeiros, restaurante, limpeza, entre outros.

Criada em 1996, no bojo da guerra fiscal entre os Estados para atrair investimentos, a fábrica buscou uma região característica dos chamados *greenfields*: infra-estrutura; incentivos fiscais; proximidade do mercado consumidor e de saídas para exportação; mão-de-obra jovem, com boa qualificação e com pouca experiência sindical; e sem tradição de produção no setor. Apesar desse quadro, a princípio desfavorável à organização dos trabalhadores, a fábrica conta, desde 1999, com uma comissão de fábrica composta, atualmente, por dois membros. Seus trabalhadores contam ainda com o SMSF — Sindicato dos Metalúrgicos do Sul Fluminense,[1] que atua junto à sua base desde 1996. As comissões de fábrica[2] já fazem parte da história da corporação Volkswagen no Brasil desde a década de 1980, sendo que a organização dos seus trabalhadores em nível mundial remonta à década de 1970 e conseguiu formalizar, desde 1999, o Comitê Mundial dos Trabalhadores.

A comissão de fábrica da VW Resende é regida por um Acordo Coletivo assinado entre o SMSF e as empresas do consórcio modular. Esse acordo delimita o âmbito de atuação política da comissão, de modo que esta não possa atuar sobre questões que remetam a aspectos jurídicos, nem represente os trabalhadores terceirizados.

A análise da ação política desenvolvida pela comissão de fábrica do consórcio modular da Volkswagen em Resende busca demonstrar como uma organização política dos trabalhadores dentro da produção, ao mesmo tempo em que é condicionada pelo formato de organização dessa produção, pelo perfil dos sujeitos, pelas relações que se estruturam nesse contexto, além da conjuntura socioeconômica, também cria a sua própria história a partir das experiências que vai vivenciando.

---

1. Atual denominação do Sindicato dos Metalúrgicos de Volta Redonda.

2. Reconhecidas corporativamente como Representação Interna de Empregados – Representação Interna de Empregados.

Pudemos constatar a complexidade das relações desencadeadas entre os diversos sujeitos que dão concretude ao consórcio modular, principalmente devido ao conceito utilizado na organização da produção que amarra diferentes sujeitos, de diferentes culturas empresariais (no caso das gerências), e com distintas temporalidades — o que lhes confere uma forte clivagem em termos de experiências significativas para o papel que desempenham. Todos esses elementos são somados às características de um *greenfield*.

Nesse sentido, para compreender essas relações e analisar a ação política desempenhada pela comissão de fábrica naquele contexto específico, partimos de alguns pressupostos teóricos que nos auxiliam na condução dessa análise.

1. A política na fábrica: conflito/dissenso x consenso

> *Jamais houve época em que a dialética da imposição da dominação e da resistência a essa imposição não fosse central no desenvolvimento histórico.*[3]

O caráter político das relações sociais que se dão no interior da produção nem sempre foi reconhecido, ou priorizado, pelos estudiosos, havendo um predomínio dos aspectos econômicos nos estudos nessa área. De olho nas inovações tecnológicas consideradas como sendo a explicação privilegiada para todas as transformações que ocorriam naquele espaço, nem sempre a produção teórica atentou para os elementos políticos que compõem aquela realidade.

Cabe aqui um registro de Thompson em que ele chama a atenção para a relação entre os aspectos econômicos e políticos, ao afirmar que:

> Nessas *démarches* da análise histórica ou sociológica (ou política), é essencial manter presente no espírito o fato de os fenômenos sociais e culturais não estarem "a reboque", seguindo os fenômenos econômicos à distância: eles estão, em seu surgimento, presos na mesma rede de relações (2001: 208).

---

3. Thompson, E. P. "Modos de dominação e revoluções na Inglaterra". *As peculiaridades dos ingleses e outros artigos*, 209, 2001.

Uma preocupação maior com os aspectos políticos presentes no chão de fábrica e com a subjetividade dos trabalhadores ganha corpo com o debate em torno do controle das gerências sobre a força de trabalho. Este tema se faz presente desde a clássica obra de Braverman, *Trabalho e Capital Monopolista*, datada da década de 1970. Desde então, essa área da sociologia muito tem avançado em discutir os diferentes mecanismos de obtenção do consentimento dos trabalhadores à razão do capital em realizar a mais-valia.[4]

Começa a ter espaço o estudo do chão de fábrica, enquanto um espaço de dominação e de negociação, conforme sinaliza P. K. Edwards, *apud* Ramalho (1991: 43):

> [...] há uma "negociação da ordem" envolvendo arranjos informais e acomodação mútua, mas o significado dessa negociação não pode ser percebido a menos que seja relacionado com estruturas de subordinação e dominação. [...] *há um conflito básico de interesses (um antagonismo estruturado) entre capital e trabalho. Esse antagonismo não determina o que acontece, mas exerce pressões claras ao nível do comportamento no dia-a-dia*. [...] "as relações no local de trabalho têm história". (Grifos nossos).

Nessa linha de argumentação, partindo do pressuposto de que a relação de dominação envolve as duas partes, dominantes e subordinados, que procuram defender seus interesses, Ramalho e Esterci (1996) afirmam que: "há também 'um conjunto de obrigações mútuas' que mantém unidos os dois grupos. De um lado e de outro, tentam alargar as margens de prerrogativas, de modo que a relação está sempre sujeita à negociação".

Se a relação tem mão dupla e a possibilidade de negociar está posta, um dos elementos que ganhou destaque na teoria do processo de trabalho foi a questão do consentimento. Aliás, será Burawoy o primeiro a analisar as formas de consentimento, uma vez que, até então, o debate privilegiava a questão do controle e da resistência dos trabalhadores às diferentes estratégias criadas pela gerência.

---

4. Sobre essa trajetória da sociologia do trabalho é imprescindível a leitura de Ramalho (1991). *Controle, conflito e consentimento na teoria do processo de trabalho: um balanço do debate.*

1.1 Pensando o consentimento na fábrica

Na obra de Burawoy, o aspecto político ganha maior visibilidade, onde: "qualquer contexto de trabalho implica uma dimensão econômica (produção de coisas), uma dimensão política (produção de relações sociais) e uma dimensão ideológica (produção de uma experiência dessas relações)." (Ramalho, 1991: 37). Burawoy introduz a análise da interferência do Estado no domínio privado de produção de mercadorias por meio da legislação trabalhista e das políticas sociais que limitam a ação gerencial.

O trabalho de Burawoy "introduz uma noção de política de produção que visa desfazer sua compartimentalização em relação à política, vinculando a organização do trabalho ao Estado" (1990: 29). Ele criou uma tipologia[5] para explicar as diferentes formas de obtenção do consentimento dos trabalhadores, de acordo com os estágios de desenvolvimento do capitalismo, que ele chama de regimes fabris:

> Hoje em dia, as gerências não podem mais confiar exclusivamente na coação econômica do mercado, nem podem impor um despotismo arbitrário. *Os operários devem ser persuadidos a cooperar. Os interesses dos trabalhadores devem ser coordenados com os do capital.* Os regimes despóticos dos primeiros anos do capitalismo, nos quais prevalecia a coerção sobre o consentimento, têm que ser substituídos por regimes hegemônicos, em que o consenso predomina, embora não se exclua totalmente a coerção. [...] Mais significativo para o desenvolvimento dos regimes fabris, na atualidade, *é a vulnerabilidade coletiva dos trabalhadores à mobilização nacional e internacional do capital*; é essa vulnerabilidade que leva a um novo despotismo construído sobre os fundamentos do regime hegemônico. Isto é, os trabalhadores enfrentam a perda de seus postos não como indivíduos, mas como uma conseqüência das ameaças que incidem sobre a viabilidade econômica das empresas. [...] As *"negociações cooperativas" e os programas de melhoria das condições de trabalho são duas faces do mesmo despotismo hegemônico.* (1990: 32-33, grifos nossos).

---

5. Rizek (1994: 157) lembra que o "uso de tipologias como ferramentas teóricas pode não se configurar em instrumento adequado para captar a historicidade das relações de trabalho e de suas práticas [...]".

Embora concordemos com as críticas levantadas por Castro e Guimarães (1991)[6] à abordagem de Burawoy, tanto a que se refere à tipologia criada por ele a partir de *"duas dimensões polares:* a prevalência de coerção ou consentimento dos trabalhadores, por um lado, e a ingerência ou ausência do Estado nas instituições fabris, por outro" (1991: 50); quanto à que diz respeito à ausência das relações familiares, de gênero e etnia no interior da produção; consideramos de suma importância o seu estudo por ter introduzido a questão do que ele chama de políticas de produção para entender a obtenção do consentimento dos trabalhadores. No entanto, também aí a crítica de Castro e Guimarães é pertinente quando alerta para o fato de que, na análise de Burawoy, há uma visão estreita da gerência. Para eles: "Em Burawoy, a valorização da ação estratégica encontra limites na pressuposição de que as estratégias empresariais têm um telos exclusivo: o controle sobre o trabalho e o obscurecimento da relação de exploração" (1991: 48).

Abdicando de uma visão maniqueísta acerca das estratégias gerenciais e levando em conta todo o arsenal crítico já lançado em relação à sua obra, queremos sugerir que a teoria proposta por Burawoy ainda auxilia a compreensão do espaço fabril. A política de produção, ao ampliar o entendimento do processo de produção com a introdução dos aparatos políticos,[7] permite uma compreensão desse espaço como um lugar em que a esfera privada da produção também é pública.

Burawoy demonstra a influência do Estado na produção (através da legislação trabalhista e das políticas sociais públicas), o que, no seu entendimento, conformaria o regime hegemônico. Essa influência ganha maior ênfase quando o autor caracteriza o despotismo hegemônico no qual o Estado entra numa guerra para atrair investimentos — por meio dos incentivos fiscais —, sendo um dos elementos que vai possibilitar a movimentação das empresas e caracterizar, assim, uma outra forma de dependência dos trabalhadores ao capital:

---

6. Para outras críticas a Burawoy, ver Ramalho (1991: 39-43).

7. Aparatos políticos de produção entendidos como as instituições que regulam e modelam os conflitos nos locais de trabalho – conflitos que eu chamo de "políticas de produção" (Burawoy, 1985: 87). Tradução livre do inglês.

Estados e comunidades atropelam-se uns aos outros na tentativa de atrair e reter capital. Tentam deslocar uns aos outros da competição oferecendo subsídios fiscais e o afrouxamento da aplicação da legislação trabalhista ou da prestação de serviços e benefícios sociais (Burawoy, 1990: 48).

A conseqüência, já citada acima, é a maior dependência dos trabalhadores às corporações empresariais e a sua vulnerabilidade coletiva frente à mobilidade do capital:

> O novo despotismo é a tirania "racional" da mobilidade do capital sobre o trabalhador *coletivo*. A reprodução da força de trabalho é novamente vinculada ao processo de produção, mas em vez de se dar pela via individual, a ligação se produz no nível da empresa, região, ou mesmo nação. O medo de ser despedido é substituído pelo medo da fuga dos capitais, do fechamento da fábrica, da transferência das operações e do desinvestimento na planta industrial.

No caso do consórcio modular, esses aspectos (guerra fiscal) foram definidores para a instalação da fábrica e, ao mesmo tempo, como a "necessidade de manter o negócio" não é apenas das gerências, mas passa a ser partilhada com os trabalhadores, o que é incorporado pelos discursos tanto dos sindicalistas quanto dos representantes da comissão de fábrica. Aqui, é evidente a formação de um *consenso* entre trabalhadores e gerências em seus diferentes níveis.

Nesta perspectiva, Rizek (1994: 154) mostra como a ameaça do desemprego confere novos elementos à relação de dominação no mundo do trabalho:

> Se o processo de trabalho é constitutivo de relações bastante contraditórias, estas contradições, entretanto, não se restringem apenas às relações capital-trabalho. Se há resistência à subordinação e à exploração, também se verifica — com as transformações recentes, diante das quais o próprio emprego é visto como uma situação privilegiada — o interesse dos trabalhadores na manutenção das relações econômicas existentes e na viabilidade das unidades de capital que os empregou. Isso implica *a existência de uma interação fragmentada de controle, consenso e negociação* (grifos nossos).

As concepções anteriores nos remetem a pensar, entre outras coisas, que a própria comissão de fábrica assume, em diversas situações, o papel de um aparato de produção (no sentido de Burawoy) ao debelar ou evitar situações de conflito; ou quando participa, com as diretorias, na disputa por novos investimentos para a manutenção do negócio.[8]

Por outro lado, a análise do consórcio modular reitera uma das críticas à tese de Burawoy, que remete à influência da diferenciação social, assim registrada por Ramalho, (1991: 40): "Se experiência é o material a partir do qual as pessoas constroem suas idéias, [...] então variações regionais são uma fonte importante da moldagem indireta dessas idéias que afetam a experiência direta do trabalho".[9]

Nesse sentido, o perfil dos trabalhadores da região sul fluminense e as relações de trabalho existentes naquele contexto — tais como a pouca experiência no trabalho industrial e na vida sindical; os salários abaixo da média nacional; e ação cooperativa do sindicato — possibilitam a concretização de um modelo de organização da produção bastante inovador e diferenciado, assim como também delineiam um tipo de ação política, tanto por parte dos sindicalistas quanto pelos representantes, distinta daquela encontrada em locais com tradição de trabalho em indústria, ainda que não menos ineficaz do ponto de vista da defesa dos interesses dos trabalhadores.

Em vista disso, tanto os termos de Burawoy quanto as críticas correspondentes, nos auxiliam a entender a ação política da comissão de fábrica. Permitem reconhecer o espaço da produção como um espaço também de realização da política. A noção de despotismo hegemônico, em que a ação sindical é vulnerabilizada.

Uma outra análise sugestiva para pensar a ação política da comissão de fábrica nos é dada por Werneck Vianna (1981: 193) quando assinala que "a fábrica não está localizada num território estranho à política", como veremos a seguir.

---

8. É exemplar, aqui, a ida da comissão de fábrica e sindicato, em 2001, com a direção da empresa, para a Alemanha em busca de novos investimentos, como uma nova cabine e uma nova planta para produzir a T4. Planta essa, aliás, desmontada na Alemanha para ser remontada no Brasil, bem de acordo com o movimento de capital retratado por Burawoy.

9. Ramalho utiliza aqui uma referência de Paul Thompson (1983), *The nature of work*.

1.2 A fábrica como território também da política

Diferentemente de Burawoy que analisou as formas de obtenção do consentimento dos trabalhadores aos requisitos da produção, portanto, consentimento enquanto permissão ou tolerância frente às estratégias gerenciais, Vianna volta seu foco para a obtenção do consenso dos trabalhadores. Fala, portanto, da concordância, da conformidade, o que pressupõe um nível de engajamento ainda maior, assim como a possibilidade da coerção quando o consenso não vinga.

Ao demonstrar que a articulação do sistema político, no que se refere à coerção e ao consenso, repercute diretamente sobre a forma de controle da força de trabalho operária, Vianna nos abre um leque de possibilidades para pensar a ação política da comissão de fábrica em Resende. Ainda que o seu objetivo seja o de incluir a fábrica como sujeito nos estudos de ciência política e, para tal, execute uma série de raciocínios teóricos para confirmar essa relação,[10] o que nos interessa é perceber como a organização dos trabalhadores no interior da fábrica é condicionada pelo sistema político e vice-versa. Segundo o autor:

> A disposição especial com que os homens e coisas são combinados para as tarefas da produção no interior de uma fábrica é informada pela política. Não apenas pela política fabril e/ou pela política econômica. Mas pela política enquanto tal, como *arena em que as classes e os grupos sociais disputam e definem a questão do poder político* (1981: 193, grifos nossos).

Aqui, diferenciando-se de Burawoy, que procura a influência do Estado no interior da produção, Vianna procura a influência do sistema político — resultante da formação socioeconômica — na sujeição dos trabalhadores ao capital: "*Fábrica e sistema político não são universos paralelos. Ao contrário, são mutuamente explicativos.* Variando a administração do par coerção/consenso em um, varia no outro." (idem: 193, grifos nossos).

Para exemplificar essa mútua relação, utiliza as diversas formas de organização dos trabalhadores: "A existência de comissões de empresa

---

10. Pauta a sua análise em Gramsci (1968), a partir da idéia de que "a hegemonia nasce nas fábricas", apontada em *Maquiavel, a Política e o Estado Moderno*.

livremente eleitas pelos operários certamente que está associada a uma institucionalização democrática da política, assim como a estrutura sindical corporativa indica uma situação oposta" (idem: 193).

Além disso, chama a atenção para os condicionantes externos que regulam a obtenção de consenso dentro do espaço fabril:

> [...] Para o ato da produção [...] é tão importante a obtenção do consenso do produtor direto quanto o bom funcionamento das máquinas e a qualidade das matérias-primas. A determinação do modo e do grau em que é obtido está correlacionada com variáveis internas e externas à fábrica (idem: 193-4).

Observa-se aqui a preocupação em demonstrar que a obtenção do consenso é historicamente contingente, pela organização dos trabalhadores dentro e fora da fábrica e pela sua participação, enquanto classe, no cenário político mais geral.

A partir dessas considerações Vianna mostra como o espaço privado da fábrica vai sendo politizado:

> O processo industrial automatiza e empobrece o trabalho, mas não o *trabalhador. E é por sua ação que a fábrica se politiza*.
> Essa politização reforça a inclusão da *fábrica* no universo supra-estrutural, e ela própria *se converte numa arena política específica*. Salários, saúde, segurança no trabalho, estabilidade no emprego, participação no planejamento industrial, democratização das relações de trabalho, papel do delegado sindical, das comissões de empresa etc., são os temas que a informam. Esse domínio, antes monopolizado pelo capital, passa a ser disputado pela classe operária. [...] *A invasão da fábrica pelo direito, arbitrando as disputas entre as duas partes, consiste no tácito reconhecimento de que ela não é mais território livre do capitalista, e confere legitimidade à reivindicação da classe operária de exercer aí a sua cidadania* (idem: 205, grifos nossos).

Quando os membros da comissão de fábrica paralisaram a produção de um módulo reivindicando o pagamento de horas extras feitas sem a autorização do sindicato e sem o conhecimento prévio da comissão, a utilização do direito, que foi reivindicado para garantir os direitos trabalhistas, também foi utilizado pelas gerências para punir a comissão por "quebra de estatuto". A penalização (o "gancho"), prevista em lei, foi aplicada exemplarmente. No entanto, revelou, como em outras circunstâncias, o espaço fabril também sendo um espaço de exercício da política e da cidadania operária e os limites da democracia intrafabril.

Seguindo essa linha de raciocínio, o autor afirma que *"a ação política que* [a classe operária] *pratica na fábrica está intimamente vinculada à posição política que ocupa na sociedade"* (idem: 206). Ou seja, a ação política dos trabalhadores dentro da fábrica está condicionada pelo nível de organização e de influência que já possui no cenário político.

A partir das idéias trazidas por Vianna, é possível pensar a ação política da comissão de fábrica tendo-se caracterizado antes o espaço da fábrica como um espaço da política, e percebendo-se a relação desse espaço com o sistema político existente a partir de uma dada formação socioeconômica. Ele traz ainda o entendimento de que a ação política dos trabalhadores dentro da fábrica é condicionada pela inserção deles no cenário político.

Desse modo, as ações políticas levadas a termo pela comissão de fábrica, sejam elas direcionadas para a obtenção de soluções de consenso, sejam elas direcionadas para o enfrentamento em situações de conflito, permitem destacar o aspecto político das relações ali constituídas e, também, identificar a fábrica como um terreno de disputa de interesses diversos que se articulam ao quadro político da sociedade em geral.

Quando se evidencia a estrutura sindical corporativa que ainda subsiste no sindicalismo brasileiro e toda a resistência às mudanças nessa estrutura, entre elas, a possibilidade de organizações nos locais de trabalho, demonstram que o avanço da classe trabalhadora em termos de organização política e de influência no sistema político ainda é pequeno. Isso permite que as empresas estabeleçam relações autoritárias no interior da produção e utilizem diversas estratégias de obtenção do consentimento dos trabalhadores aos requisitos da produção, com a mínima, senão nula, interferência dos órgãos de representação dos trabalhadores.

A forma como as políticas de corte neoliberal dilapidaram os serviços públicos no Brasil a partir dos anos 1990, induzem a uma maior sujeição dos trabalhadores aos contratos de trabalho no que tange à reprodução da força de trabalho. E os trabalhadores pouco conseguiram resistir a esse sucateamento, pois aqueles organizados em sindicato priorizaram as perdas salariais e a manutenção de seus empregos. A estratégia política adotada no início do novo sindicalismo que implicava ampliar as lutas para questões extrafabris, articulando-se a lutas mais gerais da sociedade, foi sendo vencida pelas negociações por empresa, em que a reprodução da força de trabalho vira item de acordo coletivo.

Esse contexto político e o recuo do movimento organizado dos trabalhadores indicam os limites observados na ação política da comissão de fábrica que, com o sindicato, assume o discurso da "empregabilidade". No entanto, esse não é um caminho homogêneo, pois vai sendo redesenhado pela ação política que se dá no cotidiano da produção.

1.3 A política pressupõe o conflito e o dissenso

Quando pensamos a fábrica como um território também da política, estamos pensando a fábrica enquanto um dos cenários em que a disputa em torno de interesses diversos também opera. Essa disputa pressupõe a existência de desigualdades e funda as situações de dissenso e de conflito que emergem na busca da diminuição dessas desigualdades.

Rancière (1999: 368) vai tratar da racionalidade dissensual da política. Para ele, "o que chamam *consenso é na verdade o esquecimento do modo de racionalidade próprio da política*" (grifos nossos). Nessa perspectiva, a política: "É antes um modo de ser da comunidade que se opõe a outro modo de ser, um recorte do mundo sensível que se opõe a outro recorte do mundo sensível".

Na concepção do autor, a política pressupõe a presença de segmentos da sociedade que se encontram em situações tão desiguais que o segmento que possui os recursos (sejam eles materiais, ou simbólicos) só reconhece o outro segmento quando este toma também a cena pública e reivindica seus interesses.

Ao colocar em cena o dissenso, Rancière se afasta de uma concepção tradicional de política enquanto processos que buscam o consentimento, a organização dos poderes, a gestão das populações. Para ele, a igualdade, que não está inscrita na ordem social, só pode se manifestar pelo dissenso (ibid.: 372). Parte do pressuposto de que é a ação política que possibilita colocar em contato as diferentes parcelas da sociedade e o aparecimento de mundos litigiosos, paradoxais.

Se essa concepção parece muito distante da esfera do trabalho, Rancière lembra como foi necessário que os trabalhadores saíssem da cena privada (do trabalho considerado como esfera doméstica) para a cena pública, para que seus direitos começassem a ser respeitados.

Tratando, assim, da racionalidade dissensual da política, o autor constrói a definição de consenso como sendo a anulação da política, partindo da concepção ordinária forjada na eliminação dos conflitos:

> O consenso não é, portanto, simplesmente a opinião razoável de que é melhor discutir do que brigar, e a busca de um equilíbrio que distribua os papéis da melhor maneira — ou da menos má — de acordo com interesses de cada parte. [...] Em suma, o consenso suprime todo cômputo dos não contados. Toda parte dos sem-parte. Ao mesmo tempo, pretende transformar todo litígio político num simples problema colocado à comunidade e aos que a conduzem (ibid.: 378-9, grifos nossos).

A definição de política de Rancière traz a possibilidade de pensar as situações de conflito a partir de um foco de análise mais abrangente, pois o resgata de uma posição tida como prejudicial às relações sociais, para uma posição em que o conflito é inerente à sociedade que é intrinsecamente desigual. Nesse sentido, a camuflagem do conflito e a sua dissolução através da concertação e do consenso permitem que conflitos mais radicais e fundamentalistas ocupem a cena das relações sociais. O reconhecimento da racionalidade dissensual da política e de seus diferentes sujeitos políticos, a possibilidade de que todos tenham acesso à cena pública, à publicização de suas diferenças e reivindicações é condição necessária para a existência da política.

Um outro elemento importante na concepção de Rancière diz respeito à necessidade de publicização do dissenso para que a política se realize. O dissenso que não é público não pode ser objeto da política. Para que ele se publicize, faz-se necessário o reconhecimento de seus sujeitos políticos.

Rizek lembra que a produção acadêmica sobre o trabalho no Brasil, a partir dos anos 1980, passa a focalizar outras dimensões da ação política dos trabalhadores ao valorizar questões referentes a lutas que se inscreviam na esfera da publicização de direitos dentro e fora dos espaços de trabalho. Segundo a autora:

> A partir da compreensão que desconstrói as esferas do trabalho como mundos insulares, estes temas indicam a necessidade de inscrever as discussões sobre os trabalhadores, suas representações e suas práticas em uma tessitura de relações que tensionam uma esfera pública construída a partir de uma constante privação de direitos [...] (1995: 170).

Nesse aspecto, ao considerarmos que a fábrica é também um território da política, entendemos que o sindicato e a comissão de fábrica, cumprem o papel de tornar público os conflitos para que eles sejam negociados ou reprimidos. São sujeitos políticos que podem alterar um quadro em que, até do ponto de vista legal, é regulado, mas não é politizado:

> A lei sempre tratou a organização do trabalho como prerrogativa do proprietário, retirando-a do rol das questões passíveis de disputa. [...] Da porta da empresa pra dentro, o destino do trabalhador estava nas mãos do empregador (Cardoso, 1997: 104-105).

Se essa é uma situação generalizada entre as empresas brasileiras, no consórcio modular não é diferente, apesar de suas inovações no âmbito da organização da produção.

Pudemos observar, na análise da atuação da comissão de fábrica, que em algumas situações em que o sindicato deveria tornar pública determinada questão para que ela fosse pelo menos discutida, e não o fez, a comissão assumiu essa função. O caso em que os trabalhadores acamparam em frente à fábrica, denunciando a sua suspensão, e procuraram tornar público o que se passava dentro da fábrica ao dar entrevistas para as rádios locais, é ilustrativo de que a comissão de fábrica constitui também um sujeito político que tem a capacidade de tornar público determinados conflitos para que a política aconteça.

Perseguindo um caminho parecido ao de Rancière para a análise da política, ainda que guardando diferenças significativas dado que tratam de objetos diferentes, está a tese de Mouffe. Argumenta sobre a importância da democracia pluralista como um avanço em relação à democracia liberal e estabelece um contraponto ao *"discurso racionalista e individualista liberal"* (Mouffe, 1996: 9).

Rancière está tratando da racionalidade da política — para ele, dissensual —, Mouffe está pensando a radicalização e a ampliação da democracia e, para tal, resgata a noção de antagonismo ao afirmar a existência das diferenças como uma característica inerente às sociedades:

> Depois de aceitarmos a necessidade do político e a impossibilidade de um mundo sem antagonismos, o que será necessário encarar é a forma como, nessas condições, poderemos criar ou manter uma ordem democrática pluralista. Tal ordem baseia-se na distinção entre "inimigo" e "adversário". Exige que, no contexto da comunidade política, o opositor seja considerado, não um inimigo a destruir, mas um adversário cuja existência é legítima e tem de ser tolerada (idem: 15).

Assim como Rancière, Mouffe destaca o papel do consenso na anulação da política:

> A política, como tentativa de domesticar o político, de manter afastadas as forças da destruição e estabelecer a ordem, está sempre relacionada com conflitos e antagonismos. Exige uma compreensão de *que todos os consensos são, por necessidade, baseados em atos de exclusão* e de que nunca poderá existir um consenso "racional" absolutamente abrangente (idem: 187).

A partir dessas concepções, a autora defende uma determinada noção de democracia que pretende ultrapassar a democracia liberal e estabelecer a hegemonia de valores e práticas democráticas (idem: 201):

> A relação entre agentes sociais só poderá ser apelidada de "democrática" desde que aceitem a particularidade e as limitações das suas reivindicações — isto é, só na medida em que reconheçam as suas relações mútuas como relações das quais o poder é inerradicável (idem: 200).

Levando-se em conta esses pressupostos enunciados pelos autores, Rancière e Mouffe, queremos destacar duas questões: de um lado, a concepção do consenso como anulação da política. Política aqui entendida como o espaço para o aparecimento do dissenso, do litígio, do antagonismo. De outro, a idéia de que o conflito, ou o dissenso, não é indesejável, ao contrário, faz parte das relações sociais e a sua negação é o caminho para a caricaturização da democracia.

Dada a inevitabilidade dos conflitos, Rancière destaca a importância de que estes se tornem públicos de forma a que possam ser discutidos, o que pressupõe a ação política de sujeitos que só se tornam sujeitos políticos em ato, ou seja, quando vão ao espaço público denunciar a desigualdade. Mouffe ressalta a necessidade da expressão dos antagonismos e coloca a pluralidade como condição para a democracia. Apesar de partirem de pontos diferentes, ambos chegam à conclusão de que o exercício da política baseada na busca de consenso, enquanto negação da exclusão, acabou dando espaço a manifestações políticas mais intolerantes e fundamentalistas.

Aproveitamo-nos dessas idéias para pensar o espaço da produção enquanto manifestação do espaço político mais geral. Esse quadro é reforçado pelos processos de reestruturação produtiva que, na busca da qualidade e da produtividade a partir de processos produtivos organizados de maneira bastante "enxuta", vão criar novas estratégias de controle e de obtenção de consenso por parte dos trabalhadores e de suas representações. Castro (1997: 4), ao analisar a emergência de uma nova cultura normativa nas relações de trabalho, a partir da formação de novas institucionalidades, afirma que:

> Sob as institucionalidades ali contidas, podem ser capturadas as novas personas exemplares dos processos sociais. *Competição*, sim, mas com base em *estratégias de redes de firmas*, cuja articulação deve sustentar-se em *princípios de confiança e reciprocidade*. *Regulação estatal*, sim, mas num contexto em que a agência (agency) se nutre da vitalidade de instâncias de negociação definidas no *plano micro*: forte presença do poder local e das organizações não-estatais, indutoras de políticas públicas comprometidas com as condições infra-estruturais da competitividade dos clusters de empresas. *Sindicatos*, sim, mas aptos a negociar as condições de contratação e uso do trabalho dentro do princípio que internaliza e generaliza *o compromisso de todos com o desempenho e a competitividade da firma e de sua rede de parceiros* (grifos nossos).

Ainda que os autores, tanto da filosofia política quanto da sociologia, estejam falando a partir de realidades de países desenvolvidos, nós podemos encontrar na realidade estudada todos esses elementos: tanto os da política quanto aqueles afetos aos processos de reestruturação produtiva. O consórcio modular da Volkswagen corresponde perfeitamente aos pressupostos da chamada produção enxuta, e a conjuntura política e econômica em nosso país, na última década, tem demonstrado a sua proximidade aos argumentos e práticas do neoliberalismo.

1.4 A comissão de fábrica como expressão de diferenças

Nesse contexto de obtenção de consenso, seja na política em geral, seja nas estratégias gerenciais, é que a análise da ação política da comissão de fábrica ganha maior significado. Enquanto a corporação Volkswagen reconhece o espaço fabril como um espaço de relações de poder e, justamente por isso, permite o funcionamento de organizações de representação dos trabalhadores — dada a sua tradição de co-gestão proveniente da matriz —, as demais empresas do consórcio modular vêm de uma tradição empresarial bem mais autoritária, em que não há espaço para esse tipo de organização. Tanto que esse constituiu, e ainda constitui, um dos focos de tensão entre a Volkswagen e os seus parceiros, como já vimos anteriormente.

Por outro lado, a comissão de fábrica atua num ambiente marcado pela busca incessante de soluções de consenso, independente da área (produção, financeira, qualidade ou relações trabalhistas), exatamente devido ao perfil do consórcio modular, ou seja, o fato de se constituir num *pool* de empresas produzindo sob o mesmo teto. Essa busca de consenso corresponde ao leque de parcerias que a empresa vai tecendo, desde os seus parceiros na produção, alguns consumidores, até o sindicato e a própria comissão.

Esse ambiente gera negociações constantes, pautadas na ordem e na suposta possibilidade do chamado "ganha-ganha", como se tratassem de relações entre sujeitos políticos em iguais condições. Então, o que se observa é que a comissão de fábrica encarna esse papel de parceira que lhe é designado pela empresa, mas não sem restrições ou resistências. Tal limite imposto pela comissão de fábrica é visível, principalmente a partir do segundo mandato, desde o ato de posse, em que a comissão de fábrica se declara representante dos trabalhadores, marcando assim o cenário de interesses diversos onde nem sempre o consenso é possível.

Quanto aos resultados dessa postura, é possível avaliar que os trabalhadores têm obtido melhores ganhos, além dos previamente estabelecidos pela empresa, quando, seja a comissão de fábrica, seja o sindicato, ou ambos, assumem posturas dissensuais e estabelecem os conflitos de forma pública. É o que vem acontecendo desde a primeira greve em 1998, ou com a greve de 1999, quando a própria comissão de fábrica foi conquistada (no formato que possui até hoje, com estabilidade, por exemplo) até o período mais recente, quando a comissão de fábrica realizou uma paralisação num módulo para garantir direitos trabalhistas. Quando as negociações se dão de forma consensual, os ganhos obtidos pelos trabalhadores são tímidos, como tem acontecido nas campanhas salariais dos últimos anos em que o ganho real tem sido irrisório e a compensação salarial tem vindo em forma de abonos que não são incorporados ao salário e aos benefícios.

De fato, é compreensível a estratégia gerencial de forjar o consenso em diversos níveis e com diferentes parceiros. Com relação ao consenso dos trabalhadores, é ainda mais compreensível, tendo em vista que qualquer conflito no chão de fábrica compromete a produtividade da empresa que trabalha com uma produção bastante enxuta, que não dispõe de muita "flexibilidade" em relação às intercorrências na produção. Quando há algum conflito que interrompe a produção, ainda que seja por breves minutos, os prejuízos são logo computados e delegados aos trabalhadores, no caso, àqueles que "provocaram" a situação, os quais são punidos inclusive financeiramente.

É importante notar que a empresa estimula esse comportamento cooperativo e consensual também em relação ao sindicato e na relação da comissão de fábrica com ele. O sindicato é o agente privilegiado nas negociações e, por isso, quando a comissão de fábrica toma alguma atitude mais ofensiva sem a sua participação, é quando é mais vigorosamente punida. Se por um lado isso resguarda, como diria Burawoy (1990: 38), o papel do sindicato como "guardião" do cumprimento das cláusulas de acordos, por outro, deixa comissão de fábrica e sindicato em situação de divergência, aproximando o sindicato das decisões gerenciais. Por isso, em algumas falas dos membros da comissão de fábrica aparecem referências aos acordos feitos "por cima" entre o presidente do sindicato e a direção da empresa, em que a comissão de fábrica não tem espaço para intervir. Ou como na situação em que os membros da comissão de fábrica foram suspensos (por ter paralisado a produção em função de horas extras não pagas) e o sindicato não se manifestou, pois, também para ele, houve "quebra de estatuto" por parte da comissão de fábrica. No entanto, houve antes "quebra de acordo" por parte da empresa, pois as horas extras não haviam sido comunicadas ao sindicato.

Portanto, existe um conflito estrutural entre comissão de fábrica e sindicato que se dá pela disputa de representação. Ou seja, o sindicato é o agente privilegiado e legal para realizar qualquer negociação. À comissão caberia papel mais restrito de resolver pequenos problemas no chão de fábrica, além de ser um veículo de informação dentro da fábrica, tanto para o sindicato quanto para as gerências.

No entanto, a medida em que os membros exercem a função de representantes dos trabalhadores, eles desenvolvem suas atribuições de forma a corresponder às expectativas da empresa (e do sindicato), ao colaborar na obtenção do consenso e do consentimento dos trabalhadores para os requisitos da produção. Porém, atuam, ainda que esporadicamente, de forma conflitiva, quando os interesses divergentes aviltam os direitos dos trabalhadores e/ou comprometem as condições de trabalho. Em alguns casos, chegam a se antecipar à ação do sindicato ou, às vezes, a induzir a ação sindical.

Em vista disso, a comissão, tanto atua em conformidade com a gerência — solicitando o empenho dos trabalhadores para a produção, para a limpeza dos banheiros e contra o absenteísmo, por exemplo —, assim como se defronta com as gerências e sindicato para evitar demissões, ampliar o refeitório e os horários de refeição, cumprir o pagamento de horas extras ou reverter o plano de saúde.

O que pode parecer ambigüidade, na verdade, é a expressão do caráter conflitivo da representação dos trabalhadores dentro da fábrica. A comissão é reconhecida institucionalmente e, pelo próprio estatuto, é tolhida na sua possibilidade de ação. Representa os interesses dos trabalhadores num ambiente em que o representante legal é o sindicato. Está inserida no interior da fábrica, defrontada com toda espécie de problemas que atingem os trabalhadores, desde pequenas questões de relacionamento com chefias até problemas de segurança no trabalho. Além disso, atua num espaço onde outras estratégias de controle e obtenção de consentimento são forjadas, de forma a estreitar a relação do trabalhador ao seu supervisor e reforçar o seu compromisso com a empresa. São comuns as falas gerenciais (contando raras exceções) que alegam a pouca importância da comissão de fábrica diante de relações abertas das gerências com seus trabalhadores.

Nesse sentido, a comissão de fábrica vivencia suas ambigüidades, sendo que é possível constatar que a atuação política que desenvolve ao longo do tempo ganha matizes diferenciados a partir de sua experiência. É possível observar um olhar mais crítico em relação ao sindicato, assim como uma postura mais decidida em relação à defesa de questões que são cruciais para os trabalhadores. Por outro lado, não busca criar outras formas de aliança que pudessem reforçar o seu papel de representação, como, por exemplo, através de uma aproximação com as CIPAs e outros grupos criados pelas gerências. Uma ampliação de sua área de influência poderia auxiliar o trabalho da comissão, assim como aprofundar a organização dos trabalhadores dentro da fábrica.

Referências bibliográficas

BURAWOY, Michael. *The politics of production:* factory regimes under capitalism and socialism. London: Verso, 1985.

_____. A transformação dos regimes fabris no capitalismo avançado. *Revista Brasileira de Ciências Sociais.* Rio de Janeiro: Vértice/ANPOCS, ano 5, n. 13, p. 29-50, 1990.

CARDOSO, Adalberto M. O sindicalismo corporativo não é mais o mesmo. *Novos Estudos CEBRAP.* São Paulo: CEBRAP, p. 97-119, 1997.

CASTRO, Nadya de A. Reestruturação produtiva, novas institucionalidades e negociação da flexibilidade. *São Paulo em Perspectiva.* São Paulo: Fundação SEADE, 11. p. 3-8, 1997.

_____ e GUIMARÃES, Antonio S. A. Além de Braverman, depois de Burawoy: vertentes analíticas na sociologia do trabalho. *Revista Brasileira de Ciências Sociais.* Rio de Janeiro: ANPOCS/Relume-Dumará, ano 6, n. 17, p. 44-52, 1991.

MOUFFE, Chantal. *O regresso do político.* Lisboa: Gradiva, 1996.

RAMALHO, José R. Controle, conflito e consentimento na Teoria do Processo de Trabalho: um balanço do debate. *BIB*, Rio de Janeiro: Relume-Dumará/ANPOCS, n. 32, p. 31-48, 1991.

RAMALHO, José R. e ESTERCI, Neide. A resistência em campo minado. *Revista Brasileira de Ciências Sociais*. Ano 11, n. 32, out. 1996.

RANCIÈRE, Jacques. *O desentendimento — política e filosofia*. São Paulo: Editora 34, 1996.

_____. O Dissenso. In: NOVAES, Adauto (Org.) *A crise da razão*. Brasília: Ministério da Cultura; Rio de Janeiro: Fundação Nacional das Artes, p. 367-382, 1999.

RIZEK, Cibele S. Interrogações a um campo teórico em crise.*Tempo Social*, São Paulo, USP, n. 6 (1-2), p. 147-179, 1994. (editada em jun. 1995)

THOMPSON, Edward P. *As peculiaridades dos ingleses e outros artigos*. Organizadores: Antonio Luigi Negro e Sérgio Silva. Campinas: Editora da Unicamp, 2001.

WERNECK VIANNA, Luis. Fábrica e sistema político: anotações teóricas para uma investigação empírica. *Dados — Revista de Ciências Sociais*, Rio de Janeiro, IUPERJ, v. 24, n. 2, p. 191-211, 1981.

Organização política dos trabalhadores além da fábrica

Lúcia M. B. Freire
Ana Paula Procópio da Silva

A partir da década de 1990, no Brasil, quando da consolidação do projeto neoliberal e da reestruturação do trabalho, o resultante desemprego de caráter estrutural foi destrutivo para a força de trabalho, atingindo medularmente a sua organização política, entre outros tipos de perda[1]. Os impasses, porém, na dialética da história, estimularam a expansão da ação sindical, expressa na Central Única dos Trabalhadores (CUT) em espaços além dos locais de trabalho, que se desenvolveram no Brasil, como na América Latina e no mundo, em um processo de relativa universalização[2].

---

1. As perdas, identificadas na primeira fase da pesquisa (1995-98), encontram-se na tese de Freire (1998) e resumidas no livro de 2003 (cap. I). Elas se verificaram em todas as dimensões: *materiais*, com redução do efetivo de trabalhadores, relativa estagnação de salários e redução dos indiretos (benefícios); *de saúde*, sobretudo psíquica, em função do estresse provocado pela intensificação do trabalho e ameaça de expulsão desse mercado; *sócio-políticas*, manifestadas no retrocesso do trabalhador coletivo como sujeito político, refletida também nos comportamentos de apatia, individualismo e competitividade interna, destrutiva da solidariedade de classe.

2. A focalização da pesquisa na CUT deve-se à constatação, na primeira fase, do conteúdo de classe de sindicalistas a ela filiados, no entendimento sobre a reestruturação ocorrida e na defesa dos interesses dos trabalhadores, comparada à outra Central Sindical analisada (Cf. Freire, 1998 e 2003). Esta fase consistiu em estudo comparado de casos em três das maiores indústrias brasileiras estraté-

A expansão nos espaços públicos na luta contra-hegemônica, que chamamos de "globalização da resistência", expressa-se na descrição de um sindicalista, demitido da ex-estatal privatizada investigada: *"Antes, o conflito era lá dentro, não era aqui fora [na cidade onde a fábrica estava situada]. E nós estabelecíamos isso de lá p'ra cá e pegava apoio daqui p'ra lá, (...) com a população (...). O mais importante era de lá p'ra cá e não daqui p'ra lá, como acontece hoje."* (em Freire, 1998:147). Desde então, concentramos parte dos nossos esforços para conhecer esse movimento além da "fábrica", junto aos trabalhadores organizados, sujeito coletivo central para o Serviço Social.

Esse movimento real, fruto da vivência daquele operário, traduz a contradição presente na sociedade brasileira atual, entre a desestruturação social provocada pela reestruturação neoliberal e os mecanismos de controle social democrático no País, criados no processo que culminou com a Constituição Federal de 1988.

Nesse período, os sindicalistas viram-se e se vêem, cada vez mais, diante de difíceis contradições, que traduzem a crise de transição entre velhas e novas formas de atender às suas necessidades atuais. A sua base, conforme Birh (1998), é "uma crise de reprodução (...) do capital [como] *relação social* contraditória (...). [Como tal, ela] só pode ser simultaneamente crise desse pólo antagonista do capital, que é o proletariado, e portanto crise do movimento operário" (ibid.: 67). A crise ultrapassa a do fordismo-keynesiano e outras anteriores, *colocando "muito mais fundamentalmente em questão esse modo de produção em sua essência (...) [não dizendo] respeito especificamente ao proletariado, mas à sociedade (e até mesmo à humanidade) inteira"* (id.: ibid.).

Daí surge o desafio do proletariado reconquistar o seu papel histórico e também de buscar suas vias de renovação, cuja análise passa pelos seguintes eixos teóricos e empíricos.

---

gicas de grande porte — estatal, privatizada e privada —, com sede no Rio de Janeiro, que representam a história do processo industrial no País, abrangendo ainda 47 instituições de serviços à saúde do trabalhador, demanda das que mais refletem a desestruturação social, junto com as novas formas de resistência. A pesquisa foi apoiada pela CAPES e CNPq (1995-98) e pelo CNPq e FAPERJ/UERJ, desde 1998.

1. A perspectiva de totalidade para o entendimento da sociedade capitalista

Tal perspectiva consiste na compreensão do todo estruturado, concreto, complexo e dialético da realidade, articulado entre suas diversas dimensões, particulares e singulares, através de processos (ou mediações) em movimento. Ele apresenta tendências decorrentes da interação de contradições (Netto, 1987:79-80), na dinâmica da história.

Hoje, a totalidade expressa-se a partir do próprio padrão da *acumulação flexível*, que penetra e transforma as configurações da "questão social" e de todas as políticas, dos âmbitos locais ao mundial. Nesse sentido, os estudos acumulados, com base histórica, têm comprovado a afirmação de Mészáros (2002) sobre o capital, como

> a mais poderosa estrutura *"totalizadora"* de controle, [sendo] *o primeiro na história que se constitui como totalizador irrecusável e irresistível*, não importa quão repressiva tenha de ser a imposição de sua função totalizadora em qualquer momento e em qualquer lugar em que encontre resistência (ibid: 96 e 97).

Nessa estrutura totalizadora, inclui-se o que Harvey (1994) denomina *"compressão tempo-espaço"*, referindo-se à contínua aceleração da redução das barreiras de ambos (tempo e espaço). Ela revoluciona as qualidades objetivas e de representação do mundo, "como um vínculo mediador singularmente importante entre o dinamismo do desenvolvimento histórico-geográfico do capitalismo e complexos processos de produção cultural e transformação ideológica" (ibid.: 9).

Nesse entendimento e nos fatos da realidade investigada, evidenciam-se, ao mesmo tempo, o domínio e a falência do capitalismo, nas tentativas de obscurecer a desigualdade por ele gerada e, portanto, as classes e interesses diferenciados.

Mas, nesse movimento, são perceptíveis um certo número de rachaduras do "espelho" da política dominante, conforme esse autor, desde 1987, quando se ousou olhar por trás do mesmo, desencadeando uma queda dos mercados de ações no mundo. Ele exemplifica outras trincagens, nos campos cultural, geopolítico e filosófico, assim como na dinâmica de *fu-*

são dos fragmentos nas extremidades dessas tendências e os sinais de um *novo internacionalismo* quanto a problemas mundiais como o ecológico, o racismo e a apartação social, a fome, a miséria e a desigualdade, o que sugere a evolução, *autodissolução ou transformação da condição pós-moderna*. Tais rachaduras hoje são alimentadas também pela política bélica do atual governo George W. Bush, na sua ultrapassagem destrutiva dos limites éticos internacionais criados no próprio capitalismo. Outras diversas fendas têm se verificado no campo geopolítico — que tem sido explorado pela atual política externa brasileira, exprimindo-se também na esquerdização na América Latina —, assim como o processo de fusão das diversas tendências de protesto, como as ocorridas nos Fóruns Sociais Mundiais, do qual o Brasil é um dos protagonistas, tendo a CUT entre suas representações, nos sinais dessa mundialização da resistência. Elas surgem e se ampliam paralelamente à barbárie, indicando a inviabilidade crescente do capitalismo[3].

Problematizamos, com Harvey: por que não recorrer a uma metateoria com que *"possamos abarcar todas essas reviravoltas?"* (1994: 320). Também consideramos, como ele, que Marx nos dá as ferramentas para entender que a flexibilidade pós-modernista tende a ser, objetivamente, uma reversão da ordem dominante na modernidade fordista e um adiamento dos impasses do capital.

Mészáros (2002) também contribui para a explicação do fracasso dessas tentativas, ao constatar que, mesmo as que buscaram o socialismo, mantiveram elementos básicos que configuram o domínio do capital, além da necessária limitação do "socialismo em um só país", numa con-

---

3. No mundo, esta face atual de barbárie pode ser verificada, como nos recentes acontecimentos na França (com versão no Brasil), regredindo o tratamento da "questão social" como *caso de polícia*, semelhante aos primórdios, até que seja novamente percebida pelo poder dominante como *caso de política*, na perspectiva de um neokeynesianismo, de acordo com Nunes (apud Netto, 1993), enquanto os atuais limites estruturais do capital indicariam o seu colapso (Mészáros, 2002). Também para este, a despeito da aproximação da completa maturação das suas contradições em uma crise *fundamental*, a "astúcia da história" mantém imprevisível e em aberto a transição ao socialismo, enquanto as confrontações sociais persistirem. Voltado para a totalidade, Netto situa-se na posição de que somente amplos movimentos de massa, apontando para a superação da ordem capitalista no conjunto de suas lutas, podem "bloquear e reverter a dinâmica que hoje compele o movimento do capital a rumar para a barbárie" (1993:85).

frontação desigual com o capital global (ibid.: 1664-9), o que é visível em Cuba[4].

Assim, por sua intensa complexidade, a perspectiva de mudança exige uma *"teoria geral da transição"*, conectada às condições atuais (ibid.: 1064-5). Para Mészáros, a necessária ruptura radical com o sistema de "sociometabolismo" do capital e da produção de mercadorias *terá que ser global*, pela profundidade das determinações estruturais e históricas prevalescentes. Isto porque há uma dependência *"da configuração total de circunstâncias sociais e históricas definidas pelo papel mais ou menos importante do capital na totalidade do sociometabolismo em escala global"* (ibid:1066). Há, igualmente, "uma rede imensamente complexa e contraditória de *dependências recíprocas*" entre os países centrais e periféricos, hoje, em escala mundial. Ele ressalta a produtividade destrutiva, a dependência do capital ocidental no "Terceiro Mundo" e o complexo militar-industrial, além de qualquer controle, como impasses à reestruturação da economia, para os quais é preciso construir alternativas (ibid.: 1074).

Contudo, a existência de tal processo, alimentado pela especulação financeira, não significa que o capital prescinda do trabalho, que continua a ser o fator que gera o valor real dos produtos de troca, confirmado pelo próprio investimento nas novas estratégias de gestão. Ele é conseqüência do avanço das "leis imanentes da própria produção capitalista" vistas por Marx (1984:293), bem como da quebra do relativo e tenso "equilíbrio" anterior entre "o trabalho organizado, o grande capital corporativo e a nação-Estado" (Harvey, op. cit.: 125), do pacto fordista-keynesiano.

Portanto, apontamos, como Mészáros (op. cit.), que *a força antagônica ao capital, que é o trabalho, é a única capaz de evitar novas formas de domínio do trabalhador e de instaurar outra ordem*. Por isso, se os movimentos de "questão única", como os das grandes causas históricas — tal como a ambientalista e a da liberação das mulheres — não inserirem em sua agenda a luta contra-hegemônica do trabalho como alternativa coerente e abrangente à ordem do capital, podem ser por ele incorporados marginalmente. Por isso,

---

[4]. Esse autor exemplifica essa afirmação com a industrialização neocapitalista do "Terceiro Mundo", " levando ao extremo uma contradição irreconciliável entre a dinâmica local e os objetivos 'metropolitanos' (...), intensificando as expectativas de uma incontrolável guerra comercial" (ibid:1074).

é crucial a integração de todos os que vivem do seu trabalho a essa *única alternativa estrutural viável* a tal ordem (ibid.: 95-6).

2. A mundialização do capital e do trabalho e o controle social

Esse segundo eixo analítico refere-se à *globalização do capital e do trabalho e aos espaços de controle social pela classe trabalhadora, na perspectiva da sociedade mundial como um todo em movimento na "fábrica global"* (Ianni, 1996), abrindo-se o desafio de descobrir as dimensões internacionais da luta. Conforme esse autor, a globalização do capital é acompanhada da globalização do trabalho coletivo, na perspectiva da sociedade global como um todo em movimento e colocadas, nessa dimensão, as *"novas formas e novos significados do trabalho"* (ibid.: 155), formando-se o *"trabalhador coletivo desterritorializado"* (ibid.: 14-15).

Esse movimento, mundializando também as desigualdades, dá uma nova configuração à "questão social", provocando a descoberta por todos, incluindo a classe trabalhadora e os movimentos sociais, das *"dimensões globais dos seus modos de ser, agir, pensar, sentir, imaginar"* (ibid.: 25). Sobre esta questão, também a recente publicação coordenada por Samir Amin e François Houtart (2003), ao apresentar os indicadores da internacionalização da resistência, deixa clara *a construção da mundialização dos povos como único meio de alcançar a mudança da atual nova "ordem" neoliberal*, produtora de caos.

Em conseqüência, *a mudança e a luta social tendem a ser mundialmente construídas*.

Essa luta é ao mesmo tempo uma luta pelo controle social por parte da população trabalhadora *versus* controle pelo capital, que até agora possui o controle global, sendo este um de seus elementos definidores. Contudo, esse controle *vem sendo "re-transferido ao corpo social como um todo"*, ganhando, essa nova forma, importância no mundo e compelindo o capital a admitir novamente os seus limites (Mészáros, 2002:991-4)[5].

---

[5]. Esse autor, como também Netto (1992), atribui o fracasso das protoformas socialistas na Europa à falta desse controle social pela população. Por outro lado, Cuba realiza em parte essas formas, via Conselhos e Comitês populares.

Tal possibilidade, mesmo que insuficiente para uma efetiva mudança, é um exercício para constituição de sujeitos políticos coletivos, nos termos da "esquerda democrática"[6]. Nesses termos, é também um meio de construir uma cultura contra-hegemônica, para fazer face à cultura despolitizadora neoliberal. Ela tem sido constatada no Brasil, quando desenvolveu a sua articulação política, presente em vários momentos históricos, em particular, no avanço dos movimentos sociais na década de 1980, onde se incluem as organizações dos trabalhadores. Eles contribuíram para retardar as políticas neoliberais no País, logrando a promulgação de uma Constituição que expressou esses avanços, apesar da extrema desigualdade e baixa escolarização. Esse controle social vem se desenvolvendo como uma das vias de avanço democrático, politização e cultura contra-hegemônica no Brasil.[7] Entre outras formas, tem se construída, por meio de conferências periódicas sobre políticas e direitos sociais e fóruns permanentes de elaboração, implementação e fiscalização sobre políticas setoriais. Tal realidade novamente nos remete à lógica gramsciana (Coutinho, 1992:58), quando apresenta o movimento da subjetividade na construção da própria objetividade, inserido na socialização da política (idem). Portanto, para acelerar a mudança, é necessário investir na cultura contra-hegemônica, decorrente da exploração das contradições, que está no cerne do capitalismo[8].

Os estudos utilizados e a pesquisa permitem concluir que a globalização do capital não prescinde do trabalho, mantendo-se a centralidade

---

6. Nesta posição, com raízes em Gramsci, a participação é vista como um meio, "através do qual as classes dominadas se educam para a liderança de uma sociedade socialista (...) [tratando de] questões mais amplas da empresa e da economia" (Storch,1987:139). É denominada por esse autor de "esquerda participatória" (segundo termo de Greenberg).

7. Recentemente, diante das novas condições, têm surgido novos movimentos de massa entre trabalhadores, que articulam novas formas de divisão do trabalho, controladas por seus produtores diretos, com a luta política. O estudo sobre a relação e as diferenças entre esses movimentos e o sindical tradicional está sendo desenvolvido por Jefferson Moura, que produziu recente dissertação de mestrado sobre este tema (2003). Também Santana e Ramalho (2003: 28 e 31-5) confirmam tais direções, com base em autores como Larangeira (1998) e Moody (1997).

8. Diante dessa necessidade, os assistentes sociais, que trabalham, ao mesmo tempo, com a objetividade das condições de trabalho e de vida da população e com a sua subjetividade, tanto podem contribuir para reproduzir o obscurecimento e sua submissão, como para o seu crescimento como sujeito político, movimento este apresentado em Freire (2003: 137-256).

das relações sociais de produção para o entendimento da vida social, em escala ampliada e diversificada. Elas conservam: a reprodução da desigualdade, classes antagônicas com sub-classes, miséria e tensões sociais, novas formas de resistência, luta e controle social, em gestação, associadas à nova dimensão de defesa do planeta e da humanidade.

3. A Central Única dos Trabalhadores – CUT – no processo de publicização e de controle social pela população trabalhadora

O novo estágio de ampliação da resistência, constatado na pesquisa, foi acelerado pelo movimento dialético, em função da própria crise objetivamente vivida, que materializa, conforme Harvey (1994), as contradições do capitalismo. Também Mota (1995) — assim como Gramsci, em que se baseia, e Mészáros (2002) — considera que as crises econômicas, ao agudizar as contradições do processo de produção material e de reprodução social,

> (...) se transformam em necessidades de classe e objeto da prática política dos trabalhadores e do capital. Este processo depende do grau de desenvolvimento das forças produtivas e do nível de socialização da política conquistado pelas classes trabalhadoras (Mota, 1995:25).

As mudanças em gestação têm sido sinalizadas através da inserção de trabalhadores organizados em programas de controle social, assim como em eventos, referendados por estudos, documentos e manifestações sobre as problemáticas da "questão social", que afetam o Brasil e o mundo[9].

---

9. A ampliação dessa via de luta tem sido verificada por meio de triangulação de técnicas. As principais são: *entrevistas individuais e coletivas*, com dirigentes sindicais, integrantes do Conselho Estadual de Saúde do Trabalhador-Rio de Janeiro e de coletivos e cargos de direção de sindicatos e da CUT-RJ; *análise das posições dos trabalhadores* participantes de eventos de formação e de resistência, entre eles os internacionais, como o Fórum Social Mundial, com aplicação de *questionários e debate em oficinas* sobre os temas aqui apresentados; *análise de documentos da CUT*, entre os quais se destacam os presentes neste capítulo, a luz de fatos analisados por estudiosos desses temas. A validade das análises e conclusões é relativa à qualidade das informações sobre processos vividos e representatividade dos sujeitos envolvidos. Tal constatação também é apresentada em Santana e Ramalho (2003: 13 e 36-7).

Nessa direção, tem sido observado, na parte da pesquisa que acompanha os sindicalistas nos fóruns de controle social, sua revitalização, por ações estimuladoras do atual Governo Lula. Isto inclui a área da saúde, com as Conferências de Saúde e as de Saúde do Trabalhador, em todos os níveis da federação[10].

Conforme Costa, *a CUT "nasce extrapolando o mundo do trabalho"* (2000:79). Ao constituir-se, em 1983, após a I³ Conferência Nacional das Classes Trabalhadoras (CONCLAT) e da conjugação com os movimentos da sociedade na Articulação Nacional dos Movimentos Populares e Sindicais (ANAMPOS), ela "adotou os princípios de liberdade e autonomia sindical, uma visão classista, a organização de base e a construção de um sindicalismo de massas, em plena ditadura militar" (ibid.: id.). Dessa forma, ela surgiu rompendo com práticas conservadoras anteriores, contrariando a proibição de representações interprofissionais.

Portanto, desde o início, ela se volta para as questões além da fábrica, que as determinam, como a política da dívida externa, engajando-se nos movimentos por sua anulação. Nesse processo, ela acompanha a conjuntura política nacional e internacional, sofrendo os impactos das políticas neoliberais, caindo depois em uma política defensiva e mudando suas ênfases, sobretudo nas resoluções quanto a eixos de luta, sofrendo também o riscos das suas contradições. Porém, ela mantém a característica política além da fábrica, ampliada sobretudo a partir da década de 1990, na medida em que se restringia a luta nos locais de trabalho.

As ações concretas nas questões societárias evidenciam-se com maior destaque desde o 3° CONCUT, em 1988, década em que a CUT participou ativamente do processo constituinte, assim como das lutas pela saúde pública e de outros movimentos. Porém, já aí, diante da longa onda econômica depressiva nos anos 1970 e o crescimento da dívida externa, aparecem as primeiras "rachaduras", também nesta Central, entre o discurso da totalidade e o posicionamento, que muda da "denúncia / confronto / superação" para o de "análise / cautela / negociação" (Cruz, 2000:155).

---

10. Os incentivos têm se completado com recursos para efetivar a Rede Nacional de Saúde do Trabalhador (RENAST) e os Conselhos Gestores em Unidades Públicas de Saúde, que deverão reunir trabalhadores, gestores e usuários do SUS.

O 4º CONCUT, em 1991 – quando a esquerda foi abalada internacionalmente, com o reforço da hegemonia neoliberal, e no Brasil, pela vitória de Collor de Mello – apresenta um aprofundamento dessa posição, na qual o discurso da CUT vai se assemelhar a uma "Janela Estilhaçada", segundo esse autor. Ele decompõe sua imagem em múltiplos fragmentos, vistos nas temáticas específicas (questão racial, de gênero, ecologia, saúde, política agrícola), sem eixos centrais de mobilização, pela necessidade de "tratar o leque de diferenças e níveis de consciência da classe trabalhadora brasileira" (ibid.: 164-7). O 5º CONCUT, em 1994, possui as resoluções que mais expressam essa fragmentação, que se aprofunda no 6º CONCUT, em 1997, ambos em pleno processo liberalizante.

No 7º CONCUT, em 2000, torna-se mais evidente a predominância na ocupação de espaços políticos na sociedade pela Central, buscando ultrapassar o corporativismo das categorias profissionais, voltando-se para a defesa dos direitos sociais em geral e proposição de políticas públicas. Ali é realizado seu balanço político e organizativo, afirmando-se a agenda de uma "CUT cidadã". Nesta, é ressaltada a estratégia de resistência propositiva ao neoliberalismo, do texto básico, por meio da vinculação dos interesses dos trabalhadores assalariados do "setor formal da economia aos interesses dos mais amplos setores da classe trabalhadora e do povo oprimido". (CUT, 2000:16)[11]

No documento, também se destaca a constituição do Fórum Nacional de Lutas (FNL), que congrega vários movimentos sociais e partidos políticos, como uma "aliança estratégica de luta pela construção de alternativas para o país" (ibid:6). Concretiza-se mais, então, esse direcionamento, a despeito das contradições e riscos, na aliança do movimento sindical com os movimentos sociais, que protagonizaram grandes mobilizações e lutas comuns, nacionais e internacionais. Essa direção é vista aqui como uma via de reaglutinação e de publicização da resistência desses sujeitos políticos organizados. Ela tem ultrapassado o corporativismo de catego-

---

11. É destacado o crescimento da reação sindical às políticas neoliberais em todo o mundo, inclusive nos Estados Unidos da América, com mudança na direção da Central AFL-CIO, em 1995, comandando então uma greve na empresa UPS, *"que resultou na transformação de 10.000 empregos precários em formais, além de preservar direitos"* (CUT, 2000:6).

rias profissionais, voltando-se para os direitos sociais em geral, as grandes ameaças político-econômicas e a construção de alternativas[12].

O texto base do 7º CONCUT ressalta também as seguintes frentes externas não corporativas da CUT no Brasil: atuação junto aos desempregados, através de iniciativas como o Centro de Trabalho e Renda de Santo André, buscando construir um Sistema Público de Emprego adequado à Convenção 88 da Organização Internacional do Trabalho (OIT); participação em Conselhos de Direitos e Política Públicas; articulação com grupos ambientalistas, por meio de estudos comuns sobre o vínculo entre as agressões ao trabalhador e à natureza e perspectivas de reforço à luta ecológica. Entre as decisões na linha da articulação entre trabalho e política global, destacam-se, além da questão da dívida externa e sua anulação: 1) ampla mobilização contra o desemprego e seus correlatos que são a demissão imotivada e a luta pela redução da jornada de trabalho sem redução do salário (como "objeto de consenso de classe", no sentido proposto por Gramsci, apesar de bloqueada a sua constituição pela fragmentação e manipulações diversas); 2) campanha pela efetivação das Convenções da OIT, na qual o Brasil se insere como país membro, que têm sido desconsideradas de fato ou revogadas, sendo rompidos os compromissos assumidos, como no caso da Convenção 158 contra a demissão imotivada (anulado pelo Governo Cardoso); 3) movimento em defesa de um novo regime de seguridade social universal, que incluia o fortalecimento do SUS (Sistema Único de Saúde) e Previdência Pública Única, com 20 salários mínimos de teto[13]; 4) construção de um projeto de "Economia Solidária", na direção de *"um novo cooperativismo popular, como alternativa ao falso cooperativismo e à precarização do trabalho"* (ibid:19) e a criação da "Agência de Desenvolvimento Solidário"; 5) aproximação do setor rural com o setor de alimentação e políticas públicas que fortaleçam a agricultura familiar, responsável, na épo-

---

12. Destaca-se, nesse âmbito, a questão da renegociação das dívidas externas, particularmente dos países da América Latina. Nos anos 1990, agrava-se a transferência de renda dos países pobres para os ricos, bem como a imposição de políticas de ajustes estruturais preconizados pelas instituições financeiras multilaterais. Esta foi uma das razões da campanha do "Jubileu 2000" (sob a liderança da Igreja Católica no Brasil) contra o pagamento da dívida externa.

13. Contraditoriamente, esta meta foi negada pelo governo Lula e pelo novo Congresso Nacional, a despeito da luta sindical.

ca, por mais de 70% da alimentação do País[14]; 6) ampliação e aprofundamento da participação no movimento sindical internacional e suas interfaces; 7) desenvolvimento de políticas permanentes de gênero, saúde e segurança no trabalho, de combate ao racismo e sobre a questão indígena.

No 8º CONCUT, em 2003, seis meses após a eleição e posse do Presidente Lula, há uma afirmação desse papel amplo da CUT não só como centro unificador e mobilizador da luta e defesa dos trabalhadores, mas também como agente presente nos órgãos sobre mudanças e políticas sociais no Brasil. As resoluções desse congresso iniciam com uma posição de *"disputar a hegemonia visando a construção de uma nova sociedade"*. São colocados o papel da CUT frente ao Governo Lula e a luta pela superação do modelo econômico neoliberal, demarcando campos políticos, priorizando a construção de alianças estratégicas com setores democráticos e populares, com movimentos sociais, partidos e entidades de esquerda. No arco de alianças, busca potencializar formulações, intervenções e mobilizações conjuntas, fortalecendo uma base social para que o projeto político apontado na campanha de Lula não fosse hegemonizado pelas forças conservadoras que o disputam. Para isso, apresenta a estratégia de liderar a constituição de um Fórum de Mobilização, de caráter deliberativo, que aglutinasse todos os setores do movimento popular e democrático e de criar, a partir de um seminário nacional com a participação de todas as organizações populares, um programa de desenvolvimento nacional. (ibid.: 24).

Porém, na proporção em que crescem as metas, crescem as contradições para alcançá-las, em paralelo às demandas e necessidades cotidianas dos trabalhadores, profundamente atingidos pela reestruturação neoliberal, nos seus locais de trabalho, sentido primeiro do movimento sindical[15].

Contraditoriamente, no plano nacional, o fato do Brasil ter um ex-sindicalista na Presidência da República, que participou da criação CUT e do

---

14. Nessa direção, atualmente, há uma convergência com as metas do governo Lula.

15. A ampliação da direção de luta além da fábrica não significa sua ausência das questões dos locais de trabalho mas se reduz quanto a grandes embates e muda de estratégia, conforme o capítulo de Francisco neste livro. Na nossa pesquisa, destacam-se os esforços de sindicatos para reunir sindicalizados e não sindicalizados, nas Comissões Internas de Prevenção de Acidentes (CIPA). Estas também apresentaram retrocesso social e político na década de 1990, por sua apropriação pelas Gerências de Segurança, após as reestruturações.

partido de classe ao qual ela predominantemente está ligada, mas que se rende às amarras neoliberais às quais o país está atado, representa uma nova crise que traz riscos de nova fragmentação, vulnerabilizando o movimento sindical, como o partido predominante de sua trajetória comum e também as conquistas dos últimos 30 anos da esquerda brasileira[16].

Nesse sentido, reaviva-se o debate ideológico sobre a negociação, presente marcadamente no I Fórum Social Brasileiro (2003). O sindicalismo pragmático de setor importante da CUT, caracterizado pelo reconhecimento da necessidade de negociação permanente com o empresariado, atuando nas câmaras setoriais e fóruns, em detrimento de priorizar as mobilizações de greve, desde algum tempo, tem sido alvo de críticas. Entre estas, destaca-se a da oposição ao denominado *sindicalismo de participação* em substituição ao *sindicalismo de classe*, desde o início dos anos 1990. Nessa crítica, coloca-se o difícil impasse posto por Antunes: *"Como é possível, hoje, articular valores inspirados num projeto que olha para uma sociedade para além do capital, mas que tem que dar respostas imediatas para a barbárie que assola o cotidiano de quem vive do trabalho?"* (Antunes, 1993:68).

Diante desse dilema, têm sido levantadas na pesquisa algumas tendências em relação à percepção de classe trabalhadora e o papel da CUT na conjuntura política atual, em documentos e artigos sobre o tema, entrevistas com dirigentes sindicais, debate com o então Secretário Geral da CUT, hoje seu Presidente, e questionários aplicados em 2003 e 2005[17].

A percepção expressa pela totalidade dos participantes, é de *discordância à continuidade da atual ortodoxia neoliberal presente na política macroeconômica do governo Lula. Por isso, há consenso de que a relação entre governo e movimento sindical só tem sentido a partir da manutenção da independência de classe, no entendimento de que o sindicato não deve depender do governo.* Nesse sentido, *a consciência de classe como meio da formação de resistências* foi um

---

16. Essas contradições têm inspirado livros, ensaios, artigos e entrevistas, polêmicos entre si, entre os quais destacamos o livro de Oliveira (2003) e as entrevistas de Chauí (2005), Felício (2005), Horta (2004) e Tavares (2005).

17. Os questionários foram respondidos após um Painel no I Fórum Social Brasileiro, em 2003, e em Oficina e atividades de formação a dirigentes sindicais e militantes, em 2005. O total da amostra corresponde a 42,5% do total de 141 sindicatos filiados a essa Central no Rio de Janeiro (perfazendo 70% das 85 respostas, acrescidas de 30% de sindicalistas não dirigentes, estudantes e integrantes de movimentos de massa, presentes nos eventos).

dos itens mais apontados em 2003. Há também a percepção de que *a informalidade em que está mergulhada a maioria da população trabalhadora brasileira, não está sendo absorvida pela estrutura sindical clássica*, concebida para o trabalhador formal, a despeito de algumas iniciativas da CUT e de alguns de seus sindicatos, que não lograram efetivar mecanismos de maior visibilidade de inclusão desses trabalhadores. Há concordância, contudo, de que é importante a continuidade dessa política de articulação entre o vínculo formal e informal na CUT, porém valorizando também as formas independentes de organização de trabalhadores sem vínculos formais, conforme a do Movimento Terra, Trabalho e Liberdade (MTL) e do MST. Já as representações sobre classe social, apresentadas nas respostas de 2005, demonstram, de um lado, um percentual de 35% de trabalhadores com visão de acordo com a teoria social crítica atualizada (como em Oliveira, 1999 e em Ridenti, 2001) e, de outro, de 30% com visões pouco claras, denotando necessidade de aprofundar a formação política, principalmente em integrantes de movimentos.

Por existirem complicadores presentes na totalidade do cenário atual, conforme a afirmação de Mészáros, sobre a impossibilidade de uma solução para o problema da reestruturação da economia no atual contexto de "produtividade destrutiva" do capital (2002:1072), impondo a luta política globalizada, as análises apresentam duas dificuldades principais. A primeira refere-se à falta de distância do tempo histórico e de conhecimento aprofundado das múltiplas mediações determinantes das contradições desse governo e de sua diferença do anterior, visível nos estudos citados (nota 20). A segunda está implicada nos fortes laços de origem da CUT (que reúne diversos partidos de esquerda e várias tendências) e do Partido dos Trabalhadores (PT), ao qual pertence o Presidente Lula, tendo a Central participado intensamente da campanha que culminou com a sua eleição, determinando sentimentos opostos: de decepção e revolta e de adesão irrestrita[18]. Também são mantidos os vínculos a partir da ocupa-

---

18. Nesse sentido, Netto (1992:54) localiza o "rápido processo de organização sindical e político-partidária (com estes dois níveis freqüentemente se entrecruzando e confundindo) (...) [desde o] cenário da sociedade burguesa entre a Comuna de Paris e a Primeira Guerra Mundial". Já a proposta crítica de Mészáros é clara quanto à necessidade de "articular intimamente as lutas sociais, eliminando a separação, introduzida pelo capital, entre ação econômica, num lado (... pelos sindicatos), e ação político-parlamentar, no outro pólo (... pelos partidos)" (op. cit.: 19).

ção de cargos desse governo por vários dirigentes da Central, incluindo recentemente a do ex-presidente da CUT como Ministro do Trabalho. Este último fato é visto, em princípio, como positivo, pelo presidente da CUT-RJ de 2002 a 2005, Jaime Ramos, por "ser bom ter um sindicalista no Ministério do Trabalho, brigando lá dentro" (entrevista, nov., 2005).

Os vínculos e as contradições, por sua vez, a partir das "alianças" com partidos de origem oposta e das ações contraditórias com as expectativas de mudança (agravados pelos escândalos envolvendo corrupção, pinçados e alimentados pela direita, que esconde seus próprios escândalos, segundo fontes investigativas não contestadas), têm provocado perplexidade, divisões, acusações e desfiliações de sindicatos a esta Central, em paralelo a tentativas de recuperação da coerência histórica e a formação política[19].

A percepção, pelos sindicalistas, da aderência de fato, pela CUT, às políticas do atual governo é um dos maiores impasses. Segundo um dos mais destacados dentre eles, participante da pesquisa desde 1996, Roberto Odillon Horta (2004:54), Secretário de Imprensa do Sindicato dos Petroleiros do Rio de Janeiro na época, os ramos mais sindicalizados vivem *"um momento de perplexidade"*, a despeito de, no caso da Petrobras, haver aumentado a interlocução com o trabalhador, com revisão das punições da greve de 1994 e de, no momento, *estar afastado um dos piores fantasmas do governo passado: o da privatização. O destaque negativo é o da política macroeconômica, por aprofundar o desemprego* (id.ibid.). O maior temor para esse sindicalista é o de *"a CUT ficar paralizada frente ao governo"* e a *"falta de rumo"*. A despeito de querer que esse governo dê certo e de entender as dificuldades, ele afirma que *"não se pode perder a independência de classe (...) o sindicato não pode ser correia de transmissão do partido político"* e que essas dificuldades não dão *"o direito de rasgar a sua própria história"*.

---

19. Na análise da maioria dessas fontes, tais contradições revelam as fragilidades e os vícios do sistema político brasileiro. Ela eclode, com mais intensidade, pela luta dissimulada entre a elite dominante de todos os tempos e o mesmo viés de classe do PT e do Presidente Lula, incluindo o temor de investigações desencadeadas pelo Ministério da Justiça, Corregedoria Geral da União e Polícia Federal, de acordo com posições e fatos divulgados na parca imprensa investigativa brasileira, a que vai além dos escândalos, também em crise de autonomia (Carta, 2005). Entre as fontes dissonantes da grande mídia, foram utilizadas as revistas *Carta Capital* e *Caros Amigos* (2005 e 2006).

Portanto, a sensação de paralisia, de perda de uma história construída com anos da própria vida, junto com a percepção de ausência de controle social interno — sendo este um dos principais determinantes da crise — da chamada "disputa por dentro", no PT e na CUT, coloca ambos em uma auto-destrutiva encruzilhada. Ela expressa o auge da contradição com o processo de ampliação positiva em direção ao espaço público, com a sociedade, a ponto de, ao alcançar maiores esferas de poder, afastar-se dos processos que lhes dava uma identidade singular: a democracia, o controle social interno, "a soberania da assembléia como última instância decisória", de modo a efetivar os princípios de "liberdade e autonomia sindical, a visão classista, a organização de base" (conforme Costa, op. cit.).

Etapa importante sobre a atuação dessa Central ocorreu quando do projeto de reforma sindical e trabalhista com seu maior protagonismo. Desde a "reforma" da Previdência, porém, marcada pela perda das conquistas dos trabalhadores — não sendo aceito o argumento da inclusão pelo nivelamento rasante, oficializando a atual precarização dos trabalhadores informais —, há uma tensão, podendo *"(...) haver um choque profundo com os sindicalistas que (...) [mantêm] viva a chama da CUT (...) [dos] anos 80. Nós brigaremos [Em caso de perdas como na Previdência] por uma [nova] central com corte socialista"* (Horta, op. cit.: 57). Ao mesmo tempo, Horta teme, como também o atual presidente da CUT-RJ, o retorno da direita e do desmonte do governo anterior expresso nas privatizações. O segundo considera a direita "de extrema competência para reverter tudo em seu favor", ou seja, saindo de suas crises por meio da eclosão de outras, como o capitalismo com relação ao Estado de Bem Estar. Por isso, em parte, Horta e seu sindicato mantiveram-se na CUT, na última campanha.

Por outro lado, na exposição e debate no XI Congresso Brasileiro de Assistentes Sociais (CBAS, 2003), o então Secretário Geral da CUT, João Antônio Felício, hoje seu presidente nacional, afirmou que esta Central concorda que somente no socialismo poderão ser superados os impasses na relação capital-trabalho. Contudo, a dificuldade é como alcançá-lo. Ele também ressalta, em entrevista (2005), o viés de classe nas agressões atuais da direita, como Chauí (2005). Posição semelhante, com autocrítica, é declarada por Jaime Ramos (ex-presidente da CUT-RJ citado). Assim, renova-se, com mais dramaticidade, a polêmica colocada no início dos anos 1990, referente aos condicionantes dos que "defendem o socialismo, mas participam dos processos de negociação" (Ramalho, 1995: 167).

4. A CUT na mundialização da luta sindical

Frente às contradições da realidade, o avanço das relações internacionais da Central revela algumas estratégias de fortalecimento, pela estruturação da mundialização da resistência dos trabalhadores perante o capital, conforme a reconstituição delineada a seguir.

Tais estratégias internacionais entre trabalhadores organizados de todo o mundo são apresentadas por Beynon (2003), a partir de sindicatos no setor automobilístico, já nos anos 1970. Ele destaca a greve na Ford, no Reino Unido e em diversos países, quando os trabalhadores substituiram o nome Ford, na camiseta, por "Fraude [Fraud]", tendo o fato se repetido nas Filipinas, três anos depois, e no Brasil, com a palavra "Fome". Essas estratégias passam por sites interativos, como o 'Cyber Piquet' (http:\\www.cf.ac.uk/socsi/crest/picket.html), que recebe milhares de visitas por ano, segundo o autor, apontando que os movimentos sociais, a partir do final do século XX, "começam a ter uma visão 'planetária'" (ibid.: 58)[20]. Benyon também ressalta a interação entre esses trabalhadores e grupos de pesquisadores acadêmicos, como o da Associação Internacional de Sociologia (ISA). Entre suas ações, ele destaca as dos ambientalistas em associação com os sindicatos de minas na Inglaterra, o das campanhas para o "cancelamento da dívida externa" e o apoio aos trabalhadores em domicílio para sua inclusão na OIT, citando também a CUT e a aliança entre uma organização de trabalhadores americanos com outra de mexicanos. Todo esse conjunto é por ele denominado de "*globalização contra-hegemônica*", apoiando-se em vários autores, apontando as formas mais importantes de manifestação da "consciência transnacional" (ibid.: 65-9), favoráveis principalmente ao *"agir globalmente"*.

A atuação internacional da CUT também está presente desde a sua fundação, em 1983, por meio de sua Secretaria de Relações Internacionais (SRI), ali criada. A definição desta política foi estabelecida já no I° CONCLAT, sendo a CUT, desde então, reconhecida pelas doze centrais

---

20. Nesse sentido, a denominada "revolução informacional", por Lojkine (1995), ainda nos primórdios, segundo esse autor, já indica a sua utilidade para essas organizações de trabalhadores, no seu interesse.

sindicais estrangeiras presentes. A SRI nasce da necessidade premente de uma instância para desenvolver essas relações, com reconhecimento e apoio político e financeiro internacional. Os determinantes principais partiram do próprio debate político nacional, que exigia da CUT posicionamentos que iam além das fronteiras nacionais, como a contraposição ao pagamento da dívida externa e à flexibilização dos direitos dos trabalhadores. Sua criação se deve, ainda, à percepção de que as medidas tomadas no âmbito internacional tinham forte impacto sobre a realidade nacional, particularmente aquelas que provocam evasão de riquezas. Desse modo, desde a sua criação, a CUT assumiu a luta contra o pagamento da "dívida" externa pelos países periféricos, como problema essencialmente político, devendo a sua solução ser buscada a partir de soluções globais, em proposta compartilhada e consolidada pelos países "devedores". Tudo isso implicava na realização de encontros regionais e continentais, no sentido também de pressionar as centrais sindicais dos países desenvolvidos para que pressionassem seus governos, contribuindo assim para um efetivo internacionalismo. Dessa época até o 8º CONCUT, evidenciam-se três fases desse processo de articulação internacional.

A primeira, de 1983 a 1988, é marcada pela necessidade de reconhecimento pelas demais centrais sindicais no mundo e criação de laços de solidariedade internacional. Concentrou-se nas estratégias básicas de cooperação mundial, na busca de apoio a esse novo modelo de sindicalismo e de crítica ao governo militar do Brasil, defesa dos direitos humanos e solidariedade internacional aos sindicalistas exilados na Europa[21].

Em seguida, destacam-se a publicação "Cadernos de Debate", iniciada em 1985, contendo informações sobre o movimento sindical internacional, e a criação, em 1986, da Coordenadora de Centrais Sindicais do Cone Sul (CCSCS). Esta se tornou a principal via de discussão sindical sobre o MERCOSUL e suas implicações para os trabalhadores dessa região, priorizando a discussão dos problemas dos países em desenvolvimento, situados principalmente no hemisfério sul do planeta, e a necessidade de articular espaços próprios.

---

21. Nesse período, desde o I CONCUT, com a presença 14 representações de dirigentes sindicais internacionais, em 1984, foram aprovadas muitas moções internacionais.

A segunda fase, de 1988 a 1992, marca uma transição, a partir da construção da estratégia de relações bilaterais da CUT, com a definição de manter sua autonomia frente às centrais sindicais mundiais. No documento do 3º CONCUT, de 1988, é estabelecida a política de solidariedade internacional da Central contra todas as formas de exploração, imperialismo, discriminação e violência contra os direitos democráticos e sindicais. Ela se efetivou por meio de denúncias, campanhas para arrecadar fundos, pressões sobre as posições e medidas políticas do governo brasileiro face às agressões imperialistas, articulação entre as comissões de locais de trabalho e os sindicatos de uma mesma empresa transnacional e campanha contra a "dívida" externa comprometendo também os países centrais.

No 4º CONCUT (1991), foi reafirmada a opção pelo internacionalismo, em continuidade às ações anteriores, incluindo o combate às políticas neoliberais, a participação nos processos de integração regional e de modernização tecnológica e a defesa do meio ambiente. A marca da transição para a fase seguinte, *centra-se numa lógica de articulação e cooperação internacional efetiva, mais voltada à defesa conjunta dos interesses dos trabalhadores em todo mundo, através da decisão de buscar uma inserção orgânica no movimento sindical internacional*[22]. Em documento produzido neste CONCUT, é apontada a contradição de constituir-se um mercado comum numa economia aberta e marcada por uma forte política de subsídios, sendo proposta a *defesa de uma integração das economias dos países da América Latina que priorizasse a solução dos problemas sociais e das desigualdades de distribuição de renda. O documento chama o movimento sindical para intervir no curso do MERCOSUL e exige a participação nos organismos de decisão e gestão do processo de integração* Nesse sentido, destaca-se o V Encontro Sindical de 2003, que reuniu nove Centrais dos países do Cone Sul (inclusive a CUT), apresentando suas reivindicações aos presidentes desses países.

A terceira fase (1992 – 2003) é marcada pela debatida decisão da CUT em: 1) filiar-se à Confederação Internacional das Organizações Sindicais

---

22. Neste CONCUT, estiveram presentes 67 delegados, de 48 organizações internacionais, originários de vinte países. O assunto que monopolizou esse Congresso foi a assinatura do Tratado de Assunção (1991), criando o processo de integração do MERCOSUL.

Livres (CIOSL), a partir das dificuldades de intervenção presentes em sua condição de independente e da necessidade de contrapor-se às empresas transnacionais, assim como para influenciar governos e organismos internacionais[23]; 2) ter uma participação ativa nos processos de integração regional (MERCOLSUL e ALCA) e criar uma estratégia de intervenção frente ao fenômeno da globalização. Até a extinção da União Soviética, a CUT evitou integrar-se à bipolaridade mundial, inclusive diante do fato de que as formulações da política sindical internacional não representavam os interesses dos países latino-americanos. Após a referida extinção e análises sobre as polêmicas contradições presentes em todas as centrais mundiais, a CUT, em sua 5ª Plenária, decidiu que a CIOSL era a única Central Mundial suficientemente pluralista e representativa, filiando-se a ela, determinada a não perder de vista a correlação interna de forças e as deficiências em sua atuação.

A partir daí, a CUT coloca entre suas prioridades as relações com o Congresso da União de Trabalhadores da África do Sul (COSATU) e com a Confederação Coreana de Trabalhadores (KCTU), pela similaridade do desenvolvimento econômico e social entre essas regiões e a América Latina e pelo fato de as mesmas multinacionais ali estarem presentes, em função das condições precárias a que os trabalhadores desses países podiam ser expostos para gerar lucro. Ainda participa da organização dos fóruns da Southern Initiative on Globalization and Trade Union Rights (SIGTUR) e se articula com centrais sindicais africanas de países de língua portuguesa.

No texto preparatório ao 7º CONCUT, é ressaltada a resistência ao neoliberalismo em todo o mundo. No âmbito continental, são destacadas as organizações com participação da CUT/Brasil, abrindo *"uma nova perspectiva de avanço na globalização da defesa dos direitos dos trabalhadores"* (CUT, 2000): a Aliança Social Continental (ASC), o Fórum Social Mundial e a Assembléia dos Movimentos Sociais, junto com o MST[24]. Ou seja, contrapondo-se às reuniões mundiais dos poderes dominantes, vão surgindo

---

23. A CIOSL construiu tradição pluralista, tendo sede em Bruxelas e seus 156 milhões de sindicatos filiados integram 221 centrais sindicais de 148 países.

24. A ASC surge após as Conferências de Ministros da ALCA no Brasil, em 1997, e dos chefes de Estado das Américas no Chile, em 1998.

organizações contra-hegemônicas. O trabalho da ASC é articulado no Brasil pela Rede Brasileira pela Integração dos Povos (REBRIP), desde 1999. Ambas têm o objetivo de ampliar a interlocução com outras organizações democráticas e representativas da sociedade civil, visando *"a construção de uma proposta alternativa de desenvolvimento econômico sustentável que considere os interesses dos setores mais vulneráveis da sociedade, bem como o respeito ao meio ambiente e aos direitos humanos"* (ibid.)[25].

Desse modo, na medida em que o capital resolve suas crises transferindo-as para outras maiores, os novos desafios desencadeiam novos projetos pela população trabalhadora, em situações cada vez mais complexas e contraditórias, como sujeito político coletivo além da fábrica. Esse sujeito se insere, junto com as demais forças locais, nacionais e internacionais, nos estudos e ações políticas para interferir nos rumos da totalidade societária, em direção cada vez mais ampla, *para enfrentar a atual globalização do capital. Contudo, é necessário não se perder nessa via dos espaços maiores de poder, como mostra a crise atual da CUT no Brasil, associada à do governo que ajudou a eleger e de seu partido majoritário. Recoloca-se assim a dificuldade do preparo para ser classe dirigente e dominante e a necessidade de sua maturação, buscando ultrapassar a cultura histórica do poder no país.*

Nesse sentido, é importante destacar a necessária precondição colocada por Mészáros: *"(...) uma 'reestruturação da economia' socialista só pode processar-se na mais estreita conjugação com uma reestruturação política, orientada pela massa (...)"* (ibid: 1078). A mesma direção é expressa por Birh (1998:229-30), pela "autonomia" como um dos elementos da base conjugada à unidade e à ação comum. *Nesta autonomia democrática pela base, insere-se o indispensável controle social a ser efetivado nas ações cotidianas, ao qual a CUT não poderá fugir, assim como os partidos e os governos que têm suas origens nos trabalhadores, sob pena de perder o sentido da ampla organização construída e espaços conquistados além da fábrica.*

---

25. A REBRIP acompanhou recentemente a 6ª Reunião Ministerial da Organização Mundial do Comércio, apresentando intervenções e críticas (BRASIL, 2005). O texto do 7º CONCUT ainda aponta, no Cone Sul, os movimentos sociais supranacionais, e a necessidade de organização sindical por ramos nesse espaço, implicada em mobilizações e negociações transnacionais. Também são identificadas conquistas institucionais nesse âmbito: o Fórum Consultivo Econômico e Social, o Sub-Grupo 10, o Observatório de Emprego, a Declaração Sócio Laboral e a Comissão Sócio Laboral.

Referências Bibliográficas

AMIM, Samir e HOUTART, François. *Mundialização das Resistências:* o estado das lutas 2003. São Paulo: Cortez, 2003.

ANTUNES, Ricardo. A crise e os sindicatos. *Teoria e Debate,* São Paulo, n. 20, Partido dos Trabalhadores, 1993.

BIRH, Alain. *Da Grande Noite à Alternativa.* O movimento operário europeu em crise. São Paulo: Boitempo, 1998.

BRASIL, Agência. Acordo da OMC não agrada a ONGs. *Tribuna da Imprensa.* Rio de Janeiro, 26/12/2005, p. 3.

CARTA, Mino. A Semana. *Carta Capital.* Ano XII, ns. 353-374. Rio de Janeiro, ago.-dez. 2005.

CHAUÍ. Marilena. Por trás da crise está a luta de classes. *Caros Amigos.* Ano IX. N° 104, nov. 2005, p. 30-37.

COSTA, Cândida da. *Sindicalismo e cidadania:* análise da relação entre CUT e Estado na construção da esfera pública no Brasil. São Paulo: Unitrabalho; São Luís: EDUFMA, 2000.

COUTINHO, Carlos Nelson. *Gramsci:* um estudo sobre seu pensamento político. 2. ed. Rio de Janeiro Campus, 1992.

CRUZ, Antônio. *A Janela Estilhaçada:* a crise do discurso do novo sindicalismo. Rio de Janeiro: Vozes, 2000.

CUT. Central Única dos Trabalhadores. Resoluções do 1° CONCUT-CONGRESSO NACIONAL DA CUT. São Paulo, 1984.

_____. Resoluções do 2° CONCUT-CONGRESSO NACIONAL DA CUT. São Paulo, 1986.

_____. Resoluções do 3° CONCUT-CONGRESSO NACIONAL DA CUT. São Paulo, 1988.

CUT. Central Única dos Trabalhadores. Resoluções do 4° CONCUT-CONGRESSO NACIONAL DA CUT. São Paulo, 1991.

_____. Resoluções do 5° CONCUT-CONGRESSO NACIONAL DA CUT. São Paulo, 1994.

_____. Resoluções do 6° CONCUT-CONGRESSO NACIONAL DA CUT. São Paulo, 1997.

_____. Resoluções do 7° CONCUT-CONGRESSO NACIONAL DA CUT. São Paulo, 2000.

CUT. Central Única dos Trabalhadores. Resoluções do 8º CONCUT-CONGRESSO NACIONAL DA CUT. São Paulo, 2003.

_____. *Texto Base da Direção Nacional*. 7º CONCUT. São Paulo, 2000.

FELÍCIO, João. Um corte de classe. *Carta Capital*. Ano XII, nº 363, outubro de 2005, p. 34-36.

FREIRE, Lúcia M. B. *Saúde do Trabalhador e Serviço Social*: Possibilidades pelo avesso do avesso. Tese de doutorado. PUC-São Paulo. São Paulo, s.n., 1998, 4 v, 673 f.

_____. *O Serviço Social na Reestruturação Produtiva*: espaços, programas e trabalho profissional. São Paulo: Cortez, 2003.

HARVEY, David. *Condição pós-moderna*. São Paulo: Loyola, 1994.

HORTA, Roberto Odilon. Sindicato não pode ser correia de transmissão do governo (entrevista). In *Crítica Social* nº 4. Rio de Janeiro: UCAM, 2004. p. 54-57.

IANNI, Octavio. *A era do globalismo*. Rio de Janeiro: Civilização Brasileira, 1996.

LOJKINE, Jean. *A Revolução Informacional*. São Paulo: Cortez, 1995.

MARX, Karl. *O capital*: crítica da economia política. São Paulo: Abril Cultural, 1984. V. 1. t. 2.

MÉSZÁROS, István. *Para além do Capital*: rumo a uma teoria da transição. São Paulo: Boitempo, 2002.

MOTA, Ana Elizabete. *Cultura da Crise e Seguridade Social*: um estudo sobre as tendências da previdência e da assistência social brasileira nos anos 80 e 90. São Paulo: Cortez, 1995.

MOURA, Jefferson D. D. *Os Novos Movimentos de Classe*: reflexões sobre a organização política da classe trabalhadora brasileira. Dissertação (Mestrado em Serviço Social) Faculdade de Serviço Social. Universidade do Estado do Rio de Janeiro. Rio de Janeiro, 2004.

NETTO, José Paulo. Para a crítica da vida cotidiana. In NETTO, J.P. e FALCÃO, Maria do Carmo. *Cotidiano*: conhecimento e crítica. Rio de Janeiro: Cortez, 1987.

NETTO, José Paulo.*Capitalismo Monopolista e Serviço Social*. São Paulo: Cortez, 1992.

_____. *Crise do Socialismo e Ofensiva Neoliberal*. São Paulo: Cortez, 1993 (Col. Questões de Nossa Época, vol. 20).

_____. Transformações societárias e Serviço Social – notas para uma análise prospectiva da profissão no Brasil. *Serviço Social & Sociedade*, São Paulo: Cortez, n. 50, p. 87-132, abr.1996.

OLIVEIRA, Francisco. *Os protagonistas do drama: Estado e Sociedade Civil*. In: LARANGEIRA, Sônia (org.). *Classes e movimentos sociais na América Latina*. São Paulo: Hucitec, 1990.

_____. *Crítica à Razão Dualista. O Ornitorrinco*. São Paulo: Boitempo, 2003.

RAMALHO, Ricardo. As diversas faces da negociação no meio sindical brasileiro. In MARTINS, H. S. e RAMALHO, R. *Terceirização. Diversidade e Negociação no Mundo do Trabalho*.

RIDENTI, Marcelo. *Classes sociais e representação*. 2ª ed. São Paulo: Cortez, 2001.

SANTANA, Marco Aurélio e RAMALHO, Ricardo. Trabalhadores, sindicatos e a nova "questão social". In SANTANA, M.A. e RAMALHO, R. *Além da Fábrica*: trabalhadores, sindicatos e a nova "questão social". São Paulo: Boitempo, 2003.

STORCH, Sérgio. Discussão da participação dos trabalhadores na empresa. In: FLEURY, M. T. L. e FISCHER, R. M. (coord/s). *Processo e relações do trabalho no Brasil*. São Paulo: Atlas, 1987, p. 132-160.

TAVARES, M.da Conceição. Sem o Garrote do FMI. *Carta Capital*. Ano XII, nº 374, dez. 2005, p. 22-25.

Sobre os autores

VICENTE DE PAULA FALEIROS — Doutor em Sociologia pela Universidade de Montreal, Québec. Coordenador do Centro de Referência, Estudos e Ações sobre Criança e Adolescentes.

VALÉRIA L. FORTI — Professora assistente da Faculdade de Serviço Social da UERJ. Mestre em Filosofia pela UGF. Doutoranda em Serviço Social pelo PPG da ESS da UFRJ. Membro do Programa de Estudos do Trabalho e Reprodução Social — PETRES da FSS da UERJ.

SILENE DE MORAES FREIRE — Mestre em Serviço Social pelo PPG da ESS da UFRJ. Doutora em Sociologia pelo PPG do IFCH da USP. Professora adjunta do Departamento de Política Social da FSS da UERJ. Coordenadora do Programa de Estudos de América Latina e Caribe — PROEALC do Centro de Ciências Sociais da UERJ. Procientista da UERJ.

POTYARA A. P. PEREIRA — Professora do Departamento de Serviço Social da Universidade de Brasília. Coordenadora do Núcleo de Estudos e Pesquisas em Política Social — NEPPOS, do Centro de Estudos Avançados Multidisciplinares — CEAM, da Universidade de Brasília.

ALBA TEREZA B. DE CASTRO — Professora adjunta da Faculdade de Serviço Social da Universidade do Estado do Rio de Janeiro. Mestre em Serviço Social pelo PPG da ESS da UFRJ. Doutora em Serviço Social pela PUC/São Paulo. Vice-diretora da FSS da UERJ (gestão 2003-2006).

ELAINE ROSSETTI BEHRING — Mestre e doutora em Serviço Social pelo PPG da ESS da UFRJ. Coordenadora do Grupo GOPSS e Pesquisadora do CNPq. Diretora da FSS da UERJ (gestão 2003-2006).

ELAINE JUNGER PELAEZ — Aluna de graduação da FSS da UERJ. Pesquisadora voluntária do GOPSS.

GISELE DE OLIVEIRA ALCÂNTARA — Aluna de graduação da FSS da UERJ. Bolsista de Iniciação Científica do CNPq no GOPSS.

SILVIA CRISTINA GUIMARÃES LADEIRA — Aluna de graduação da FSS da UERJ. Bolsista de Iniciação Científica da UERJ no GOPSS.

GECILDA ESTEVES — Bacharel em Economia.

FLÁVIA DE ALMEIDA LOPES — Assistente social e Mestre em Serviço Social pelo PPGSS/FSS da UERJ.

MONICA DE JESUS CESAR — Professora adjunta da Faculdade de Serviço Social da UERJ. Doutora em Serviço Social pelo Programa de Pós-Graduação da ESS da UFRJ. Membro do Programa de Estudos do Trabalho e Reprodução Social — PETRES.

ROSE SERRA — Professora adjunta da Faculdade de Serviço Social da Universidade do Estado do Rio de Janeiro. Doutora em Serviço Social pela PUC/São Paulo. Coordenadora do Programa de Estudos do Trabalho e Reprodução Social — PETRES da FSS da UERJ. Procientista da UERJ.

MARIA HELENA ALMEIDA — Professora adjunta da Faculdade de Serviço Social da Universidade do Estado do Rio de Janeiro. Doutora em Serviço Social pela PUC/São Paulo. Membro do Programa de Estudos do Trabalho e Reprodução Social — PETRES da FSS da UERJ. Procientista da UERJ.

SANDRA REGINA DO CARMO — Assistente social e Mestre em Serviço Social pelo PPGSS da FSS da UERJ. Doutoranda do PPG da ESS da UFRJ.

ELAINE MARLOVA VEZON FRANCISCO — Professora adjunta da FSS da UERJ e Membro do Programa de Estudos do Trabalho e Reprodução Social — PETRES. Mestre em Serviço Social pelo PPG da ESS da UFRJ. Doutora em Sociologia pela UFRJ.

LÚCIA MARIA DE BARROS FREIRE — Doutora em Serviço Social. Professora adjunta da UERJ. Pesquisadora procientista da FAPERJ/UERJ do Programa de Estudos do Trabalho e Reprodução Social — PETRES. Coordenadora do Programa de Pós-Graduação em Serviço Social da UERJ e depois sua Vice-coordenadora, de 1998 a 2004.

ANA PAULA PROCÓPIO DA SILVA — Bolsista de Iniciação Científica pelo CNPq, da pesquisa coordenada por Lúcia M. B. Freire, *O enfrentamento das novas configuraçãoes da questão social*, com o subprojeto *Mundialização da resistência: a CUT nas relações internacionais e a participação dos assistentes sociais nessa dimensão política*. Mestranda do PPGSS da FSS da UERJ.